UNE AUTRE
HISTOIRE
DE LA LITTÉRATURE
FRANÇAISE

JRB / 2006

Jean d'Ormesson
de l'Académie française

UNE AUTRE HISTOIRE DE LA LITTÉRATURE FRANÇAISE

II

NiL Éditions

TEXTE INTÉGRAL

ISBN 2-02-036242-2, tome 2
(ISBN 2-02-038122-2, édition complète en poche
ISBN 2-84111-103-2, 1re édition)

© NiL Éditions, octobre 1997

Avant-propos

Le premier volume de cette autre histoire de notre littérature a été accueilli avec amitié par la critique et par les lecteurs. Une question, pourtant, revenait avec insistance. Et il lui arrivait de se présenter sous la forme d'un reproche : « N'aimez-vous pas Hugo ? » Il y avait une variante : « Et La Fontaine... ? » Voici, un an plus tard, avec La Fontaine et Hugo – avec bien d'autres, aussi –, le deuxième volume annoncé dans l'avant-propos du premier.

Je voudrais ici, tout de suite, dire et répéter avec force que le second tome est très loin de signifier un second choix. Je n'allais pas tirer toutes mes cartouches d'un coup, dès le premier assaut. Je gardais pour la suite quelques biscuits de réserve et des trésors encore cachés. J'aime Racine et Baudelaire ; j'aime également Hugo qui, n'en déplaise à Gide et au cher Kléber Haedens, est un immense poète, et Nerval, bijou sombre et secret qui dans la nuit des âmes brille d'un étrange éclat, et Verlaine, que Jorge Luis Borges, qui n'est pas mauvais juge, mettait au premier rang, et Apollinaire, à qui la langue dont nous nous servons et que nous essayons de servir doit quelques-uns de ses plus beaux vers. J'admire Proust et Chateaubriand ; j'admire aussi

Saint-Simon, que Chateaubriand et Proust lisaient d'ailleurs avec passion. Et je n'aurais pas supporté de laisser croire au lecteur que je méprisais le bon Dumas.

La méthode suivie dans ce deuxième volume est la même que dans le premier : présenter en quelques mots l'écrivain et son œuvre ; les situer dans leur temps ; tâcher de leur rendre, sous la rouille, leur jeunesse et leur nouveauté ; montrer ce qui fait leur importance, et mieux encore leur charme ; donner quelques exemples de leur manière et de leur génie. Je ne parle pas des vivants, parce que la mort et le temps n'ont pas encore pu accomplir leur travail de faucheur, de crible, de critique et d'arbitre ; et je parle des morts comme s'ils étaient vivants.

Plus peut-être que le premier tome, ce volume-ci constitue non seulement une histoire, une galerie de portraits, une ébauche d'étude critique – frappée évidemment de subjectivité –, mais une anthologie. Dans le cas des poètes surtout, j'ai cité des extraits aussi larges que possible. Dans ce deuxième volume comme dans le premier, ce qui est digne d'intérêt, c'est d'abord et surtout ce qu'ont écrit les auteurs que je passe en revue. Quoi que je puisse dire, ils l'ont dit mieux que moi. Du coup, autant qu'un abrégé d'histoire ou une amorce d'essai critique, cet ouvrage est un choix, nécessairement personnel, de poèmes et de textes en prose.

Ce que nous ont appris les classiques, c'est que le plaisir du lecteur est au cœur de la littérature. La littérature pourtant n'est pas faite d'abord d'histoires, quelque belles ou séduisantes qu'elles puissent être, ni de passions, ni d'expérience : elle est faite d'abord de mots. La littérature n'est pas un message. Elle n'est pas non plus une plaisanterie, une gaudriole, un divertissement. Il y a quelque chose de presque indéfinissable, quelque chose d'obscur et de lumineux, qui règne sur la littérature : ce quelque chose est le style.

S'il fallait résumer en deux mots l'image que nous nous faisons de la littérature, nous dirions : le plaisir et le style. Ils ne cessent de se mêler et de s'entrecroiser. Le plaisir : les histoires, l'intrigue, les personnages, la surprise et la gaieté, l'intelligence et la hauteur, le souvenir et l'espérance. Tout cela n'est rien et ne peut rien être sans le dieu mystérieux qui règne sur les mots et qui donne son statut à la littérature : le style.

Avec ces deux volumes apparaît un tableau un peu moins incomplet de notre littérature, de ses origines à notre temps. Je ne l'ignore pas : subsistent d'énormes lacunes. Peut-être un jour, qui sait ? y aura-t-il un troisième volume ? Avec des auteurs moins évidents et pourtant enchanteurs. Tels qu'ils sont, en tout cas, les deux tomes de cette histoire menée au pas de charge et pleine d'impertinence – dans tous les sens du mot – peuvent peut-être constituer une sorte d'introduction à un des chefs-d'œuvre les plus accomplis de l'esprit des hommes depuis son éclosion : la littérature française.

Si le public trouve autant de plaisir dans ces pages que j'en ai pris à les écrire – ou même, allez ! n'en parlons plus, seulement moitié autant –, et si elles lui donnent envie de rouvrir *Les Contemplations* ou *Une saison en enfer*, j'aurai atteint le but que je m'étais fixé.

VILLON

(1431-après 1463)

La gloire du marlou

« Villon, écrit Kléber Haedens, est le seul cambrioleur professionnel qui ait légué une grande œuvre à la littérature française. » C'est un mauvais garçon, un marlou, un truand, un assassin. Il est, avec un talent qui touche parfois au génie, l'ancêtre de nos délinquants des quartiers difficiles. Il annonce de loin Jean Genet, déserteur et voleur.

Ce que nous savons de Villon, ce sont les registres de police et les archives judiciaires qui nous l'apprennent malgré lui. Il naît, probablement en 1431, dans un Paris agité, où règnent les Anglais, que Jeanne d'Arc vient d'assiéger en vain, et où rixes et bagarres sont le pain quotidien des étudiants faméliques. Nous ignorons jusqu'à son nom. Il s'appelle François, dit de Montcorbier ou des Loges, mais il prend le nom de son « plus-que-père », maître Guillaume de Villon, chanoine de Saint-Benoît-le-Bétourné, près de la rue Saint-Jacques, à Paris. Dès sa plus petite enfance, il connaît la misère :

> *Pauvre je suis de ma jeunesse,*
> *De pauvre et de petite extrace ;*
> *Mon père n'eut onc grand richesse,*
> *Ni son aïeul, nommé Horace.*

Il suit des cours à la Sorbonne, et la faculté des arts – c'est-à-dire des lettres – le reçoit successivement comme bachelier, comme licencié et comme maître ès arts. Il semble que ces études, il les poursuive dans les tavernes, un poignard à la main, et qu'il les prenne à la légère :

> *Hé Dieu ! si j'eusse étudié*
> *Au temps de ma jeunesse folle*
> *Et à bonnes mœurs dédié,*
> *J'eusse maison et couche molle !*

> *Mais quoi ! je fuyoie l'école*
> *Comme fait le mauvais enfant ;*
> *En écrivant cette parole*
> *A peu que le cœur ne me fend.*

Par une belle soirée de printemps, le 5 juin 1455, près du jardin de l'hôtel de Cluny, il tue un prêtre pour des motifs obscurs, et il s'enfuit de Paris. Moins d'un an plus tard, il reparaît et il organise avec des complices un casse de cinq cents écus d'or au Collège de Navarre, sur l'emplacement de l'École polytechnique d'aujourd'hui. C'est le moment précis qu'il choisit pour composer son *Lai* ou *Lais* – c'est-à-dire legs –, appelé aussi parfois, à tort, son *Petit Testament*, où émotion et ironie alternent et se confondent :

12

> *Item, je laisse à mon barbier*
> *Les rognures de mes cheveux,*
> *Pleinement et sans détourbier ;*
> *Aux savetiers mes souliers vieux*

et il commence une vie errante qui ne se terminera que six ans plus tard avec sa disparition.

On retrouve sa trace ici ou là. Il est accueilli à Blois par Charles d'Orléans, son illustre aîné, poète et mécène, père de Louis XII, auteur de vers qui ne sont pas oubliés :

> *Le temps a laissé son manteau*
> *De vent, de froidure et de pluie*

ou :

> *Hiver, vous n'êtes qu'un vilain.*

Villon, à cette occasion, en guise de lettres de château, écrit une ballade conservée par le duc dans ses papiers :

> *Je meurs de soif auprès de la fontaine*
> *[...]*
> *Rien ne m'est sûr que la chose incertaine.*

Il a raison de s'inquiéter de « la chose incertaine ». Affilié à une bande de malfaiteurs, les Coquillards, il est arrêté et emprisonné à Meung-sur-Loire – patrie de Jean de Meung, l'un des auteurs du *Roman de la Rose* – par l'évêque d'Orléans. Le régime est rude.

Au pain et à l'eau, les pieds enchaînés, Villon est torturé, soumis à la question par l'eau, lorsque, par chance, le nouveau roi, Louis XI, qui vient de monter sur le trône, longe la Loire et passe par Meung. Le roi accordait des lettres de rémission à tous les prisonniers des villes qu'il visitait : il gracie Villon, « plus maigre que chimère », qui se hâte de regagner Paris pour y achever son *Grand Testament*, composé d'une longue suite de strophes de huit vers octosyllabes, interrompue ici et là par des ballades. Il attaque l'évêque d'Orléans qui l'a emprisonné, il remercie Louis XI qui l'a libéré, il évoque sa jeunesse, il reconnaît ses torts :

> *Je suis pécheur, je le sais bien,*

il chante la mort et le temps qui passe et, à nouveau, sur un ton mi-grave, mi-ironique, il distribue ses biens :

> *Item, mon corps j'ordonne et laisse*
> *A notre grand mère la terre;*
> *Les vers n'y trouveront grand graisse :*
> *Trop lui a fait faim dure guerre!*

Il est, une nouvelle fois, enfermé pour vol au Châtelet. Et bientôt relâché. Mais quelques mois à peine plus tard, après souper, avec trois camarades, dans la rue de la Parcheminerie, qui est celle des libraires, des copistes et des notaires, il insulte maître Ferrebouc et ses clercs en train de travailler dans leur *escritoire* éclairé. Qui est maître Ferrebouc? Tiens! tiens! c'est le notaire pontifical chargé d'instruire l'affaire, déjà ancienne, du cambriolage du Collège de Navarre.

Maître Ferrebouc a l'imprudence de sortir de chez lui et de descendre dans la rue. Injures. Bagarre. Les poignards jaillissent. Des coups sont portés. Villon est arrêté, déféré au Châtelet, torturé à nouveau, condamné à « être pendu et étranglé ».

Villon fait appel. Le 5 janvier 1463, le parlement casse le jugement. Mais « eu égard à la mauvaise vie dudit Villon, bannit ce dernier pour dix ans de la ville, prévôté et vicomté de Paris ». Villon a trente et un ans. Il disparaît sans laisser de traces. Nous ne savons plus rien de lui.

Entre débauche et fraîcheur, entre ironie et tendresse, au coin de la rue d'où il épie ceux qu'il va dévaliser ou au pied des gibets où expirent les pendus, Villon le voyou est un très grand poète. Peut-être faudra-t-il attendre Henri Heine pour retrouver une voix aussi capable de passer de la gaieté à la tristesse et de la raillerie à l'émotion, aussi diverse et aussi libre. Au milieu des bateleurs, des pilleurs, des filles publiques, des maquereaux, sorti d'une de ces danses macabres que nous voyons sur les murs de nos vieilles églises, il chante la vie, le mal, le corps des femmes « qui tant est tendre, poli, souef et précieux », et la mort.

BALLADE DES DAMES DU TEMPS JADIS

Dites-moi où n'en quel pays
Est Flora la belle Romaine
Archipiades ne Thaïs
Qui fut sa cousine germaine
[...]

Où est la très sage Héloïs
Pour qui fut chastré et puis moine
Pierre Esbaillart à Saint-Denis ?
[...]

Où sont-ils, Vierge souveraine ?
Mais où sont les neiges d'antan ?

Esbaillart, c'est Abélard. Mais qui est Archipiades ? C'est Alcibiade, et Villon, non content de le changer en femme, en fait la cousine de Thaïs qui est, on ne sait pas, soit la courtisane athénienne maîtresse d'Alexandre le Grand, soit la courtisane d'Égypte, convertie et retirée dans un couvent. Quelle importance ? La magie de la poésie n'a pas besoin d'exactitude. Elle a besoin d'angoisse et de gaieté, elle a besoin des neiges d'antan, elle a besoin de mystère, de beauté et de foi.

La foi, une foi d'enfant naïve, se combine dans l'âme de cet habitué des tavernes, de ce pilier de bordel, avec le goût du casse et de l'attaque à main armée. Villon fait parler sa mère dans cette prière à la Vierge :

Dame du ciel, régente terrienne,
Emperière des infernaux palus,
Recevez-moi, votre humble chrétienne,
Que comprise sois entre vos élus,
Ce nonobstant qu'oncques rien ne valus.
[...]
En cette foi, je veux vivre et mourir.

A votre Fils dites que je suis sienne ;
De lui soient mes péchés absolus ;

Pardonne-moi comme à l'Égyptienne
Ou comme il fit au clerc Theophilus
Lequel par vous fut quitte et absolus.
[...]
En cette foi je veux vivre et mourir.

Femme je suis pauvrette et ancienne
Qui rien ne sais; oncques lettre ne lus.
Au moustier vois, dont suis paroissienne,
Paradis peint où sont harpes et luths,
Et un enfer où damnés sont boullus.
[...]
En cette foi je veux vivre et mourir.

Juste avant sa disparition définitive, alors qu'il est condamné à être pendu, Villon écrit, en forme de ballade, sa propre épitaphe. Plus de quatre cents ans avant Oscar Wilde, ce sont déjà les accents déchirants de la *Ballade de la geôle de Reading*. Ce n'est plus le poète qui parle ni sa mère, ce sont les morts eux-mêmes du haut de leur gibet :

BALLADE DES PENDUS

Frères humains qui après nous vivez,
N'ayez les cœurs contre nous endurcis,
Car, si pitié de nous pauvres avez,
Dieu en aura plus tost de vous mercis.
Vous nous voyez ci attachés cinq, six :
Quant de la chair que trop avons nourrie,
Elle est pieça devorée et pourrie,

Et nous, les os, devenons cendre et poudre.
De notre mal personne ne s'en rie;
Mais priez Dieu que tous nous veuille absoudre!
[...]

La pluie nous a débués et lavés,
Et le soleil desséchés et noircis;
Pies, corbeaux nous ont les yeux cavés
Et arraché la barbe et les sourcils.
Jamais nul temps nous ne sommes assis;
Puis çà, puis là, comme le vent varie,
A son plaisir sans cesser nous charrie,
Plus becquetés d'oiseaux que dés à coudre.
Ne soyez donc de notre confrérie;
Mais priez Dieu que tous nous veuille absoudre!

Prince Jésus, qui sur tout as maistrie,
Garde qu'Enfer n'ait de nous seigneurie :
A lui n'ayons que faire ne que soudre;
Hommes, ici n'a point de moquerie;
Mais priez Dieu que tous nous veuille absoudre!

DU BELLAY

(1522-1560)

Un honnête désir de l'immortalité

Il faut imaginer la rencontre, un jour d'hiver, ou peut-être de printemps, vers la fin de la première moitié du XVIᵉ siècle, dans une auberge du côté de Poitiers ou peut-être de la Loire, de deux jeunes gens d'une vingtaine d'années. Ils appartiennent l'un et l'autre à des familles anciennes et presque illustres. Ils sont beaux et charmants et un peu mélancoliques. Ils ont rêvé l'un et l'autre à la carrière des armes. Mais ils sont tous les deux menacés de surdité et ce qui les occupe maintenant, c'est l'amour de la poésie et des auteurs anciens. L'un s'appelle Pierre de Ronsard, l'autre Joachim Du Bellay.

Le jeune Du Bellay est né au château de la Turmelière, près du village de Liré, en Anjou. Famille de diplomates, de capitaines, de cardinaux. Ses parents sont morts tôt. Son frère René le néglige. Il souffre de solitude. Ronsard l'entraîne à Paris où ils vont étudier, tous les deux, sous la direction de Jean Dorat, helléniste et humaniste, au collège de Coqueret. On boit, on fait des vers, on se promène à la campagne. En

1539, par l'ordonnance de Villers-Cotterêts, François Ier a rendu obligatoire l'usage du français dans les actes publics. En 1549, le petit groupe de camarades qui ont constitué la « Brigade » – ce sera plus tard la « Pléiade » – décide, comme tant de jeunes auteurs après lui jusqu'aux surréalistes, de publier un manifeste. C'est le premier manifeste de notre littérature : ce ne sera pas le dernier. Joachim Du Bellay est chargé de le rédiger : c'est la fameuse *Défense et illustration de la langue française.*

Les jeunes gens de la Brigade sont familiers des auteurs grecs et des auteurs latins. Il leur arrive même, et surtout à Du Bellay, d'écrire des vers latins. Mais ils pensent que le français est capable de produire des chefs-d'œuvre qui égaleraient ceux des Anciens. Il faut imiter les Anciens et écrire en français. Il faut tourner le dos à la poésie de Marot et des grands rhétoriqueurs et enrichir notre langue par des néologismes et des mots composés. Du Bellay et ses amis prêchent l'imitation et rejettent la servitude. Ils parlent de « la fureur divine » qui est nécessaire au poète. « Je me vante, écrit Du Bellay, d'avoir inventé ce que j'ai mot à mot traduit des autres. » Ce que rédige, en vérité, au nom de tout le groupe, le jeune Joachim Du Bellay, c'est une introduction à la littérature, des conseils à un jeune poète. Conseils hautains un peu confus, un peu contradictoires et qu'il ne suivra guère, mais pleins de ferveur et de vie.

Quand Du Bellay s'éprend de Mlle Viole, ou de Viole, il lui consacre un recueil de vers qu'il intitule *L'Olive* – anagramme de Viole. Ce qu'il y a d'intéressant dans cette Mlle de Viole dont nous parlent avec émotion le vieux Faguet et le bon Lanson qui copient évidemment l'un sur l'autre, c'est qu'elle a probablement été inventée. Il faut sacrifier à la vérité et indiquer ici que la plupart des historiens mettent aujourd'hui en doute jusqu'à son existence. Dédié à Marguerite de France, sœur de Henri II, ce recueil où les beaux vers ne manquent pas marque en tout cas, après Marot, l'entrée en fanfare du sonnet dans la littérature française.

> *Déjà la nuit en son parc amassait*
> *Un grand troupeau d'étoiles vagabondes*
> *Et pour entrer aux cavernes profondes,*
> *Fuyant le jour, ses noirs chevaux chassait.*

Son oncle, le cardinal Jean Du Bellay, l'un des patrons du Collège de France créé par François Ier et protecteur de Rabelais, est nommé ambassadeur à Rome : il propose à son neveu Joachim de l'emmener comme secrétaire. C'est le début d'un exil de quatre ans qui commence dans l'enthousiasme :

> *« Je me ferai savant en la philosophie,*
> *En la mathématique et médecine aussi ;*
> *Je me ferai légiste et, d'un plus haut souci,*
> *Apprendrai les secrets de la théologie.*
>
> *Du luth et du pinceau, j'en ébattrai ma vie,*
> *De l'escrime et du bal ! » — Je discourais ainsi*
> *Et me vantais en moi d'apprendre tout ceci*
> *Quand je changeai la France au séjour d'Italie.*

Du Bellay passe par Lyon où il rencontre non seulement Pontus de Tyard, le Lyonnais de la Pléiade, mais un poète qu'il admire, Maurice Scève, auteur de cette *Délie* scintillante et obscure que Thierry Maulnier mettait au-dessus de tout. Les premières impressions à Rome sont fortes et délicieuses. Il les exprimera dans ses *Antiquités de Rome*. Il se promène parmi les palais qui s'élèvent le long du Tibre et la beauté des lieux le transporte. Malgré ses propres préceptes dans *Défense et illustration de la langue française*, il chante la Ville éternelle en vers latins. Mais Rome ne tarde pas à le décevoir et il commence à s'ennuyer. Les Romains l'irritent et il se met à les cribler de traits où se révèle soudain un poète satirique :

Marcher d'un grave pas et d'un grave souci
Et d'un grave souris à chacun faire fête,
Balancer tous ses mots, répondre de la tête
Avec un Messer *non* ou bien *un* Messer si ;

Entremêler souvent un petit è cosi
Et d'un son servitor *contrefaire l'honnête,*
Et, comme si l'on eût sa part en la conquête,
Discourir sur Florence et sur Naples aussi ;

Seigneuriser chacun d'un baisement de main
En suivant la façon d'un courtisan romain,
Cacher sa pauvreté d'une brave apparence,

Voilà de cette cour la plus grande vertu,
D'où, souvent mal monté, mal sain et mal vêtu,
Sans barbe et sans argent on s'en retourne en France.

Beaucoup plus financières que littéraires ou diplomatiques, car il était surtout l'intendant du cardinal, ses obligations au palais Farnèse, puis au palais Saint-Georges et au palais de Thermes le lassent. Un charmant compagnon de diplomatie et de galère, Olivier de Magny, l'amant de Louise Labé, la Belle Cordière, l'aventureuse poétesse lyonnaise, ne suffit pas à l'arracher à la mélancolie – à laquelle il est sujet – et à la désillusion. Il pense à tous ceux qui lui manquent, à Ronsard, à sa chère princesse Marguerite, aux bords de la Loire. Pendant que Magny pousse ses *Soupirs*, il écrit ses *Regrets* :

Heureux qui comme Ulysse a fait un beau voyage,
Ou comme cestuy-là qui conquit la toison,
Et puis est retourné, plein d'usage et raison,
Vivre entre ses parents le reste de son âge !

Quand revoirai-je, hélas, de mon petit village
Fumer la cheminée ? et en quelle saison
Revoirai-je le clos de ma pauvre maison
Qui m'est une province, et beaucoup davantage ?

Plus me plaist le séjour qu'ont basti mes ayeux
Que des palais romains le front audacieux ;
Plus que le marbre dur me plaist l'ardoise fine,

Plus mon Loyre gaulois que le Tybre latin,
Plus mon petit Liré que le mont Palatin
Et plus que l'air marin la doulceur angevine.

Ce qui éclaire peut-être le séjour romain de Du Bellay, c'est le visage d'une femme, moins mythique que Mlle de Viole, qu'il chante en vers latins sous le nom de Faustine et qui s'appelait Colomba. Elle avait les yeux noirs, les cheveux noirs, des joues et des lèvres roses. Ils s'aimèrent furtivement. Il n'est pas impossible que la jalousie du mari ait hâté son départ de Rome. De retour à Paris par Venise, par la Suisse et par Lyon, Du Bellay s'installe dans une petite maison du cloître Notre-Dame. Il a encore le temps de publier, outre les *Regrets* et les *Antiquités de Rome* qui se contredisent puisque les uns font l'éloge de Rome et que les autres l'attaquent, un certain nombre de poèmes dont les *Divers jeux rustiques* et *Le Poète courtisan*. Et, un 1er janvier, sourd, malade et reclus depuis longtemps dans sa chambre, il meurt à trente-sept ans.

C'était, nous l'avons vu, un bon poète satirique qui imite Juvénal au moins autant que Pétrarque. C'est aussi un très joli poète rustique et élégiaque. Il rappelle Ovide, puisqu'il est exilé comme l'auteur des *Tristes* et des *Pontiques*. Il rappelle aussi Catulle ou Properce, et Hugo et Baudelaire admiraient ce petit chef-d'œuvre :

D'UN VANNEUR DE BLÉ AUX VENTS

A vous, troupe légère,
Qui d'aile passagère
Par le monde volez
Et d'un sifflant murmure
L'ombrageuse verdure
Doucement ébranlez,

J'offre ces violettes,
Ces lys et ces fleurettes
Et ces roses ici,
Ces merveillettes roses
Tout fraischement écloses,
Et ces œillets aussi.

De vostre doulce haleine
Éventez cette plaine,
Éventez ce séjour,
Ce pendant que j'ahanne
A mon blé que je vanne
A la chaleur du jour.

Quand il pense avec mélancolie à ses ambitions de jeunesse, il sait aussi, avec une ombre de génie, comme ces Anciens qu'il aimait tant malgré les préceptes rigoureux d'un manifeste oublié, chanter un peu plus haut – *paulo majora canamus* :

France, mère des arts, des armes et des lois,
Tu m'as nourri longtemps du lait de ta mamelle :
Ores, comme un enfant qui sa nourrice appelle,
Je remplis de ton nom les antres et les bois.

Si tu m'as pour enfant avoué quelquefois,
Que ne me réponds-tu maintenant, ô cruelle ?
France, France, réponds à ma triste querelle :
Mais nul, sinon Écho, ne répond à ma voix.

Entre les loups cruels j'erre parmi la plaine,
Je sens venir l'hiver de qui la froide haleine
D'une tremblante horreur fait hérisser ma peau.

Las ! tes autres agneaux n'ont faute de pasture ;
Ils ne craignent le loup, le vent ni la froidure :
Si ne suis-je pourtant le pire du troupeau.

Non, bien sûr, il n'est pas le pire du troupeau.
Écoutons, pour finir, un des plus beaux poèmes de cette
langue qu'il défend et illustre :

Las ! où est maintenant ce mépris de Fortune ?
Où est ce cœur vainqueur de toute adversité,
Cet honneste désir de l'immortalité
Et cette honneste flamme au peuple non commune ?

Où sont ces doulx plaisirs qu'au soir soubs la nuit brune
Les muses me donnoient alors qu'en liberté
Dessus le verd tapis d'un rivage écarté,
Je les menois danser aux rayons de la lune ?

Maintenant la Fortune est maistresse de moy
Et mon cœur qui souloit estre maistre de soy
Est serf de mille maux et regrets qui m'ennuyent.

De ma postérité je n'ay plus de souci.
Ceste divine ardeur, je ne l'ay plus aussi,
Et les Muses de moy, comme estranges, s'enfuyent.

RONSARD

(1524-1585)

La musique du sourd

Je n'avais pas douze ans qu'au profond des vallées,
Dans les hautes forêts, des hommes reculées,
Dans les antres secrets, de frayeur tout couverts,
Sans avoir soin de rien, je composais des vers.

Né au ravissant château de la Possonnière, en
Vendômois, parent de la reine Élisabeth d'Angleterre
et du chevalier Bayard, entré très tôt comme page au
service des dauphins et des princesses royales, très
adroit à l'escrime et à l'équitation, Pierre de Ronsard
aurait pu devenir un jeune homme séduisant et futile,
partageant son temps entre la cour, le cheval et une
poésie d'amateur, si un malheur, comme souvent,
n'était venu à son secours : à dix-sept ans, il devient
sourd. L'infirmité le jettera dans les livres, dans le culte
des lettres, dans un travail acharné, et c'est un sourd
qui donnera à notre langue quelques-unes de ses sono-
rités les plus harmonieuses et de ses notes les plus
pures.

Il doit renoncer à la diplomatie et aux armes et

reçoit la tonsure, sans pourtant devenir prêtre. Il décide de transférer « l'office des oreilles aux yeux par la lecture de bons livres, et de se mettre à l'étude ». Il étudie le latin et le grec – mais il ne connaîtra jamais ni la Grèce ni l'Italie dont il a tant rêvé – et, au collège de Coqueret, derrière Sainte-Barbe, sur la montagne Sainte-Geneviève, il suit avec son ami Baïf, fils de l'ambassadeur de François Ier à Venise, les cours de l'helléniste Dorat. Autour d'eux et de Du Bellay se constitue un groupe de jeunes poètes qui prennent le nom de « Brigade ». Ils se retrouvent régulièrement. Ils se nourrissent de textes anciens et mènent une vie inimitable. En avril 1549 paraît, sous la signature de Du Bellay, la célèbre *Défense et illustration de la langue française* qui constitue comme le manifeste du groupe. Un jour très chaud de juillet de la même année, ils vont à la campagne et, ivres de soleil et de vin, composent des poèmes bachiques. C'est le célèbre et « folastrissime voyage d'Arcueil ». Quelques années plus tard, de la « Brigade » sortira la « Pléiade ».

Un an, presque jour pour jour, après la parution de *Défense et illustration de la langue française*, les *Quatre Premiers Livres des Odes*, bientôt suivis d'un *Cinquième*, hissent d'un seul coup Ronsard au premier rang des poètes de l'époque. Imitées de Pindare, d'Anacréon, d'Horace, parfois composées de triades, divisées elles-mêmes en strophe, antistrophe et épode, les *Odes* chantent, sur le mode rustique, la nature, les grottes, les arbres et, sur le mode épicurien, les plaisirs de la vie :

[...]
Il est temps que je m'ébatte
Et que j'aille aux champs jouer.
Bons dieux! qui voudrait louer
Ceux qui, collés sur un livre,
N'ont jamais souci de vivre!

Que nous sert l'étudier
Sinon de nous ennuyer?
Corydon, marche devant,
Sache où le bon vin se vend,
Fais rafraîchir la bouteille.
Cherche une feuilleuse treille
Et des fleurs pour me coucher
[...]

Versons ces roses en ce vin,
En ce bon vin versons ces roses,
Et buvons l'un à l'autre afin
Qu'au cœur nos tristesses encloses
Prennent en buvant quelque fin.

A côté de ces pièces à la façon d'Horace, les *Odes* pindariques sont souvent chargées d'invocations grandiloquentes et même d'une mythologie obscure et pesante qui lui sera reprochée, d'abord par les poètes contemporains, jaloux de sa gloire naissante, comme Mellin de Saint-Gelais, puis, plus tard, par les créateurs de notre langue : « M. de Malherbe, écrit Racan, avait effacé plus de la moitié de son Ronsard et en notait en marge les raisons. » Et Boileau s'irrite d'entendre « sa muse en français parlant grec et latin ».

Pourquoi Malherbe rature-t-il rageusement son Ronsard et pourquoi Boileau en veut-il au poète des *Odes*,

> *Cet orgueilleux génie trébuché de si haut*?

Parce que l'un et l'autre se battent pour une langue plus pure. Ils reprochent au Ronsard des *Odes* ses emprunts perpétuels aux langues mortes, ses mots composés et francisés, son abus de la mythologie classique, son « faste pédantesque », son asservissement à Pindare et à Pétrarque. La langue classique, après Malherbe et avec Boileau, se détournera du Ronsard érudit et pétrarquisant pour aller vers plus d'indépendance, de liberté et de simplicité naturelle. Par un étrange paradoxe, il faudra attendre les romantiques, ennemis pourtant de la mythologie classique et de toute imitation, pour que justice soit rendue à Ronsard qui a tant imité les maîtres de la mythologie. Sainte-Beuve lui consacre de belles pages dans son *Tableau de la poésie française au XVIe siècle*, et même un joli sonnet :

> *Qu'on dise : « Il osa trop », mais l'audace était belle*
> *Et de moins grands que lui auront plus de bonheur.*

Pendant les deux siècles où règne un classicisme qu'il prépare et annonce de loin, mais que Malherbe et Boileau annexent et lui subtilisent, Ronsard est critiqué, dédaigné, et pour ainsi dire oublié. Dernier grand prêtre du classicisme, Voltaire, qui en matière de poésie est un tout petit garçon au regard de Ronsard, ne mâche pas ses mots : « Ronsard gâta la langue en transportant dans la poésie française les composés grecs dont se servaient les philosophes et les médecins. [...] Personne en France n'eut plus de réputation de son temps que Ronsard. C'est qu'on était barbare dans le temps de Ronsard. »

La gloire, pourtant, en son temps, ne va plus lâcher Ronsard, qui devient non seulement le prince des poètes, mais le poète du roi. Les *Hymnes*, les *Élégies*, le *Discours des misères de ce temps*, les *Remontrances au peuple de France* annoncent déjà non seulement Guillaume du Bartas, l'auteur de *La Sepmaine ou La Création du monde*, et Agrippa d'Aubigné, le grand poète épique et protestant des *Tragiques* – ses adversaires politiques, ses ennemis religieux, ses disciples en poésie –, mais l'éloquence de Hugo. Il se lance dans l'épopée avec *La Franciade*, poème inachevé en décasyllabes, aujourd'hui illisible, et dont l'échec l'éprouve. La dureté des temps le contraint à se jeter dans les querelles des guerres de Religion. Dans le camp des catholiques, il prêche la tolérance :

Car Christ n'est pas un Dieu de noise ou de discorde.
Christ n'est que charité, qu'amour et que concorde.

Mais ce qui va donner à Ronsard, déchiré entre sa gaieté naturelle et ses réminiscences mythologiques, entre l'érudition et son goût épicurien de la bonne chère et du vin, sa place inimitable au premier rang de nos poètes, c'est l'amour. Les manuels classiques de la littérature dont se servaient nos grands-pères distinguaient dans l'œuvre de Ronsard les « grands genres » – les *Odes*, *La Franciade*, les *Discours* – et les « petits genres » – les *Amours*, les sonnets, les poèmes. Ce sont les petits genres qui font la grandeur de Ronsard.

Trois noms de femmes brillent d'un éclat incomparable dans le ciel des amours de Ronsard : Cassandre, Marie, Hélène. Ronsard a vingt ans lorsque, dans un bal de la cour à Blois, il aperçoit, en train de danser un branle de Bourgogne, la fille d'un banquier italien qui porte le nom de Cassandre Salviati. C'est une enfant : elle a treize ans. Il a à peine le temps de la voir – la cour quitte Blois le surlendemain – et la foudre le frappe. « Il n'eut moyen, écrit un contemporain, que de la voir, de l'aimer et de la laisser à même instant. » L'année d'après, à quatorze ans, Cassandre épouse un seigneur de Pré ou de Pray, mais la vision radieuse et le nom antique peuplent les rêves platoniques de l'étudiant de Coqueret qui lui consacre un recueil de sonnets et des poèmes épars, tout imprégnés encore de pétrarquisme, puisque Cassandre est à Ronsard ce que Laure était à Pétrarque :

> *Mignonne, allons voir si la rose*
> *Qui ce matin avait déclose*
> *Sa robe de pourpre au soleil*
> *A point perdu cette vesprée*
> *Les plis de sa robe pourprée*
> *Et son teint au vostre pareil.*

Et, à la fois plus simple et plus intellectuel :

Je veux lire en trois jours l'Iliade d'Homère
Et pour ce, Corydon, ferme bien l'huis sur moi
[...]
Mais si quelqu'un venait de la part de Cassandre,
Ouvre-lui tost la porte et ne le fais attendre...

A Cassandre, dix ans plus tard, succède une simple paysanne de Bourgueil, une « fleur angevine de quinze ans » : Marie Dupin, ou du Pin. Il semble que Ronsard ait vraiment aimé Marie et qu'il ait souffert de son mariage avec un gentilhomme. Les sonnets qu'il lui consacre sont plus simples, plus naturels et sans doute plus sincères que les poèmes à Cassandre. Le lyrisme familier, qu'on appellera « le beau style bas », renonce à toute emphase et à toute obscurité. Et pour exprimer ses sentiments, Ronsard, qui garde la forme du sonnet, abandonne le vers de huit ou dix pieds pour les douze pieds de l'alexandrin, qui tire son nom du *Roman d'Alexandre*, long poème de la fin du XIIᵉ siècle et qui est destiné à un bel avenir.

Marie fut-elle, pour Pierre, plus accessible que Cassandre, éternelle fugitive ? Sauf les menues privautés, que ne dédaignait pas le poète, ces « bonnes manières que la rusticité tolère », selon la formule de Gustave Cohen, c'est au moins douteux. Il faut d'ailleurs noter qu'à Marie l'Angevine se superpose, moins familière, plus solennelle et lointaine, l'image de Marie de Clèves, maîtresse de Henri III, qui vient de disparaître, et que Ronsard, dans ses plaintes, confond avec Marie Dupin dont il déplore la mort :

Comme on voit sur la branche, au mois de mai, la rose,
En sa belle jeunesse, en sa première fleur,
Rendre le ciel jaloux de sa vive couleur
Quand l'aube, de ses pleurs, au point du jour l'arrose ;

La grâce dans sa feuille et l'amour se repose,
Embaumant les jardins et les arbres d'odeur ;

Mais, battue ou de pluie ou d'excessive ardeur,
Languissante, elle meurt, feuille à feuille déclose;

Ainsi en ta première et jeune nouveauté,
Quand la terre et le ciel honoraient ta beauté,
La Parque t'a tuée, et cendre tu reposes.

Pour obsèques reçois mes larmes et mes pleurs,
Ce vase plein de lait, ce panier plein de fleurs,
Afin que, vif et mort, ton corps ne soit que roses.

Ronsard a une cinquantaine d'années, ou peut-être un peu moins, l'âge des barbons de Molière, quand il tombe sur une des filles qui constituent, à la cour de Catherine de Médicis, l'escadron volant de la reine. Elle s'appelle Hélène de Surgères, elle a perdu dans la guerre civile le capitaine aux gardes Jacques de la Rivière dont elle était éprise, elle est désespérée et aussi remarquable par son esprit et sa beauté que par sa vertu. La reine invite le poète à consoler la jeune femme et à la célébrer dans ses sonnets.

Ronsard la chante d'abord « par ordre ». Son style retrouve la veine pétrarquisante des *Amours de Cassandre* qui est justement en train de revenir à la mode dans le cercle de la cour. Et puis, peu à peu, en dépit de la différence d'âge et de l'extrême réserve d'Hélène, Ronsard se met à nouveau à éprouver pour la jeune femme un sentiment sincère qui ressemble à l'amour. Réussira-t-il, cette fois, au déclin de sa vie, à emporter la place? Elle l'écoute dans le jardin des Tuileries ou dans les galeries du Louvre d'où elle découvre, au loin, « Montmartre et les champs d'alentour ». Ils échangent quelques serments, elle accueille des déclarations enflammées, audacieuses, sensuelles :

Ne viendra point le temps que dessous les rameaux,
Au matin où l'aurore éveille toutes choses,
En un ciel bleu tranquille, au caquet des oiseaux,
Je vous puisse baiser à lèvres demi-closes
Et vous conter mon mal et, de mes bras jumeaux,
Embrasser à souhait votre ivoire et vos roses ?

Hélène hésite encore. Ronsard, pour la convaincre, reprend avec éclat le thème antique du « *Carpe diem* », cher à Horace et à Anacréon :

Quand vous serez bien vieille, au soir, à la chandelle,
Assise auprès du feu, dévidant et filant,
Direz, chantant mes vers, en vous émerveillant :
« Ronsard me célébrait du temps que j'étais belle ! »

Lors, vous n'aurez servante oyant telle nouvelle,
Déjà sous le labeur à demi sommeillant,
Qui au bruit de mon nom ne s'aille réveillant,
Bénissant votre nom de louange immortelle.

Je serai sous la terre et, fantôme sans os,
Par les ombres myrteux je prendrai mon repos ;
Vous serez au foyer une vieille accroupie,

Regrettant mon amour et votre fier dédain.
Vivez, si m'en croyez, n'attendez à demain :
Cueillez dès aujourd'hui les roses de la vie.

Ces sonnets d'amour que tout le monde connaît suffiraient à assurer à Ronsard une place de premier rang dans notre littérature. Mais le poète de Cassandre, de Marie et d'Hélène sait chanter aussi autre chose que ses amours. Quand la mythologie et le passé ne l'étouffent pas, il trouve des accents d'une grande simplicité où passe un souffle puissant. Et quand, la vie écoulée, les femmes évanouies, tous les honneurs cueillis, s'annonce enfin la mort, il la salue en des vers aussi beaux que ceux qui célébraient ses amours :

Mon corps s'en va descendre où tout se désassemble
[...]
Adieu, chers compagnons, adieu, mes chers amis,
Je m'en vais le premier vous préparer la place.

Il faut laisser maisons et vergers et jardins,
Vaisselles et vaisseaux que l'artisan burine
Et chanter son obsèque en la façon du cygne
Qui chante son trépas sur les bords méandrins.

C'est fait, j'ai dévidé le cours de mes destins,
J'ai vécu, j'ai rendu mon nom assez insigne :
Ma plume vole au ciel pour être quelque signe
Loin des appas mondains qui trompent les plus fins.

Heureux qui ne fut onc, plus heureux qui retourne
En rien comme il était, plus heureux qui séjourne,
D'homme fait nouvel ange, auprès de Jésus-Christ,

Laissant pourrir çà-bas sa dépouille de boue
Dont le sort, la fortune et le destin se joue,
Franc des liens du corps pour n'estre qu'un esprit !

LA FONTAINE

(1621-1695)

Le papillon du Parnasse

Vous souvenez-vous encore des quatre amis attablés dans les rires autour d'une bonne bouteille à la taverne du *Mouton blanc* ou à la *Pomme de pin* ? C'était sur la montagne Sainte-Geneviève, aux environs de 1660. Ils s'appelaient Molière, Boileau, La Fontaine et Racine. Jamais autant de talent n'avait été aussi gai. Racine était le plus jeune. Le plus âgé était La Fontaine. Racine avait vingt ans et La Fontaine une quarantaine.

« Quatre amis dont la connaissance avait commencé par le Parnasse, écrit La Fontaine, lièrent une espèce de société que j'appellerais académie si leur nombre avait été plus grand et qu'ils eussent autant regardé les muses que le plaisir. La première chose qu'ils firent, ce fut de bannir d'entre eux les conversations réglées et tout ce qui sent sa conférence académique. Quand ils se trouvaient ensemble et qu'ils avaient bien parlé de leurs divertissements, si le hasard les faisait tomber sur quelque point de science ou de belles-lettres, ils profitaient de l'occasion : c'était toutefois sans s'arrêter trop longtemps à une même matière, voltigeant de propos en autre comme des abeilles qui rencontreraient en leur chemin diverses sortes de fleurs. L'envie, la malignité, ni la cabale n'avaient de voix parmi eux. Ils adoraient les ouvrages des Anciens, ne refusaient point à ceux des Modernes les louanges qui leur sont dues, parlaient des leurs avec modestie et se donnaient des airs sincères lorsque quelqu'un d'eux tombait dans la maladie du siècle et faisait un livre, ce qui arrivait rarement. »

Né à Château-Thierry, à quelques lieues de La Ferté-Milon où devait naître Racine, Jean de La Fontaine, dont le père occupait les fonctions de maître des Eaux et Forêts et de capitaine des chasses, est d'abord un campagnard. Il est élevé dans la nature, il se promène le long des ruisseaux, il court les prés et les bois, entre les lièvres et les bûcherons.

> *L'innocente beauté des jardins et des jours*
> *Allait faire à jamais le charme de ma vie.*

Peut-être aurait-il pu passer son existence à guetter l'aurore parmi le thym et la rosée ? On l'envoie à Paris poursuivre des études qui ne l'amusent pas beaucoup. Heureusement, il aime lire. Il découvrira Platon, et Malherbe, et Racan, et même l'Arioste et le Tasse. Sous l'apparente simplicité, à cause peut-être de son indolence qui se plie à tout avec facilité, le jeune La Fontaine est plus complexe qu'on ne pourrait le croire. Voilà qu'il entre chez les oratoriens de la rue Saint-Honoré. Va-t-il donc se faire prêtre ? Il ne détesterait pas laisser à d'autres le soin de s'occuper de sa propre vie. Mais il sort de l'Oratoire aussi vite qu'il y est entré. Sa famille le marie. Il a vingt-six ans. Elle en a quatorze. Il se laisse faire. Comme Chateaubriand plus tard, qui est si différent de lui, il a une étonnante capacité d'indifférence. Sa femme lui donne un fils. Pourquoi pas ? Les choses lui sont égales. Elles glissent sur lui. Il rêve. Il est la nonchalance et la distraction mêmes – ou, du moins, il les affecte pour qu'on lui fiche la paix. Il aime la poésie. Il trousse lui-même des vers. Et, au lieu de se jeter dans l'Église, il se jette dans le monde pour voir ce qui s'y passe.

Le garnement de Château-Thierry fit un tabac dans les salons parisiens. Sa naïveté plongeait dans un bain de fraîcheur les femmes du monde et les gens d'esprit. Les nièces de Mazarin, qui étaient redoutables, et surtout la duchesse de Bouillon qui avait tout de suite dix-huit ans et qui était jolie comme un cœur, le prirent sous leur protection. Il avait un ami écrivain qui s'appelait Pellisson et un oncle qui s'appelait Jannart : tous deux appartenaient à la cour de Fouquet. Le grand, le délicieux, le magnifique surintendant lui accorda une pension, à charge pour le poète de rimer tantôt une ballade, tantôt une épître et tantôt un madrigal. Jusqu'au-delà de quarante ans, La Fontaine n'écrit presque rien. Si ce n'est *Le Songe de Vaux*, une pièce inachevée, inspirée d'une œuvre célèbre de la fin du XVe siècle italien, *Le Songe de Polyphile* : son ambition est de chanter par avance les splendeurs du château de Vaux-le-Vicomte, près de Melun, un des chefs-d'œuvre de l'art français, auquel Fouquet n'en finit pas d'apporter tous ses soins et qu'il ne cesse d'embellir.

A peine La Fontaine, qui vient de se lier avec ses

trois illustres amis écrivains, a-t-il célébré les talents de bâtisseur et de jardinier de son bienfaiteur que la disgrâce royale frappe Fouquet. A propos du château justement : les punitions les plus cruelles viennent toujours de ce qu'on aime. A la suite d'une fête dont le but avoué et la folle ambition sont de hisser Vaux-le-Vicomte à la dignité de Versailles, l'imprudent surintendant est livré à ses juges. Alors, le paysan adopté par les salons, le jeune homme spirituel et léger, la coqueluche des duchesses montre d'un seul coup son courage et son génie. Dans une cour soumise et qui se tait, l'*Élégie aux nymphes de Vaux*, audacieuse supplique en faveur du proscrit, éclate comme un coup de tonnerre :

> *Remplissez l'air de cris en vos grottes profondes ;*
> *Pleurez, nymphes de Vaux, faites croître vos ondes*
> [...]

> *Lorsque sur cette mer on vogue à pleines voiles,*
> *Qu'on croit avoir pour soi le vent et les étoiles,*
> *Il est bien malaisé de régler ses désirs :*
> *Le plus sage s'endort sur la foi des zéphyrs.*
> [...]

> *Il est assez puni par son sort rigoureux*
> *Et c'est être innocent que d'être malheureux.*

Trop proche du surintendant, l'oncle Jannart est exilé dans le Limousin. Mi-contraint, mi-volontaire, La Fontaine l'accompagne. Et à sa femme, Mme, ou, comme on disait alors, *Mlle* de La Fontaine, le poète adresse une sorte de journal de voyage en province, moitié vers, moitié prose, d'une liberté merveilleuse, toujours amusant et spirituel, et puis, tout à coup, touchant quand il se fait montrer, par exemple, sur les bords de la Loire, le cachot où Fouquet, en route vers sa prison de Nantes, est enfermé par le roi : « Je fus longtemps à considérer la porte [...]. La nuit me surprit en cet endroit. » Tout l'art du touche-à-tout soudain transfiguré est d'unir la simplicité à l'émotion et le comique à une subite et imprévue profondeur. Le bonhomme La Fontaine s'engage déjà sur les chemins d'un naturel désarmant qui confine au génie.

Comme beaucoup d'artistes qui cultivent leur maladresse à la façon d'un alibi et s'abritent derrière leur paresse comme derrière une armure, La Fontaine est incapable de s'occuper de quoi que ce soit. Ni de ses affaires ni de lui-même. Fouquet disparu, il est pris en charge par Madame, veuve de Gaston d'Orléans, frère de Louis XIII − elle réside au palais du Luxembourg dont la fréquentation n'est pas déplaisante −, par la duchesse de Bouillon, toujours fidèle, et surtout par Mme de La Sablière qui ne se déplacera plus jamais « sans son chien, son chat et La Fontaine » et qui sera sa providence. A la mort de Mme de La Sablière, des amis communs, les Hervart, mettront leur maison à la disposition du poète. « J'y allais », répondra-t-il avec simplicité. En attendant, les Condé, les Conti, les La Rochefoucauld, un peu plus tard les Vendôme se l'arrachent. Mme de Sévigné est folle de lui. Son nom commence à voler sur les lèvres des lettrés. Seul le roi ne l'aime guère.

Pourquoi ? Parce que La Fontaine n'est pas seulement l'ami de Fouquet, que le roi poursuit de sa vindicte : il est aussi l'auteur de *Contes et nouvelles en vers* qu'on peut encore lire avec amusement. Tirés de Boccace et de l'Arioste, ces *Contes* sont d'une grande gaieté, mais aussi, il faut bien le dire, d'une licence qui, plus d'une fois, touche à l'obscénité. Ils sont frappés par la censure et interdits de diffusion. Le scandale, naturellement, contribue au succès et la vente se poursuit et s'accélère sous le manteau. Mais plus encore que sa liberté de plume, ce que le roi reproche surtout au poète libertin, c'est son indépendance d'esprit. Elle naît de sa nonchalance et de son indifférence. Il n'a pas d'ambition. Il ne court pas après les postes. Protégé par ses amis qui prennent soin de sa paresse et de son incompétence très volontaires, il se promène et il s'amuse. Il préfère le plaisir aux honneurs de la cour.

Un beau jour, pourtant, avec l'âge, comme à beaucoup, lui vient, telle une démangeaison, telle une fièvre d'enfant, l'envie – modeste – d'Académie. Il est élu, mais Louis XIV, protecteur de l'Académie, plus sourcilleux, en matière de mœurs, pour les autres que pour lui-même, suspend son élection et exige que Boileau, historiographe du roi, soit reçu avant le libertin qui n'en fait qu'à sa tête. La Fontaine finit, malgré tout – quelle revanche et quel symbole ! –, par succéder à Colbert qui s'était longtemps opposé à son élection mais qui n'avait pu s'empêcher de mourir. C'est qu'il était impossible à ses pairs de ne pas l'accueillir et difficile au roi de maintenir son refus : sous le titre bénin de *Fables*, le bonhomme La Fontaine avait écrit un des livres les plus célèbres et peut-être le plus populaire de toute notre littérature.

Il serait très inexact de réduire aux seules *Fables* l'œuvre de La Fontaine. Le soi-disant paresseux est un redoutable polygraphe et sa naïveté apparente, que dénonce Valéry – « Il court sur La Fontaine une rumeur de paresse et de rêverie, un murmure ordinaire d'absence et de distraction perpétuelle. [...] Prenons garde que la nonchalance, ici, est savante ; la mollesse, étudiée ; la facilité, le comble de l'art. Quant à la naïveté, elle est nécessairement hors de cause : l'art et la pureté si soutenue excluent à mon regard toute paresse et toute bonhomie » –, s'exerce sur tous les sujets. Il a traduit Térence et saint Augustin, il a écrit un opéra : *Daphné*, une tragédie : *Achille*, des *Poésies chrétiennes*, il a même rédigé un long poème presque unique dans son genre puisqu'il s'agit d'une œuvre qu'on pourrait qualifier de médicinale et de pharmaceutique : *Le Quinquina*. Parmi tant d'œuvres diverses, les *Fables* constituent, pour au moins deux raisons, un monument impérissable : d'abord elles sont destinées aux enfants qui ne cesseront pas, plusieurs siècles après leur auteur, sous les régimes les plus divers, monarchie ou république, de les apprendre par cœur et de les réciter, les jours de fête, aux parents épanouis ; et puis, elles sont pleines de charme, de grâce, de drôlerie et de beautés. Écrivains, mes frères, et écrivaines, mes sœurs, si vous voulez durer, écrivez de belles choses avec simplicité et arrangez-vous surtout pour que les jeunes gens les lisent. Car le monde, vous le savez bien, n'est pas fait de souvenirs : il n'est fait que de promesses, de matins et d'enfants.

N'allons pas en conclure que les *Fables* de La Fontaine n'ont pas suscité d'adversaires. Lamartine les condamne avec une violence inhabituelle : « Le caractère tout à fait gaulois de ce poète lui a fait trouver grâce et faveur dans sa postérité gauloise comme lui, malgré ses négligences et ses immoralités, ses imperfections et ses pauvretés d'invention. [...] A l'exception de quelques prologues courts et véritablement inimitables de ses fables, le style en est vulgaire, inharmonieux, disloqué, plein de constructions obscures, baroques, embarrassées, dont le sens se dégage avec effort et par circonlocutions prosaïques. Ce ne sont pas des vers, ce n'est pas de la prose, ce sont des limbes de la poésie. » Et Rousseau les rejette pour une raison assez simple et qui n'a peut-être pas été soulignée avec assez de force : il considère que toute lecture est un danger pour l'enfant parce qu'elle lui présente un monde déjà déformé par la société et plein d'immoralité au lieu de lui permettre de l'inventer dans la fraîcheur et l'innocence de la nature. « On fait apprendre les fables de La Fontaine à tous les enfants et il n'y en a pas un seul qui les entende. Quand ils les entendraient, ce serait encore pis : car la morale en est tellement mêlée et disproportionnée à leur âge qu'elle les porterait plus au vice qu'à la vertu. »

Vulgaire ? Inharmonieux ? Obscur ? Immoral ? On parlerait plutôt d'une transparence et d'une liberté sans égal. Comme Corneille, comme Molière, comme Boileau, comme Racine, comme toute cette époque dite classique, ce qui le guide, c'est le plaisir : « Mon principal but est toujours de plaire ; pour en venir là, je considère le goût du siècle. » Il ne force pas son talent. Il le déploie à sa mesure :

Contons, mais contons bien : c'est le point principal.
C'est tout.

Chacune de ses fables constitue une comédie, une nouvelle, un récit romanesque dont les héros sont le loup, l'alouette, le chat, la belette, le souriceau, le bûcheron, la carpe et le lapin, le corbeau et le renard, le meunier, son fils et l'âne. A chaque instant, il colle au monde réel et il le transfigure en le décrivant avec une grâce malicieuse et rapide :

> *Et maintenant il ne faut pas*
> *Quitter la nature d'un pas.*

A petites touches, sans effort apparent, sans jamais s'essouffler et sans monter le ton, il édifie sous nos yeux enchantés

> *Une ample comédie à cent actes divers,*
> *Et dont la scène est l'univers.*

Avec un peu d'audace, on pourrait soutenir que les *Fables* relèvent d'un journalisme rustique, animalier et imaginaire :

> *Je dirai : J'étais là, telle chose m'advint ;*
> *Vous y croirez être vous-même.*

A l'extrême opposé des prêcheurs, des pleurards, des humanistes la larme à l'œil, La Fontaine est un égoïste plein de tendresse et d'amitié. C'est un dilettante, un amateur, un épicurien à l'ancienne mode – ce qui, loin des discours prétentieux à la manière du romantisme et du XIXᵉ siècle, le rend si jeune et si moderne :

J'aime le jeu, l'amour, les livres, la musique,
La ville et la campagne, enfin tout : il n'est rien
Qui ne me soit souverain bien,
Jusqu'aux sombres plaisirs d'un cœur mélancolique.
[...]

Papillon du Parnasse, et semblable aux abeilles,
Je suis chose légère et vole à tout sujet ;
Je vais de fleur en fleur et d'objet en objet.

Il imite Ésope, et Horace, et Phèdre, et parfois Marot ou Rabelais, ou encore *Le Livre des lumières* de l'Indien Pilpay. Il les imite sans pédantisme et il n'ennuie jamais. Ses *Fables* sont à la fois un divertissement pour lettrés et un manuel de savoir-vivre à l'usage des princes qui nous gouvernent comme des enfants des écoles :

Je me sers d'animaux pour instruire les hommes.

Les *Fables* sont un miracle constant de rigueur et de liberté. La morale qui s'en dégage n'est jamais mièvre ou fade, mais toujours d'une vivacité et d'une force qui vont jusqu'à une cruauté très policée :

Travaillez, prenez de la peine :
C'est le fonds qui manque le moins.

Ou :

Je suis oiseau : voyez mes ailes.
Je suis souris, vivent les rats.

Ou :

> *Trompeurs, c'est pour vous que j'écris :*
> *Attendez-vous à la pareille.*

Ou :

Selon que vous serez puissant ou misérable,
Les jugements de cour vous rendront blanc ou noir.

Le cœur, qui ne se porte pas en écharpe, qui se dissimule plutôt derrière le cynisme et l'ironie, n'est pas absent de ces leçons un peu rudes :

> *Je ne suis pas de ceux qui disent : « Ce n'est rien :*
> *C'est une femme qui se noie. »*

Ou :

A qui donner le prix ? Au cœur, si l'on m'en croit.

Ou :

> *Aimez, aimez, tout le reste n'est rien.*

Et la poésie, qui se cache à l'âge classique dans les tragédies de Racine, dans les sermons de Bossuet, dans les pensées de Pascal, dans les lettres de Mme de Sévigné, ne cesse jamais d'affleurer dans les vers du bonhomme qui est une sorte de Montaigne touché par l'aile de l'ange :

> *Amants, heureux amants, voulez-vous voyager ?*

Ou :

Ni la grâce, plus belle encor que la beauté...

Ou :

Le vert tapis des prés et l'argent des fontaines...

Ou :

Sur les ailes du temps, la tristesse s'envole.

Ou encore ceci, qui est ravissant et presque déchirant à force de transparence :

Jours devenus moments, moments filés de soie,
Délicieux moments, vous ne reviendrez plus.

A la fin de sa vie, le libertin se convertit. Il brûla des vers, il réunit ses confrères pour renier ses *Contes*, il traduisit des hymnes et des psaumes, il porta un cilice. On a parlé de palinodie. C'était une autre étape, pour une âme flexible, sur le chemin de la vie :

Diversité, c'est ma devise.

Racine à son chevet reçut ses derniers mots et son dernier soupir. « Dieu, s'écria la garde qui lui servait d'infirmière, n'aura pas le courage de le damner. » Et son ami Maucroix écrit dans ses *Mémoires* : « C'était l'âme la plus sincère, la plus candide que j'aie jamais connue : jamais de déguisement ; je ne sais s'il a menti dans sa vie. »

Mais le plus bel hommage et le plus imprévu à cet esprit libre, nonchalant, dansant, qui dépeint sous tant de masques et avec tant d'allégresse un monde multiple et étrangement rude, sera rendu par Gide : « L'art de La Fontaine est de dire légèrement et comme en se jouant cette accablante vérité que Nietzsche étale avec une pathétique éloquence. »

SÉVIGNÉ

(1626-1696)

Chagrins et gaieté d'une mère

Marie de Rabutin-Chantal était fille unique. Elle appartenait à une ancienne famille dont la prospérité avait été assurée, selon une vieille recette, par des alliances judicieuses. Sa mère s'appelait Coulanges et n'était pas dépourvue de fortune. Son père, M. de Rabutin, baron de Chantal, était courageux jusqu'à la témérité. Il trouva la mort en 1627 dans l'île de Ré, au cours d'un combat contre les Anglais. Marie fut élevée par sa mère. Elle la perdit à sept ans, à l'âge où les impressions sont les plus fortes sur les enfants. Le chagrin qu'elle ressentit suffit à expliquer la tendresse ardente dont l'orpheline, plus tard, entourera sa propre fille.

Marie fut confiée aux Coulanges, sa famille maternelle. A son grand-père, d'abord, pendant trois ans, puis à son oncle, l'abbé de Coulanges, qu'elle appelait « le bien bon ». L'abbé était un homme digne et estimable. A Livry, où il avait une abbaye, il éleva sa nièce avec une tendre intelligence. Elle eut la chance d'avoir successivement pour précepteurs deux hommes remarquables : Chapelain et Ménage.

Déjà très célèbre, Chapelain était un poète au-dessous du médiocre, auteur de *La Pucelle*, étrillée par Boileau ; Ménage était un érudit qui troussait des vers latins. L'un et l'autre étaient des hommes d'esprit et de goût, d'une grande culture, à la conversation pleine de savoir et de charme. Marie apprit le latin, l'italien, l'espagnol et elle était capable de lire dans le texte saint Augustin, Dante, Pétrarque et Cervantès. A seize ans, elle est présentée à la cour d'Anne d'Autriche. A dix-huit ans, elle épouse pour son malheur le baron Henri de Sévigné, descendant d'une vieille famille bretonne et qui se faisait donner du marquis. Le mariage fut un désastre. Le marquis de Sévigné était un noceur. Il ruina sa femme, la délaissa et, huit ans après le mariage, il se fit tuer en duel par le chevalier d'Albret. C'était la meilleure des solutions à une situation qui était vite devenue intenable. A vingt-cinq ans, débarrassée de son mari, décidée à ne pas se remarier, la marquise de Sévigné était une jeune veuve, belle et sage, qui se consacra tout entière à l'éducation de ses deux enfants : une fille, Françoise-Marguerite, et un fils, Charles.

Avant de se convertir et de se marier à son tour, Charles, qui avait bon cœur mais dont la faiblesse de caractère était consternante, commença par marcher sur les traces de son père : il mena une vie dissipée. Deux de ses liaisons défrayèrent la chronique : la première avec Ninon de Lenclos, qui, infatigable à tout âge, avait déjà été la maîtresse de son père ; la seconde avec la Champmeslé, qui était, nous le savons déjà, l'interprète et la maîtresse de Racine. A sa fille, sur qui elle reporta toute sa tendresse et qui allait devenir la grande, l'unique affaire de sa vie, Mme de Sévigné fit enseigner tout ce qu'elle avait appris elle-même de son oncle Coulanges, de Ménage et de Chapelain – et peut-être plus encore. Elles lisaient ensemble les œuvres de Descartes et de Tacite dans le texte. A seize ans, Françoise-Marguerite fut présentée à la cour et passa bientôt pour la plus savante et la plus jolie des débutantes.

La mère des deux enfants, pendant ce temps-là, après avoir rétabli tant bien que mal le patrimoine mis à mal par son défunt mari, faisait sa rentrée dans le monde. Elle paraissait à l'hôtel de Rambouillet. Elle se liait avec la duchesse de Longueville, sœur du Grand Condé, maîtresse de La Rochefoucauld, avec la marquise de Sablé, avec Mme de La Fayette, l'auteur de *La Princesse de Clèves*. Elle rencontrait Corneille qu'elle préférera toujours à Racine et à qui elle restera fidèle jusqu'au bout. Elle retrouvait Chapelain et Ménage. Elle fréquentait ses deux cousins, « le petit Coulanges », délicieux et léger, et cette fripouille séduisante de Bussy-Rabutin, écrivain de talent, lieutenant général du royaume, séducteur professionnel qui avait accroché aux murs de son château de Bussy les portraits de ses maîtresses, auteur de l'*Histoire amoureuse des Gaules* qui lui avait valu treize mois de Bastille et vingt-sept ans d'exil dans ses terres.

Fidèle à ses principes, Bussy-Rabutin ne manqua pas de faire la cour à sa jolie cousine. Fidèle aux siens, elle ne céda pas. Bussy-Rabutin en conçut un vif dépit et une espèce d'amertume. Il se laissa aller à la dépeindre dans un libelle sous le nom transparent de Mme de Cheneville. Et il se produisit cette chose étonnante : Mme de Sévigné était si charmante et si digne, elle avait de si jolies qualités que, sous la plume du dépité, l'attaque, insensiblement et involontairement, se changea en éloge. Bussy-Rabutin reproche à Mme de Cheneville d'être très soucieuse de sa fortune et un peu près de ses sous, ce qui n'était pas faux. Il lui reproche aussi « un caractère trop badin » et de vouloir « être trop plaisante ». Il lui reproche enfin de se laisser « un peu trop éblouir aux grandeurs de la cour. [...] Un soir que le roi venait de la faire danser, s'étant remise à sa place qui était auprès de moi : " Il faut avouer, dit-elle, que le roi a de grandes qualités ; je crois qu'il éclipsera la gloire de tous ses prédécesseurs. " Je ne pus m'empêcher de lui répondre : " On n'en peut pas douter, Madame, après ce qu'il vient de faire pour vous. " » Il est bien obligé, en fin de compte, de venir à résipiscence : « Il n'y a point de femme qui ait plus d'esprit qu'elle et fort peu qui en aient autant. » C'était un joli hommage de la part d'un amoureux déçu et d'un séducteur évincé.

Un beau jour, le bonheur et le malheur entrèrent du même pas dans la vie de Mme de Sévigné : sa fille se maria. Elle épousa François Adhémar, comte de Grignan, déjà deux fois veuf, gouverneur de la Provence. Grignan, d'après Saint-Simon, qui jouait un peu le rôle de photographe ou de caricaturiste de la cour, était « un grand homme, fort bien fait, laid, mais fort honnête homme, poli, noble, sentant fort ce qu'il était » – c'est-à-dire, en clair, imbu de son importance et de ses préjugés. Mme de Sévigné eut encore deux années de sursis : sa fille resta auprès d'elle pendant que Grignan occupait ses fonctions officielles. Et puis, au bout de deux ans, Mme de Grignan alla rejoindre son mari en Provence.

Ce fut un déchirement pour Mme de Sévigné. Elle avait perdu sa mère à sept ans. Elle perdait à quarante-cinq ans sa fille qu'elle adorait. Le sévère Arnauld d'Andilly, janséniste comme son frère, le Grand Arnauld, comme ses sœurs, mère Angélique et mère Agnès, disait à Mme de Sévigné qu'elle n'était « qu'une jolie païenne, qui faisait de sa fille une idole dans son cœur ». Pour affectueuse qu'elle fût, la critique visait juste. La Provence, en ce temps-là, était loin de Paris. Partir pour la Provence était pire, bien pire, que partir aujourd'hui pour les Fidji ou les Tonga. Mme de Sévigné versa toutes les larmes de son corps. C'est au chagrin d'une mère devant la séparation d'avec sa fille adulée que nous devons un des chefs-d'œuvre de notre littérature.

A l'amour exalté de sa mère, Mme de Grignan, qui, peut-être parce qu'elle avait été trop aimée, faisait preuve d'un caractère difficile, répondait avec une sorte de réticence à peine aimable et souvent un peu rude. Du coup, par le jeu naturel des passions, Mme de Sévigné en rajoutait dans le dévouement, dans la gaieté et dans l'exaltation. Elle avait beaucoup lu, elle avait beaucoup causé avec quelques-uns des esprits les plus brillants de l'époque. Elle n'avait jamais écrit. Pour vaincre la distance entre la Provence et Paris, pour tromper sa solitude et son chagrin, pour essayer aussi de distraire sa fille et de l'attirer encore vers elle, Mme de Sévigné se jeta, presque à chaque courrier, sur sa plume inlassable et envoya à sa fille quelque chose comme un millier de lettres.

Mme de Sévigné était très loin d'avoir quelque ambition littéraire que ce fût. Elle serait morte de rire à l'idée de passer pour un écrivain. A partir de l'exil de sa fille en Provence, sa vie se confond pourtant avec une correspondance qui constitue, à son insu, un monument de notre littérature. Mme de Grignan venait rarement à Paris. Mme de Sévigné fit quelques séjours chez sa fille, en Provence. Le reste de son temps, la marquise le partageait entre l'hôtel Carnavalet qu'elle habitait dans le Marais et sa propriété des Rochers en Bretagne. De là, elle écrivait au petit Coulanges, à Bussy-Rabutin à qui elle avait pardonné, à quelques autres et surtout à sa fille des lettres impérissables de charme, de naturel et de vie que, deux siècles plus tard, la grand-mère du narrateur d'*A la recherche du temps perdu* lisait encore avec délices.

Les lettres de Mme de Sévigné n'étaient pas destinées à la publication : elles n'étaient destinées qu'à sa fille. « Eh quoi, ma fille, j'aime à vous écrire : cela est épouvantable, c'est donc que j'aime votre absence ! » Mme de Grignan, qui rechignait souvent à répondre à sa mère, ne se privait pas de les lire à la bonne société de Provence et tirait une certaine fierté de leur constant succès. Mais il n'était pas question d'aller plus loin. Après la mort de la marquise, il faudra attendre près de quarante ans pour que Pauline, épouse de Louis de Simiane, marquis d'Esparron, fille de Mme de Grignan, petite-fille de Mme de Sévigné, qui l'appelait ses « petites entrailles », se décide à publier – non sans coupures et omissions – un recueil des lettres de sa grand-mère dont Charles Nodier, le célèbre bibliothécaire de l'Arsenal, établira au XIXe siècle une édition plus complète. A sa stupeur, j'imagine, et à son ravissement, Mme de Sévigné entrait à titre posthume dans le cercle des grands écrivains.

Libres, ardentes, impétueuses, pleines de bon sens et de bonne humeur, les lettres de Mme de Sévigné sont la vie même. Elles courent de la mort de Turenne à des incidents domestiques et des bals de la cour aux conversations édifiantes avec ces « Messieurs de Port-Royal » : Arnauld d'Andilly, l'ami fidèle et grondeur, ou Nicole, le moraliste subtil « qui est descendu dans le cœur humain avec une lanterne ».

Ah ! voilà Bourdaloue qui prêche. Vite ! il faut tout lâcher pour « aller en Bourdaloue ». Voilà Fouquet, le surintendant des Finances, le mécène de Vaux-le-Vicomte, le protecteur de Corneille et de La Fontaine, qui est pris au piège des « affaires » – et c'est le compte rendu dramatique des audiences successives du procès, avec son cortège de surprises, de joies, de découragements, de bassesses et de courage. La santé de la marquise, si longtemps florissante, se détériore peu à peu et la contraint de se rendre à Vichy et à Bourbon-l'Archambault – et ce sont les descriptions merveilleuses et un peu mélancoliques des paysages du Centre. La Bretagne est présente avec les grands arbres des Rochers et les prairies au printemps : « Savez-vous ce que c'est que faner ? » A côté de la mort du duc de La Rochefoucauld, l'auteur des *Maximes*, ou de la description du terrible passage du Rhin par les troupes du roi, la nature passe le bout de son nez dans les lettres de la marquise. Mme de Sévigné est peut-être – ou presque... – à la prose ce que La Fontaine est à la poésie, et elle annonce, de très loin, ces impressions champêtres qui feront le charme du romantisme. Proust ira jusqu'à écrire : « Tout en lisant, je sentais grandir mon admiration pour Mme de Sévigné. [...] Je fus ravi par ce que j'eusse appelé un peu plus tard (ne peint-elle pas les paysages de la même manière que lui les caractères ?) le côté Dostoïevski de Mme de Sévigné. » Rêvons un peu là-dessus.

LA FAYETTE

(1634-1693)

Mystère et litote :
naissance du roman moderne

Née Marie-Magdeleine Pioche de La Vergne, Mme de La Fayette a un titre éclatant à la gloire littéraire : elle crée le roman moderne. Auteur de plusieurs autres récits, qui ne sont pas immortels, elle le crée par l'exemple avec un seul ouvrage, d'une force et d'une limpidité merveilleuses, dont elle a, mais en vain, nié être l'auteur : *La Princesse de Clèves*.

Fille d'un écuyer de petite noblesse qui aimait les livres, Mme de La Fayette est parisienne. Elle passe son enfance au Havre, où son père commandait la place, mais naît et meurt à Paris. Sa mère, veuve assez jeune, se remarie avec un Sévigné qui est l'oncle de notre marquise. Mme de Sévigné et Marie-Magdeleine, de huit ans sa cadette, furent amies aussitôt et le restèrent toujours. Elles avaient partagé les leçons du savant abbé Ménage, qui tomba successivement amoureux de chacune de ses deux élèves et qui alla jusqu'à célébrer Marie-Magdeleine en vers légers et latins.

A vingt et un ans, Marie-Magdeleine de La Vergne épousa M. de La Fayette, frère d'une favorite de Louis XIII. La jeune mariée fait la connaissance du duc de La Rochefoucauld, de vingt ans son aîné, qui vient de mettre un terme à sa vie de conspirateur et de soldat et qui prépare dans les salons de Mlle de Scudéry, de Mlle de Montpensier et surtout de Mme de Sablé ses fameuses *Réflexions ou Sentences et Maximes morales*. Lorsque l'ouvrage paraît, Mme de La Fayette est épouvantée de la noirceur d'un système d'où Dieu et le christianisme sont totalement absents : « Ah ! quelle corruption il faut avoir dans l'esprit et dans le cœur pour être capable d'imaginer tout cela [1] ! » Ce n'est que plusieurs années plus tard qu'une tendre affection unira Mme de La Fayette à l'auteur des *Maximes*. Au point que l'influence de Mme de La Fayette aboutira à une atténuation du ton de l'ouvrage et que La Rochefoucauld mourra dans les bras de Bossuet en présence de celle qui, quinze ans durant, aura été son amie la plus chère.

Grâce surtout à La Rochefoucauld, Mme de La Fayette, qui aimait les livres comme son père et qui avait tout lu, rencontra Racine, le vieux Corneille, Boileau et beaucoup d'autres. Elle s'intéressait à l'histoire et elle laissera une nouvelle historique, écrite sans doute assez tôt, publiée après sa mort et qui ne suffirait pas à rendre son nom inoubliable : *La Comtesse de Tende*. Ses deux premiers ouvrages, publiés de son vivant mais non pas sous son nom, *La Princesse de Montpensier* et *Zaïde*, sont encore rédigés sous l'influence de Mlle de Scudéry et des romans de La Calprenède, aux-

---

1. Voir *Une autre histoire de la littérature française*, tome I, pp. 74-75.

quels Mme de Sévigné se laissait « prendre comme à la glu ». C'étaient des « aventures héroïques où les reflets de l'amour sont agréablement mêlés à ceux de la valeur ». C'était surtout – chevauchées, enlèvements, naufrages, reconnaissances – un tissu d'invraisemblances. *La Princesse de Clèves* rompt avec ces fadaises et ouvre une époque nouvelle.

Du vivant du prince de Clèves, sa femme et M. de Nemours se sont aimés avec passion, mais sans se donner l'un à l'autre. Et, même après la mort du prince, sa femme refuse, par un excès de scrupule sans doute, de céder à son amour parce qu'elle estime qu'elle n'en a pas le droit. *La Princesse de Clèves* donne, en 1678, la première image de ce que sera le roman psychologique pendant quelque trois siècles.

La Princesse de Clèves, qui sortait tout droit des principes de la nouvelle école de 1660 – vérité, vraisemblance, culte de la raison et de la nature humaine, plaisir du lecteur –, eut un immense succès. « On est partagé sur ce livre-là à se manger », écrit Mme de La Fayette de son propre roman. Ce succès fut encore accru par le mystère qui pesait sur l'auteur. Segrais, proche de La Rochefoucauld, avait signé les deux premiers livres de Mme de La Fayette. L'opinion se hâta de lui attribuer aussi *La Princesse de Clèves*. Avec d'autant plus de facilité que Mme de La Fayette, loin de revendiquer son roman, se disait, avec un peu de hauteur, étrangère à sa rédaction.

Que Mme de La Fayette soit l'auteur de *La Princesse de Clèves* ne fait pas le moindre doute. La vraie, la seule question est celle de la part prise par La Rochefoucauld à la composition de l'ouvrage. Le problème reste aussi obscur que celui qui concerne les relations sentimentales entre La Rochefoucauld et Mme de La Fayette. Deux ans après la parution de *La Princesse de Clèves*, La Rochefoucauld disparaît et Mme de Sévigné s'écrie : « Je crois que nulle passion ne peut dépasser la force d'une telle liaison. » Nous n'en savons pas plus ni sur leurs liens littéraires ni sur leurs liens affectifs.

Ce qui est sûr pourtant, c'est que si Mme de La Fayette a contribué à donner aux *Maximes* une allure plus apaisée et moins abrupte, *La Princesse de Clèves*, en revanche, doit à La Rochefoucauld beaucoup de sa force et de sa concision. « M. de La Rochefoucauld, disait Mme de La Fayette, m'a donné de l'esprit, mais j'ai réformé son cœur. » Peut-être est-il permis de dire que la mesure de Mme de La Fayette et la profondeur désabusée et lucide de La Rochefoucauld conspirent à faire un chef-d'œuvre de *La Princesse de Clèves*.

Taine soulignait bien ce qui opposait le style de Mme de La Fayette à celui de ses prédécesseurs, La Calprenède ou Mlle de Scudéry : « Au lieu d'exagérer, il atténue. Mme de La Fayette n'élève jamais la voix. » Ce qui fait le charme et le prix du premier de nos romans modernes, c'est un art de la litote. Un fil court de Mme de La Fayette à Benjamin Constant, à Stendhal, à Chardonne. Le style est dominé autant que les passions. La violence ne s'exprime pas. Elle frémit sous les mots. La princesse de Clèves et M. de Nemours souffrent mort et passion, mais toujours en silence, ou au moins à voix basse. C'est une leçon de pudeur et de maîtrise de soi.

SAINT-SIMON

(1675-1755)

Qui s'assied devant qui et sur quoi ?

Duc et pair de France – on pourrait presque
s'arrêter là puisqu'il n'y a que ça qui l'intéresse et que
c'est l'essentiel à ses yeux –, Louis de Saint-Simon, qui
a vingt-cinq ans en 1700, meurt trois semaines après
Montesquieu, avec qui il entretenait des relations et
qui lui avait rendu visite à La Ferté-Vidame. Son père
était né en 1607, sous Henri IV. Ses *Mémoires*, qui
s'achèvent quand s'élabore l'*Encyclopédie*, ne seront
connus qu'en 1830, vers l'extrême fin de la monarchie
de droit divin. Saint-Simon est un féodal découvert par
les romantiques.

Le duché-pairie des Saint-Simon – dû surtout à
la commune passion pour les chevaux du père de
Saint-Simon et de Louis XIII : la légende veut que
M. de Saint-Simon ait permis au roi de changer de
cheval sans mettre pied à terre en plaçant les deux animaux côte à côte, mais tête-bêche – ne remontait
guère qu'à 1635. Mais la famille était ancienne, avec
des alliances brillantes. Élevé dans la familiarité des
princes – Louis XIV est son parrain, le duc d'Orléans

son ami, il est cousin du roi d'Angleterre, il joue aux barres avec les fils de France –, il grandit parmi les souvenirs de l'autre règne, dans une dévotion attendrie pour Louis XIII, « roi des gentilshommes », ce qui n'allait pas sans une sourde aversion pour Louis XIV, « roi des commis ». « Ma passion la plus vive et la plus chère, écrit-il, est celle de ma dignité et de mon rang. » Il exècre les « gens de robe et de plume » qui ont usurpé sur les « gens d'épée ». Il déteste à la fois la Fronde et les servitudes versaillaises. Par ses idées sur le rôle de la noblesse et son mépris pour les légistes, il remonte au temps de Philippe le Bel. Par son art, par son style heurté et fougueux, tout plein d'audace et de négligences, il est déjà un romantique. Pour les règles, le goût, la syntaxe, la grammaire même, il n'a qu'indifférence. « Je ne suis jamais un sujet académique, je suis toujours emporté par la matière. »

Il est un grand écrivain parce qu'il se moque de la littérature. L'histoire, dès l'enfance, l'intéressait plus que les lettres. « Instruit journellement de toutes choses par des canaux purs, directs et certains, et de toutes choses, grandes et petites », il sera le témoin frémissant d'un milieu qu'il connaissait mieux que personne. L'objectivité n'était pas son fort : « Je ne me pique pas d'impartialité ; je le ferais en vain. » L'imagination, l'invention verbale, une prodigieuse capacité de rendre les physionomies et les caractères, une passion toujours bouillonnante suppléent à tout. Ce féodal entiché de son rang est, avant Michelet, avec la même partialité, en sens inverse bien entendu, notre plus grand peintre d'histoire.

Les portraits de Saint-Simon sont innombrables

et célèbres. « Mme de Castries était un quart de femme, une espèce de biscuit manqué. » Le cardinal Dubois : « Tous les vices combattaient en lui à qui en resterait le maître. Il s'y faisait un bruit et un combat continuel entre eux. L'avarice, la débauche, l'ambition étaient ses dieux ; la perfidie, la flatterie, les servages, ses moyens ; l'impiété parfaite, son repos. » Une princesse du sang : « Elle était fort plaisante, point méchante, débauchée, charmante à table. » Il dépeint les particuliers, mais aussi les ensembles, les masses, les mouvements de foule. Il excelle dans le grand tableau d'histoire autant que dans le croquis. Prompts « à voler partout en sondant les âmes », ses yeux s'attachent à tout et ne laissent rien passer. La mort des grands – Louis XIV perd coup sur coup son fils, le Dauphin, et son petit-fils, le duc de Bourgogne –, les lits de justice, la foule des courtisans, les prétentions des légitimés, c'est-à-dire les bâtards du roi, et celles des parlementaires, les cérémonies de toutes sortes lui fournissent sa matière. Chaque scène est un roman et, percés à nu par le duc, les personnages se présentent en foule sous nos yeux.

Féroce, impitoyable, emporté par des passions qu'il ne songe même pas à contrôler, Saint-Simon était plein de scrupules et d'une piété sincère. Il consulte l'abbé de Rancé – celui de Mme de Montbazon, de Chateaubriand et d'Aragon – sur sa tendance au jansénisme et sur l'atteinte à la charité que risque de constituer une entreprise comme la sienne. L'abbé dut le rassurer sur ce dernier point puisque nous disposons de ces portraits impitoyables et sans concession. Quant au jansénisme, Saint-Simon, sans aller jusqu'aux extrémités des messieurs de Port-Royal, fut toujours partisan d'un gallicanisme rigoriste. Il était ami de Fénelon, de Vauban, de Boulainvilliers, des ducs de Chevreuse et de Beauvillier qui rédigeront les *Tables de Chaulnes* et qui contribueront à la vocation réformatrice du duc de Bourgogne. Ces liens avec des réformateurs, ses combats permanents – jusque contre les La Rochefoucauld et le maréchal de Luxembourg – pour la préséance et le rang, son attachement au duc d'Orléans, adversaire de Mme de Maintenon, ses réserves aussi sur la révocation de l'édit de Nantes, le rendaient suspect au vieux roi. Par un coup d'audace, il obtint une audience du souverain et rentra en grâce en organisant les fiançailles de la fille du futur Régent avec le duc de Berry, petit-fils de Louis XIV. La mort du Dauphin, en 1711, éveilla de grandes espérances dans le cœur de Saint-Simon. Mais celle du duc de Bourgogne, son fils et héritier présomptif, l'année suivante, les ruina d'un seul coup et le plongea dans le désespoir.

A la mort de Louis XIV, il entre au Conseil de Régence. En 1721, il est ambassadeur en Espagne, chargé de rétablir la paix et d'organiser le mariage espagnol de Louis XV. Le projet tombera à l'eau, mais Saint-Simon, et c'était presque plus important pour lui, rapportera d'Espagne la grandesse, beaucoup d'amitiés et des travaux historiques sur la noblesse de ce pays.

Tout au long de ces années, il avait travaillé à des hors-d'œuvre sur les cardinaux, les ducs, les problèmes de rang et de dignité qui ne cessaient de l'occuper. Il avait même entamé une première version un peu ampoulée et scolaire de ses *Mémoires*. C'est en 1729 seulement que le duc de Luynes lui communique le *Journal* de Dangeau, qu'il trouve médiocre, mais sur lequel il travaille avec acharnement. Et ce n'est que dix ans plus tard – il a près de soixante-cinq ans – qu'il s'attaque, pour une dizaine d'années, à la rédaction définitive de ses *Mémoires*. Le siècle des lumières est déjà largement entamé. Voltaire, Rousseau, Diderot sont dans la force de l'âge. L'*Encyclopédie* va voir le jour.

Il menait une vie calme et heureuse, entre son hôtel de la rue Saint-Dominique et son domaine de La Ferté-Vidame, à mi-chemin de Chartres et de Dreux. Il avait épousé la fille du maréchal de Lorge et le couple fut un exemple de fidélité conjugale. Il vit mourir son fils sans héritier. Il vit mourir sa femme, et ce fut un déchirement. A sa propre mort, il demanda que son cercueil fût rivé à celui de sa femme.

Après sa mort, ses créanciers réclamèrent, pour se rembourser, la dispersion aux enchères de ses papiers dont ils devinaient la valeur. L'évêque de Metz intervint et obtint de Choiseul une saisie au nom du roi du manuscrit des *Mémoires*, qui ne seront publiés que près d'un siècle plus tard.

Saint-Simon est un paradoxe. Le plus moderne des écrivains classiques est un féodal, occupé d'abord par des histoires de préséance et par le tabouret des duchesses. Le principal sujet d'inquiétude et de disputes à Versailles est le protocole. Il s'exprime par les sièges attribués à ceux des grands qui ont le droit de s'asseoir devant le souverain. A qui seront réservés les rares fauteuils ? Les duchesses disposeront-elles d'un tabouret ? Voilà ce qui intéresse plus que tout l'auteur des *Mémoires* : qui s'assied devant qui et sur quoi ?

Ce qui rend « le petit duc » si proche de nous, ce ne sont pas ses intérêts ni ses préoccupations qui appartiennent à un autre monde, que nous avons déjà du mal à comprendre et dont, pour tout dire, nous nous moquons éperdument. Ce qui nous passionne chez lui, ce sont ses passions. Je veux dire la forme que prennent ses passions, ses entraînements, ses fureurs, ses haines surtout, et ses coups de colère. Saint-Simon est le seul historien dont l'objectivité nous est indifférente et dont seule la partialité suffit à faire nos délices. Ce qui porte cette partialité, c'est le langage, c'est le style. Encore un paradoxe : formé aux lettres, requis par l'histoire, Saint-Simon se voulait historien beaucoup plus qu'écrivain. Et ce qui nous retient aujourd'hui chez lui, ce n'est pas l'historien, que personne ne songerait à aller consulter, sinon au deuxième degré et sous réserve de contrôle, mais au contraire l'écrivain. Surprise : c'est peut-être Lamartine qui parle le mieux de Saint-Simon quand il évoque « une langue à la vigueur de ses aversions et de ses amours ».

Saint-Simon est l'ethnologue engagé et partial de sa propre culture. Les portraits de Saint-Simon, ses anecdotes, ses jugements nous fournissent une foule d'informations sur la cour du grand roi. Mais parlerait-il des Inuits ou des Iroquois que nous le lirions avec le même plaisir. Parce qu'il s'intéresse à des rites et à des privilèges emportés par le temps, il montre mieux que personne que toute littérature ne survit que par le style. La matière disparaît. C'est la forme qui reste.

MARIVAUX

(1688-1763)

Triomphe du langage
et triomphe de l'amour

Marivaux est transparent et secret, obscur et lumineux. De ce Racine du théâtre comique, nous ne savons pas grand-chose. Il était le fils d'un trésorier des vivres en Allemagne qui avait obtenu une charge à la Monnaie de Riom. Sa mère était la sœur de Pierre Bullet, architecte du roi, qui avait construit l'hôtel Lepelletier de Saint-Fargeau, annexe aujourd'hui du musée Carnavalet. Il aimait la littérature. Il était lié avec La Motte et Fontenelle. Il fréquentait les salons. Sa femme lui apporte une dot qui est mangée presque aussitôt par la banqueroute de Law. Sa fille, Colombe-Prospère, entrera au couvent à peu près au moment où il entrera lui-même à l'Académie française. Il mourra dans les bras de Mlle de Saint-Jean dont je suis incapable de vous dire quoi que ce soit. L'art de la conversation qui règne avec un éclat incomparable sur la première moitié du XVIIIᵉ français, il le transpose au théâtre.

Pierre Carlet de Chamblain de Marivaux

commence par des pièces de théâtre qui n'ont pas grand succès et par des romans qui sont restés long-temps méconnus. On ne poussera pas des cris de bon-heur devant *Le Père prudent et équitable*, sa première comédie. On ne fêtera pas Noël sur *Pharamon* ni sur *Les Effets surprenants de la sympathie*, ses premiers romans. Romans de l'âge mûr, *La Vie de Marianne* et *Le Paysan parvenu*, restés inachevés l'un et l'autre, sont bien plus intéressants, mais ils n'auraient pas suffi à donner la gloire à leur auteur. Le journalisme non plus. Mari-vaux s'intéresse assez tôt au journalisme, plus encore quand, ruiné par la faillite de Law, il lui faut trouver des ressources. Imité du *Spectator* anglais d'Addison, *Le Spectateur français*, puis *L'Indigent Philosophe*, suivis du *Cabinet du philosophe*, accumulent les échecs malgré la verve des récits et des réflexions qui se situent quelque part entre les *Caractères* de La Bruyère et *Le Neveu de Rameau* de Diderot.

Ce qui allait établir la renommée et la gloire de Marivaux, c'est la vingtaine de comédies, en un acte ou en trois, toutes très proches les unes des autres par la forme et le ton, qu'il donne au Théâtre-Italien – parmi lesquelles quelques chefs-d'œuvre : *La Surprise de l'amour*, *La Fausse Suivante*, *L'École des mères*, *Les Fausses Confidences*, et surtout *La Double Inconstance* et *Le Jeu de l'amour et du hasard*.

Introducteurs en France de la fameuse *commedia dell'arte*, souvent proche de la danse, de l'acrobatie et de l'improvisation, les Comédiens-Italiens avaient d'abord partagé la salle du Palais-Royal avec la troupe de Molière, puis s'étaient établis dans l'hôtel de Bourgogne. Interdits et expulsés à l'extrême fin du

XVIIe siècle, ils étaient revenus en 1716 avec une nouvelle troupe, appelée de Parme par le Régent, qui allait devenir la rivale de la Comédie-Française fondée en 1680. Marivaux avait donné une dizaine de pièces aux Comédiens-Français. Selon d'Alembert, il en avait été assez peu satisfait : « La fureur de montrer de l'esprit a été plus forte que mes très humbles remontrances : ils ont mieux aimé commettre un contresens perpétuel qui flattait leur amour-propre. » Avec la troupe de Luigi Riccoboni, dit Lelio, Marivaux allait trouver enfin les mimes comiques et bondissants dont il avait besoin. Tomaso Vicentini, dit Thomassin en France, était un Arlequin qui s'éloignait de la farce pour atteindre à la délicatesse et à la distinction. Lelio Riccoboni lui-même était le Dorante du *Jeu de l'amour et du hasard*. Et surtout, surtout, Gianetta Benozzi, une brune aux yeux bleus, à la fois naïve et gracieuse, était une Silvia éblouissante qui ne se laissera plus oublier jusqu'à la reprise du rôle par Mlle Mars, sociétaire de la Comédie-Française et interprète de Victor Hugo à l'époque romantique.

« Le théâtre de Marivaux, nous dit Kléber Hacdens, est un art de la conversation. [...] Toutes ces pièces sont un jeu des sentiments qui se confond presque avec un jeu du langage. » C'est ce qu'on a appelé d'un mot qui a fait fortune à travers les siècles : le « marivaudage ».

Il faut se méfier de ce mot qui a pris un sens presque péjoratif et qui a valu à l'auteur d'être accusé par ses contemporains de « courir après l'esprit » et de « n'être point naturel ». Voltaire, en particulier, poursuit Marivaux de ses attaques continuelles. Il parle du

« poison de Marivaux et consorts ». Il lui reproche avec vivacité de « peser des œufs de mouche dans des balances de toile d'araignée ». Rien n'est pourtant plus éloigné de l'affectation et du ridicule que le marivaudage de Marivaux. Il faudrait plutôt le rapprocher du théâtre comique de Corneille. Et, par certains côtés, il annonce déjà Stendhal. « Marivaux, écrit encore Haedens, saisit l'amour à l'instant troublé où il va naître, à l'instant déchirant où il va mourir et, quelquefois, nous assistons aux expériences d'une alchimie mystérieuse, lorsqu'il naît et meurt à la même seconde dans la même âme, à la fois ravie et confuse. » Corneille, Stendhal... Racine aussi, bien sûr. Marivaux, au théâtre, c'est le triomphe du langage, c'est la victoire de la littérature.

Il y a autre chose encore qui triomphe chez Marivaux. Ce n'est pas la morale. La morale n'embarrasse pas beaucoup les personnages de Marivaux. Ils pensent d'abord à leur plaisir. Ils sont d'une folle gaieté jusque dans les épreuves et à travers les obstacles. Sous le déguisement du valet et de la soubrette, sous le masque du prince ou de l'intendant, dans une lumière de Watteau, ils se cherchent, ils se fuient, ils se retrouvent, ils se devinent. « J'ai guetté dans le cœur humain, écrit Marivaux, toutes les niches différentes où peut se cacher l'amour lorsqu'il craint de se montrer, et chacune de mes comédies a pour objet de le faire sortir d'une de ses niches. » Ce dont témoigne à chaque regard le théâtre de Marivaux, c'est du triomphe de l'amour.

Joué par des acteurs italiens, ce triomphe de l'amour et du langage est merveilleusement français. Il revivra dans les comédies de Musset, dans le théâtre ou les romans de Giraudoux, dans *La Répétition ou l'Amour puni* de Jean Anouilh. Il est permis de soutenir que Marivaux ne cesse jamais de tourner autour du même sujet. Mais il ne se répète jamais. Ses déguisements, ses couples parallèles et mêlés de maîtres et de domestiques annoncent déjà au loin une critique de l'inégalité et des préjugés sociaux. Sous le charme et le sourire, il y a chez Marivaux, dans le langage et dans les situations, une complexité moderne qui permet des éclairages sans cesse différents et sans cesse renouvelés. Il a le droit d'écrire dans sa *Vie de Marianne* qu'il n'y a « que le sentiment qui puisse nous donner des nouvelles un peu sûres de nous ». Il nous les donne avec un charme, avec une émotion, avec une poésie qui n'excluent ni l'audace, ni la cruauté, ni un sens extraordinairement moderne du vertige sentimental.

ROUSSEAU

(1712-1778)

Un candide enragé

« Avec Voltaire, écrit Goethe, c'est le monde ancien qui finit. Avec Rousseau, c'est un monde nouveau qui commence. » Voltaire est le comble de la civilisation et de la culture. Il est l'héritier, indigne évidemment, de Racine et du classicisme du Grand Siècle. Il appartient tout entier à une société dont il combat les excès et les injustices – mais seulement les excès et les injustices. Il aime le luxe, l'argent, la vie facile, le plaisir. C'est un jouisseur et un intellectuel. Né à Genève d'un père horloger, protestant, de tempérament vagabond, grand lecteur de romans et de Plutarque, Jean-Jacques Rousseau est un sauvage et un révolutionnaire.

Sentimental et passionné, Jean-Jacques aime la nature par-dessus tout et il n'est à l'aise ni dans la société ni avec lui-même. Il va jusqu'à se plaindre de ses « idées lentes à naître, embarrassées et qui ne se présentent jamais qu'après coup ». « Je suis, écrit-il, emporté, mais stupide. [...] Mes idées s'arrangent dans ma tête avec la plus incroyable difficulté. » Et encore :

« Mes manuscrits raturés, barbouillés, mêlés, indé-chiffrables attestent la peine qu'ils m'ont coûtée. Il n'y en a pas un qu'il ne m'ait fallu transcrire quatre ou cinq fois avant de le donner à la presse. » Tout est facile avec Voltaire. Rien n'est simple avec Rousseau.

Les problèmes, avec Rousseau, si proche de la nature, apparemment si fruste et si naïf, viennent de son extraordinaire complexité. C'est un candide. Et c'est une espèce de monstre. De dissimulation et de pureté. De générosité foncière et d'orgueil. Son goût de l'indépendance tournera au délire et son tempéra-ment atrabilaire et soupçonneux ira jusqu'à la folie de la persécution. La contradiction règne sur son œuvre comme sur sa vie et il se débat comme il peut entre les passions qui se combattent en lui.

La mère de Rousseau meurt en lui donnant le jour : figure classique de l'écrivain qui ne connaît pas sa mère. Sept ans plus tôt, cette mère avait eu un autre fils, François, à qui il arrive quelque chose d'assez rare : il disparaît sans laisser de traces et personne ne sait rien de lui. Jean-Jacques a à peine dix ans lorsque son père, Isaac, est contraint à l'exil à la suite d'une querelle avec un concitoyen. C'est le début d'une existence placée sous le signe de l'aventure. Apprenti chez un greffier, puis chez un graveur à qui il vole des pommes, il maraude dans la campagne. Un soir, en rentrant à Genève, il trouve les portes de la ville fermées. Il y voit un signe du destin et commence une vie errante. Il a seize ans.

Il sera laquais, maître de musique, montreur forain, séminariste, herboriste, précepteur, et un peu voleur. Il sera surtout recueilli, à Annecy, puis aux

Charmettes, près de Chambéry, par une dame d'œuvres qui s'appelle Mme de Warens. Malheureusement, ou heureusement, la dame d'œuvres est à peine plus âgée que lui – « Je m'étais figuré une vieille dévote bien rechignée. [...] Je vois un visage pétri de grâce, de beaux yeux pleins de douceur, un teint éblouissant, le contour d'une gorge enchanteresse... » – et des liens ambigus se nouent entre le vagabond et la gorge enchanteresse, entre le chenapan moraliste et la femme de bien saisie par le désir. La rencontre entre Jean-Jacques et Mme de Warens sur le chemin de l'église d'Annecy se produit le dimanche des Rameaux 1728 et elle a la même importance pour Rousseau, assure Jean Grenier, que la rencontre de Dante et de Béatrice ou de Pétrarque et de Laure. En moins mystique, assurément.

Protestant, puis catholique, puis de nouveau protestant, Jean-Jacques va de femme en femme et de métier en métier avec une grâce et une liberté charmantes. Il ne fait pas grand-chose et il gardera plus tard, dans les années sombres de la célébrité, un souvenir délicieux de son adolescence prolongée et oisive. Il invente une méthode chiffrée de notation musicale et il commence à se lier avec les philosophes, et d'abord avec Diderot, plus jeune que lui de quelques mois. Il devient secrétaire de l'ambassadeur de France à Venise. A Venise, il tombe sur une courtisane du nom de Zulietta qui n'a pas besoin d'un examen approfondi pour lui donner un sage conseil : « *Lascia le donne, e studia la matematica.* » Il n'en fait rien, bien entendu, et il devient l'amant d'une servante d'auberge ou d'une lingère du nom de Thérèse Levasseur qu'il ne quittera plus et qui lui donnera cinq enfants déposés aussitôt à l'Assistance publique. Le coup des « enfants assistés » a fait couler des flots d'encre – on est allé jusqu'à suggérer que les enfants n'étaient pas de lui – et a valu à Rousseau les reproches qu'on imagine. Il était comme ça : le meilleur et le pire se côtoyaient en lui.

Le grand tournant de la carrière de Rousseau, c'est à l'Académie de Dijon qu'il le doit. Deux fois de suite, en 1749 et en 1755, elle met au concours deux sujets qui enflamment d'un seul coup l'imagination du jeune musicien philosophe, alors déjà âgé d'une quarantaine d'années. Le premier porte sur les sciences et les arts – nous dirions aujourd'hui la culture : a-t-elle contribué à élever les esprits ou au contraire à les corrompre ?

C'est en allant rendre visite à son ami Diderot, alors emprisonné à la Bastille pour sa *Lettre sur les aveugles*, que Rousseau tombe par hasard sur un exemplaire du *Mercure de France* qui annonce le concours. C'est une illumination. Un grand tumulte se fait dans la tête de Jean-Jacques, qui passe tout le temps de sa visite à discuter de l'affaire avec le prisonnier. Est-ce Diderot qui souffle la réponse, est-ce Rousseau lui-même qui a l'idée de génie de soutenir que le savoir, la culture et la société n'ont fait que corrompre les hommes qui sont bons par nature ? On en discute encore aujourd'hui. Rousseau, en tout cas, remporte le prix et devient célèbre du jour au lendemain.

Tout le système de Rousseau, qui comportera bien des contradictions, découle de cette intuition fondamentale : les hommes sont mauvais et pourtant l'homme est bon. L'homme originel est naturellement bon, c'est la société qui est responsable de tous les maux qui l'accablent et qui le pervertissent. Dans le siècle des lumières où le progrès de la science et des arts est un dogme, c'est un coup de tonnerre.

Rousseau, qui pense en opposition aux philosophes et aux intellectuels de son époque en condamnant la culture, appartient cependant à son temps parce qu'il est convaincu, lui aussi, de la bonté originelle de l'homme. Ce qu'il soutient, c'est que la marche de l'histoire n'a été qu'un désastre et qu'il faut revenir en arrière, aux origines, pour repartir d'un bon pied sur des bases toutes nouvelles. Voltaire, qui croit au progrès, à la science, aux beaux-arts, l'accusera de vouloir nous faire marcher à quatre pattes.

Cinq ans après le *Discours sur les sciences et les arts*, en réponse à une deuxième question posée par l'inépuisable Académie de Dijon, Rousseau enfonce le clou et publie son *Discours sur l'origine et les fondements de l'inégalité parmi les hommes*. L'origine de l'inégalité, c'est évidemment la propriété. Rousseau trace un tableau idyllique des premiers âges de l'humanité où règnent la liberté et le bonheur. Pour vivre libre et heureux, il faut habiter des cabanes, se promener dans des habits de peau, tailler avec des silex des canots de pêcheurs et des instruments de musique. Pourquoi ne vivons-nous plus ainsi dans des délices primitives ? Parce que le fer et le blé, le commerce, le théâtre « ont civilisé les hommes et perdu le genre humain ». Le grand principe que Rousseau ne fera que développer toute sa vie sous les formes les plus diverses et apparemment les plus opposées est toujours le même : « La nature a fait l'homme heureux et bon, la société le déprave et le rend misérable. » Et elle introduit entre les créatures des distinctions arbitraires et l'inégalité. « L'homme est né libre et partout il est dans les fers. »

La rupture est inévitable, non seulement avec Voltaire, qui est comme la fleur et le fruit d'une culture héréditaire et d'une société dont il se borne à vouloir corriger les erreurs et les injustes privilèges, mais avec Diderot et les Encyclopédistes dont tout le système repose sur l'accumulation du savoir et qui croient aux sciences, aux arts et à la culture. Ils sont les produits d'une civilisation à laquelle ils reprochent seulement de s'être dévoyée. Rousseau, lui, puisque l'homme est bon dans l'état de nature et que la culture le rend mauvais, est l'adversaire de toute société. Jusqu'au *Contrat social*, il ne fera que développer cette thèse. Il ne faudrait pas le pousser beaucoup pour lui faire condamner jusqu'à la raison et la pensée, si chères à Voltaire et aux Encyclopédistes. « J'ose presque dire que l'état de réflexion est un état contre nature et que l'homme qui médite est un animal dépravé. » Il y a là comme l'annonce de la formule de Hegel : « L'homme est un animal malade. »

On voit déjà éclater ici la formidable originalité de Rousseau en son temps. Jusqu'à environ quarante ans – ce qui est tard pour l'époque –, il n'écrit presque rien, il promène dans le monde son esprit d'indépendance, sa nonchalance sans ambition, son charme plein d'orgueil, et il est plutôt connu comme musicien que comme écrivain. Avec les deux *Discours* déclenchés par l'Académie de Dijon, il ouvre des voies nouvelles qui vont à contre-courant et qui mettent en cause non seulement la société, ce qui n'est pas très neuf, mais toute forme de culture, de savoir, et peut-être de pensée. On verra tout à l'heure où nous mèneront ces chemins. Il se laisse aller, en attendant, à une inspiration qui prend autour de son idée fixe indéfiniment ressassée les formes les plus diverses, et à son imagination.

L'imagination est puissante chez Rousseau. Coup sur coup, en quelques mois, il publie trois ouvrages capitaux. Un roman d'amour où les larmes coulent à flots et qui constitue comme une protestation contre son siècle d'élégance et de dépravation : *Julie ou la Nouvelle Héloïse*; un manuel de formation des jeunes gens où il reprend les idées de ses deux *Discours* et où il défend ce qu'on a pu appeler une conception « négative » de l'éducation, qui devrait se contenter d'écarter l'enfant des influences néfastes de la société : l'*Émile*; un traité enfin de sociologie politique : *Du contrat social*.

Deux de ces ouvrages – l'*Émile* et le *Contrat social* – sont aussitôt saisis et condamnés. *La Nouvelle Héloïse*, elle, connaît un immense succès. Lit-on encore beaucoup *La Nouvelle Héloïse*, l'*Émile*, le *Contrat social*? Je n'en suis pas très sûr. Ce qui n'est pas contestable, c'est le rôle joué par chacun de ces livres dans l'histoire des idées : il est considérable.

D'autant plus considérable que les contradictions, si chères à notre Jean-Jacques, n'en sont pas absentes : peut-être y a-t-il quelque chose d'un peu paradoxal à voir un traité sur l'éducation des jeunes gens rédigé par un père qui a abandonné ses cinq enfants; peut-être pourrait-on sourire en lisant une apologie du mariage où le mari, M. de Wolmar, invite Saint-Preux, amoureux fou depuis toujours de Julie de Wolmar, sa femme, à venir s'installer avec eux à Clarens, sur les bords du lac de Genève, et à former ainsi un trio à la fois passionné et vertueux ; peut-être a-t-on surtout le droit de s'étonner qu'un libertaire à la limite de l'anarchisme finisse par édifier, dans le *Contrat social*, une société à la limite du totalitarisme.

La clé de Rousseau, si proche de la nature et pourtant si complexe, est dans le jeu de ces contradictions qui s'inscrivent étroitement dans une profonde cohérence. L'*Émile* est lié intimement à la conception fondamentale de la bonté de la nature et de la perversité de la société. Puisque « tout est bien sortant des mains de l'Auteur des choses » et que « tout dégénère entre les mains de l'homme », il est clair que l'essentiel de l'éducation doit consister à préserver l'enfant de l'emprise de la culture au lieu de l'y précipiter à la manière de l'enseignement classique.

On voit ici de façon lumineuse la nouveauté révolutionnaire de Rousseau dont l'indépendance d'esprit, toujours entre le ridicule et le génie, suscite à la fois la stupeur et l'admiration. Apprendre aux enfants à penser est, à ses yeux, criminel : on ne leur apprend que des erreurs, des lieux communs, des routines. Il faut les laisser se développer tout seuls. Il faut leur donner un précepteur – voilà que le révolutionnaire libertaire se change en aristocrate : les préceptes de Rousseau exigent une fortune qui ne prête pas à rire – chargé moins de les faire entrer dans le monde que de les en protéger. Rousseau va loin dans l'audace : non seulement les fables de La Fontaine doivent être écartées avec soin parce qu'elles enseignent l'immoralité, mais, en règle générale, « la lecture est le fléau de l'enfance ».

Dans *La Nouvelle Héloïse*, Rousseau continue à mener la charge contre les intellectuels parisiens, contre les mœurs dissolues, contre la ville, contre le libertinage à la mode. Là encore, il s'oppose à l'image classique d'un XVIIIe léger et frivole. Voilà ce qu'il n'est pas : ni léger ni frivole. Le chenapan est plutôt sévère, le vagabond est sourcilleux, il y a chez le mauvais père des traces évidentes de puritanisme protestant. Il n'est pas tout à fait isolé dans son siècle : à côté des fêtes et de l'insouciance, à côté des mots brillants et des maximes insolentes – « Si, par hasard, je meurs... », écrit une grande dame au début de son testament ; et un grand seigneur à une jeune actrice : « Quand on vous voit, on vous aime ; quand on vous aime, où vous voit-on ? » –, il y a les comédies larmoyantes de La Chaussée et la peinture pathétique et moralisatrice de Greuze. Rousseau est tout entier du côté de la passion contre la légèreté. Et le père dénaturé est franchement moralisateur. La vie n'est pas gaie du côté de Rousseau : elle est sérieuse jusqu'à la lourdeur.

Où Rousseau écrit-il *La Nouvelle Héloïse*? Chez Mme d'Épinay qui l'a accueilli à l'Ermitage, dans la forêt de Montmorency. Mme d'Épinay, qui était la maîtresse de Grimm – dont Voltaire disait : « De quoi s'avise donc ce Bohémien d'avoir plus d'esprit que nous ? » –, avait une belle-sœur, Mme d'Houdetot, dont le pauvre Jean-Jacques tomba amoureux. Mais Mme d'Houdetot aimait Saint-Lambert que nous avons déjà vu rôder autour de Voltaire et, de plus près encore, autour de Mme du Châtelet [1]. D'intrigue en intrigue et d'imbroglio en imbroglio, Rousseau finit

---

1. Voir *Une autre histoire de la littérature française*, tome I, p. 140.

par se brouiller avec tout le monde, avec Mme d'Épinay, avec Grimm, avec Mme d'Houdetot, avec Diderot et ses amis. Ah ! nous sommes loin de *La Nouvelle
Héloïse* et des passions si pures du trio de Clarens !
Rousseau est recueilli à Montmorency par le duc de
Luxembourg, mais le répit est de courte durée.
Décrété de prise de corps et poursuivi par des huissiers
qui arrivent pendant qu'il s'en va et qui le manquent
de très peu, il est contraint de partir pour la Suisse.
Accumulés par des difficultés trop réelles et par l'hostilité des puissants, les nuages de la folie et du délire de
persécution commencent déjà à se rassembler sur sa
tête.

Sa vie, plus que jamais, prend des allures de
roman. Il se réfugie à Yverdon où il apprend qu'à
Genève aussi l'*Émile* a été voué aux flammes. Il se retire
à Môtiers-Travers, dans le comté de Neuchâtel, qui
appartient alors à la Prusse. Un pasteur ameute les
paysans contre lui et ils le chassent à coups de pierres.
Il se jette dans l'île Saint-Pierre, au milieu du lac de
Bienne, dans le canton de Berne. Il finit par se rendre
en Angleterre sur l'invitation du philosophe David
Hume – celui-là même qui réveillera Kant de son
« sommeil dogmatique ». Mais bientôt le pauvre Jean-
Jacques, égaré par les chagrins, soupçonne un complot
Choiseul-Diderot-Grimm-Hume, il se brouille avec le
philosophe et il rentre en France.

La folie s'empare de lui. Il imagine que les
commerçants, pour l'humilier, lui vendent leurs produits au rabais, que les carrosses se détournent de leur
chemin pour l'écraser ou l'éclabousser, qu'on lui refile
de l'encre blanche pour l'empêcher d'écrire. Il

consigne ses visions dans d'étonnants *Dialogues*, plus connus sous le titre : *Rousseau juge de Jean-Jacques*. Hors d'état de le publier puisque ses persécuteurs l'en auraient empêché, il décide d'aller déposer son manuscrit sur le maître-autel de Notre-Dame. Mais le jour où il s'y rend, le soir de Noël 1776, il se heurte à une grille qu'il n'avait jamais vue et qui barre l'accès du chœur. L'accès à Dieu lui étant fermé, il remet son texte à Condillac, qui n'y comprend pas grand-chose. Alors, en désespoir de cause, il rédige un *Billet circulaire adressé à la nation française*, qui porte ces mots en épigraphe : « A tout Français aimant encore la justice et la vérité ! » Il en fait plusieurs copies, il les distribue lui-même dans la rue aux passants dont la figure lui plaît – et tout le monde les refuse.

Quelle vie ! Quel roman ! Quelles funestes contradictions ! Et ces contradictions ne sont rien au regard de celles qui entourent et composent une de ses œuvres majeures : *Du contrat social*.

On s'est beaucoup interrogé sur le paradoxe fondamental du *Contrat social*, qui n'est qu'un fragment d'un grand ouvrage abandonné, les *Institutions politiques* : comment un apôtre de l'état de nature peut-il soudain se muer en législateur impatient de jeter les fondements d'une nouvelle société ? Comment cet individualiste farouche, cet aventurier hostile au théâtre – sa *Lettre à d'Alembert sur les spectacles* est une condamnation sans appel d'un théâtre qui ne cesse de tourner la vertu en dérision et de pervertir les cœurs –, à la culture, aux sciences dont il se méfie plus que personne, cet amant de la nature primitive et sauvage peut-il s'intéresser à la justification et au renforcement du lien social ? Au premier regard, il semble qu'il y ait antinomie entre l'hostilité à la culture dont a fait preuve le jeune Rousseau et la seule idée d'un pacte social. D'un côté, sous les lazzi de Voltaire, il veut nous faire revenir à l'état de nature ; de l'autre, le voici le héraut d'une société nouvelle qui est d'emblée très loin d'être dénuée de toute ambition régulatrice, et peut-être contraignante.

La réponse a encore fait couler beaucoup d'encre. Disons brièvement qu'au-delà de toutes les contradictions apparentes, le souci de Rousseau est toujours le même : revenir en arrière, effacer tout ce qui s'est fait, repartir sur de nouvelles bases. On ne peut rien comprendre à Rousseau si on ne s'en tient pas fermement à son idée fondamentale : le seul progrès est dans la régression. Il faut rebrousser chemin dans le dessein, une fois la route retrouvée, de repartir en avant. Les philosophes croient à un homme bon et qui devient meilleur. Rousseau croit à un homme bon, dépravé et déchu, mais capable de se corriger et de se relever. Le *Contrat social* est un retour à l'origine pour un nouveau départ. C'est une table rase, condition du progrès. Pour faire table rase de la société telle qu'elle est, Rousseau ne part pas du néant : il s'appuie sur les travaux politiques de Hobbes, de Grotius, de Pufendorf qui, tous, s'étaient intéressés aux fondements du droit naturel et du droit des gens.

L'intéressant est que, saisi par la logique d'un système où chacun, pour assurer sa liberté, abandonne tous ses droits à la communauté, Rousseau, individualiste forcené, finit dans la peau d'un tyran assoiffé d'un pouvoir absolu qui se camoufle sous la volonté générale : « Quiconque refusera d'obéir à la volonté générale y sera contraint par tout le corps : ce qui ne signifie autre chose sinon qu'on le forcera à être libre. »

« On le forcera à être libre »... Derrière le *Contrat social* se profilent déjà les ombres du Père Ubu et de Staline. Le même mécanisme, qui s'est mis en marche entre Marx et Lénine, puis entre Lénine et Staline, est déjà à l'œuvre chez Rousseau où la passion de la liberté aboutit inéluctablement, par les chemins d'une raison devenue folle, à l'acceptation de la dictature.

Il semble que les contemporains de Rousseau aient attaché moins d'importance au *Contrat social* qu'à *La Nouvelle Héloïse*. Le *Contrat social* paraissait chimérique aux lecteurs – et peut-être même à l'auteur qui, chargé de préparer des constitutions pour la Corse et la Pologne, se garda bien de reprendre les thèses de son ouvrage théorique. Mais, vingt-cinq ou trente ans plus tard, le *Contrat social* devenait, selon le mot de Mallet du Pan, le Coran des révolutionnaires. Il inspirait la Déclaration des droits de l'homme et du citoyen, il servait à justifier les violences de la Terreur. Plus tard, Rousseau pouvait apparaître comme un des inspirateurs lointains de la dictature stalinienne.

Peut-être le plus important, tant Rousseau est inépuisable, n'est-il pas encore dit. En Suisse, sous les attaques des pasteurs, lui était venue l'idée de rédiger un grand livre pour se défendre et se justifier. Il y travaillera plusieurs années à la fin de sa vie errante et persécutée. L'ouvrage ne sera publié qu'après sa mort sous le titre : *Les Confessions*.

Ce qui frappe d'abord dans *Les Confessions*, œuvre d'un homme tourmenté qui se débat contre les autres et contre lui-même, c'est la sincérité. Le début du livre est célèbre : « Je forme une entreprise qui n'eut jamais d'exemple et dont l'exécution n'aura point d'imitateur. Je veux montrer à mes semblables un homme dans toute la vérité de la nature ; et cet homme, ce sera moi. »

Il est impossible de ne pas comparer *Les Confessions*, mémoires posthumes, aux *Mémoires d'outre-tombe* de Chateaubriand. Le contraste saute aux yeux. Chateaubriand se propose d'édifier sa propre statue en dissimulant de propos délibéré tout ce qui pourrait lui nuire. Avec l'idée, sans doute, que tant de sincérité arrachera un pardon, Rousseau ne cache rien et avoue toutes ses bassesses. Sur les ruines de la décence, de la modestie, de la discrétion, de la litote qui étaient la règle du classicisme, il inaugure les temps nouveaux. « Il est indigne des grandes âmes, écrit encore un Vauvenargues, de faire part des troubles qu'elles éprouvent. » Avec courage, avec orgueil, avec un besoin impérieux et presque maladif, Rousseau dévoile et déballe tout. Les belles manières s'effacent. Les tripes offertes à tous entrent avec lui dans la littérature. Sans l'exemple lointain de Rousseau, jamais un autre protestant saisi de frénésie, André Gide, n'aurait pu écrire *Si le grain ne meurt*.

En avons-nous fini avec le fils, génial et malade, de l'horloger de Genève, qui annonce l'avenir en marchant à contresens de son siècle des lumières, de la raison et du progrès ? Eh bien non, pas encore. L'essentiel est ailleurs.

Dans tout ce qu'écrit Rousseau, et sur quoi passe souvent comme un vent de délire et de folie, règne un charme indicible. Il n'invente pas seulement une sincérité littéraire dont – le premier, mais non le dernier – il fait un usage qui va jusqu'au scandale. Il invente aussi un ton nouveau, un souffle, une liberté, un sentiment inédit et profond de la nature. Dans ses *Rêveries d'un promeneur solitaire* comme dans ses *Confessions* passe un tourbillon encore inconnu qui ouvre des temps nouveaux et qui annonce le romantisme. A l'oral de la rue d'Ulm, je suis tombé sur un texte de Rousseau qui commençait par ces mots : « Je me souviens d'une nuit passée à la belle étoile... » – et je me souviens moi-même de l'émotion, bien au-delà des aléas du concours, que m'avaient donnée ces lignes si belles. Je me suis senti, tout à coup, emporté dans un autre monde.

D'aucun auteur, je le crains, je n'ai parlé si longuement. Parce que je l'aime mieux que les autres ? Bien sûr que non. Je ne suis même pas certain de le trouver très sympathique. Il est à coup sûr insupportable. Je préfère, et de loin, Corneille, Racine, Chateaubriand ou Proust à Rousseau. Mais parce que, quel que soit le jugement qu'on puisse porter sur lui, il est d'une importance capitale.

Il est l'individualisme, la rébellion, la révolte. Et il est l'étatisme absolu, où le souverain est maître des biens, de la personne et même de la conscience. Il est la nature et la sincérité. Il est la contradiction et la dissimulation. Il est le talent et la folie. Un peu du génie de ce monde s'est incarné en lui.

Il annonce les écologistes avec une évidence éclatante. Il annonce Hegel, et Marx, et le communisme. Il ouvre la porte à Chateaubriand, qui ne l'aimera guère, et au romantisme. Il annonce Gide et sa sincérité au bord de l'exhibitionnisme. Quand, dans son enfance, on lui donne la fessée, l'ombre de Freud est déjà là. Les émigrés reliront en larmes *La Nouvelle Héloïse*, et Robespierre descend de lui. Son œuvre en archipel est une image des horreurs et des splendeurs du monde à venir.

Il est souvent odieux – et on l'aime parce qu'il est odieux. « Jean-Jacques n'a pas détruit la conscience, il l'a corrompue. Il l'a dressée au mensonge et à la falsification. [...] Aucun homme n'a peut-être poussé plus loin la corruption du sens intérieur », dit de lui François Mauriac. « Après tous les crimes qu'il avoue, cet homme n'en demeure pas moins, dans le siècle de Voltaire, l'amant misérable de Dieu. »

BEAUMARCHAIS

(1732-1799)

Le tourbillon de la vie

La vie de Beaumarchais est, comme son œuvre, un tourbillon d'aventures. Né dans la boutique d'un maître horloger de la rue Saint-Denis à Paris, il sera successivement, et parfois simultanément, horloger comme son père et spirituel comme ses héros, rebelle et courtisan, harpiste et détective, munitionnaire et négrier, polémiste et plaideur, diplomate et philanthrope, démagogue et spéculateur – et même auteur dramatique. Prodigieusement doué, il pourrait dire comme son Figaro : « J'ai tout vu, tout fait, tout usé. » Et il écrit de lui-même : « J'ai toujours été trop sérieusement occupé pour chercher autre chose qu'un délassement honnête dans les lettres. » Homme de théâtre, il aura servi mieux que personne la cause des philosophes. Homme de plaisir et d'aventures, il aura annoncé la Révolution française.

Il s'appelle Pierre Augustin Caron. Quand il se marie pour la première fois, il prend le nom d'une terre de sa femme : Beaumarchais. Pour Le Normant d'Étioles, mari de la Pompadour, il écrit des

« parades » à la marge de l'érotisme. A peu près au même moment, il invente un mécanisme qui permet de réduire la dimension des montres et, coqueluche de ces dames, devient maître de harpe des filles de Louis XV. Le financier Pâris-Duverney l'associe à ses affaires. M. de Beaumarchais occupe les fonctions de lieutenant général des chasses et juge les délits de chasse sur le domaine royal. La tête nous tourne déjà un peu.

Il se précipite en Espagne pour y mener des affaires au nom de Duverney, pour organiser la traite des Noirs, pour fourguer une maîtresse française au roi Charles III et pour contraindre au mariage (il échoue) le séducteur de sa sœur Lisette, un nommé Clavijo. Goethe tirera de l'affaire sa tragédie *Clavigo*. Voilà Goethe, en quelque sorte, disciple de Beaumarchais. Et voici déjà venir le temps des procès.

Pâris-Duverney, à sa mort, laisse une forte somme à Beaumarchais. Neveu et héritier du financier, le comte de La Blache conteste toute l'affaire et entame un procès. Appel. Cassation. Beaumarchais et La Blache gagnent et perdent alternativement. Au moment même où une affaire fâcheuse entraîne pour Beaumarchais un duel manqué avec un grand seigneur, le duc de Chaulnes, le dossier du procès La Blache est porté devant le parlement Maupeou et confié au juge Goëzman. Goëzman a une femme : Beaumarchais la couvre de cadeaux. Au procès en héritage vient s'ajouter une plainte en corruption déposée par Goëzman : c'est une « affaire » dans le sens que le mot a pris de nos jours. Tout cela est bien capable de mener Beaumarchais aux galères. Alors notre homme écrit contre Goëzman quatre *Mémoires* éblouissants qui sont comme les *Provinciales* de l'affairisme moderne et de la corruption. Beaumarchais est « blâmé » – nous dirions : déchu de ses droits civiques –, mais Goëzman et le parlement sont discrédités et mis hors de combat.

Attendez. Ce n'est pas fini. « Ce n'est pas le tout que d'être blâmé, disait drôlement le lieutenant de police Sartines, il faut encore être modeste. » Beaumarchais est-il modeste ? Il est, en tout cas, plus agité que jamais. L'aventurier blâmé disparaît – mais pour devenir agent secret de la famille royale ! Il se balade à Londres pour acheter le silence d'un maître chanteur qui attaque Mme du Barry, puis en Allemagne, puis à Vienne, en Autriche, où Marie-Thérèse le fait arrêter, et puis encore à Londres où il rencontre une jeune femme qui n'est autre que le chevalier d'Éon. L'insurrection se déclare dans les colonies anglaises d'Amérique : belle occasion de briller – et de faire des affaires ! Beaumarchais en échafaude de toutes sortes : il livre des armes aux insurgés, il gagne définitivement son procès contre La Blache, il fonde la Société des auteurs dramatiques, il publie à Kehl les œuvres complètes de Voltaire, il multiplie les opérations financières et immobilières – et il perd beaucoup d'argent. Ouf ! Rien qu'à le raconter, ce diable d'homme nous épuise.

Quand la Révolution éclate à Paris, il est en train de construire une somptueuse demeure en face de la Bastille. L'endroit et le moment sont également mal choisis. Les choses s'accélèrent et se compliquent. La Convention nationale l'envoie – il est orfèvre en la matière – acheter des fusils en Hollande, et elle l'emprisonne à l'Abbaye où il échappera de justesse aux massacres de septembre. Elle le nomme commissaire de la République à l'étranger et le porte en même temps sur la liste des émigrés. Comprenne qui pourra. Exil et misère à Hambourg. Retour à Paris. Et mort.

C'était un brasseur d'affaires, un libertin adoré de sa famille et de ses trois femmes successives, une nature complexe, spirituelle, impertinente, un mélange explosif de vantardise et de candeur, de rouerie et de fierté, de folie et de courage, d'immoralité foncière et de vraie bonté. C'était un aventurier. Il était peu respecté et, plus peut-être qu'aucun auteur entre Corneille et Hugo, il a suscité l'enthousiasme.

Il l'a suscité par son théâtre, alors que la littérature tenait une place secondaire dans une vie bourrée jusqu'à la gueule d'aventures, d'incidents et d'intrigues. Il était le contraire d'un homme de lettres, il traitait ses œuvres dramatiques de « rêveries de [son] bonnet de nuit », et, par un paradoxe saisissant, cet aventurier peu porté à la littérature n'a pas seulement fondé la Société des auteurs dramatiques : il a surtout, par ses mots étincelants, ébranlé une société qui l'applaudissait à tout rompre. Outre les quatre *Mémoires* dont nous avons parlé, il a écrit trois drames qui ne valent pas grand-chose : *Eugénie, Les Deux Amis, La Mère coupable*, et encore un étrange opéra oriental et philosophique : *Tarare*. Deux pièces, et deux pièces seulement, suffisent à faire de lui l'auteur le plus vivant et le plus impertinent de tout notre théâtre : *Le Barbier de Séville ou la Précaution inutile, Le Mariage de Figaro ou la Folle Journée*.

Beaumarchais lui-même résume en quelques mots l'intrigue des deux comédies. La première : « Un vieillard [Bartholo] prétend épouser demain sa pupille [Rosine] ; [aidé par le barbier Figaro] un jeune amant plus adroit [le comte Almaviva] le prévient et ce jour même en fait sa femme, à la barbe et dans la maison du tuteur. » La seconde : il s'agit de « faire échouer dans son dessein [séduire Suzanne, fiancée de Figaro] un maître absolu [le comte Almaviva] que son rang, sa fortune et sa prodigalité rendent tout-puissant pour l'accomplir ».

Le Barbier de Séville est d'abord un opéra-comique dont Beaumarchais, décidément universel, avait concocté la musique. L'opéra-comique est refusé par ces mêmes Comédiens-Italiens qui avaient fait le succès de Marivaux. Qu'à cela ne tienne ! Jamais à court de ressources, Beaumarchais le transforme en une comédie en cinq actes qui est acceptée par les Comédiens-Français. Échec. Il la raccourcit en quatre actes. Triomphe.

Le Barbier de Séville est une comédie très réussie. Ce n'est pas un chef-d'œuvre. « Me livrant à mon gai caractère, j'ai tenté, dans *Le Barbier de Séville*, de ramener au théâtre l'ancienne et franche gaieté, en l'alliant avec le ton léger de notre plaisanterie actuelle. » Gide n'a pas tout à fait tort lorsqu'il dit à propos du *Barbier* : « Plus d'esprit que d'intelligence profonde. » La pièce n'a ni la force de Molière ni la grâce de Marivaux. On s'amuse, on n'est pas ébloui. Le mieux, pour *Le Barbier de Séville*, était de se changer à nouveau en livret d'opéra-comique – mais, cette fois-ci, pour Rossini.

Ce qu'il y avait de plus fort dans *Le Barbier*, c'était

l'ébauche d'un type nouveau et inoubliable de valet, un drôle hardi, bohème et franchement insolent, autrement redoutable que Mascarille ou Arlequin : Figaro. C'est un maître barbier et un maître intrigant. Pour l'intrigue au moins, il a de qui tenir.

Plus fort, plus riche que *Le Barbier de Séville*, *Le Mariage de Figaro* est une pièce explosive. Le barbier Figaro n'est plus le complice, un peu falot, du grand seigneur Almaviva : il est devenu son adversaire. Ce qu'Almaviva était à Bartholo dans *Le Barbier de Séville*, Figaro l'est à Almaviva dans *Le Mariage de Figaro*. Pendant trois ans, la censure royale ajourne la présentation de cette bombe à retardement : elle épouvante le lieutenant de police, le garde des Sceaux, le roi. Cette bataille d'arrière-garde ne fait qu'attiser l'impatience et accroître le prestige de la pièce interdite. « Le roi ne veut pas qu'on la joue, disait Beaumarchais, donc on la jouera. » Quand elle est enfin jouée dans un salon, devant trois cents courtisans, puis sur la scène de l'Odéon d'aujourd'hui, c'est un triomphe. On s'écrase aux portes du théâtre, trois spectateurs sont étouffés. Nous sommes à cinq ans de la Révolution.

Qui acclame Figaro ? Le public tout entier, la cour, la reine elle-même – tous ceux que Figaro ridiculise et défie. Le triomphe de Figaro, c'est le triomphe de l'insolence, de l'impertinence, de la critique sociale. Le coup d'éclat de Beaumarchais, c'est de retourner contre lui-même, pour la première fois sans doute, le clan des privilégiés, renversé par tant d'audace et par tant de talent.

L'intrigue, en vérité, est simple : c'est un valet qui l'emporte sur son maître, aux applaudissements de la cour. Ce qui explose, c'est le langage. Déjà dans *Le Barbier de Séville*, les mots fusaient : « Un grand nous fait assez de bien quand il ne nous fait pas de mal » ou : « Aux vertus qu'on exige d'un domestique, Votre Excellence connaît-elle beaucoup de maîtres qui fussent dignes d'être valets ? » *Le Mariage de Figaro* va plus loin encore : « Parce que vous êtes un grand seigneur, vous vous croyez un grand génie ! » Et : « Qu'avez-vous fait pour tant de biens ? Vous vous êtes donné la peine de naître et rien de plus. »

Tout *Le Barbier* se retrouve dans *Le Mariage*. Mais en plus troublant et en plus sensuel. Entre Rosine et Suzanne, Chérubin est toute la hardiesse de la première adolescence, et son charme un peu pervers. Le ton a monté. La pièce a gagné en profondeur. Et le héros de la comédie, c'est maintenant Figaro. On dirait la version avant la lettre et comique de la dialectique du maître et de l'esclave chez Hegel : Figaro n'a peur de rien et il traite d'égal à égal avec le comte qui s'est fait son rival, il rend menace pour menace. Il est superbe d'entrain, d'audace, d'effronterie. « Perdu dans la foule obscure, il m'a fallu déployer plus de science et de calculs pour subsister seulement qu'on n'en a mis depuis cent ans à gouverner toutes les Espagnes, et vous voulez jouter... »

Comme chez Marivaux, ce qui triomphe chez Beaumarchais, ce qui soutient l'intrigue et la satire sociale, c'est le style. Quel style ? Celui de la conversation. Un pétillement de drôleries, un cliquetis de tirades. La gaieté règne chez notre héros de la fronde et de la dérision. Figaro et Beaumarchais ont fait beaucoup pour le théâtre et beaucoup pour la Révolution.

Peut-être Beaumarchais est-il moins révolutionnaire que Voltaire – et même que Marivaux dont *L'Île des esclaves* est surprenante d'audace. Il l'est sûrement moins que Rousseau. Il est seulement libre, impertinent et gai. Mais la société et le régime sont usés à tel point que l'alliance du talent et de la liberté suffit à les émouvoir et à les renverser. Les chansons, plus tard, céderont la place aux canons. Pour le moment, on se contente de s'amuser. Le miracle de Beaumarchais et de son Figaro consiste à unir, en un mouvement éblouissant, la liberté de l'esprit à la gaieté du plaisir.

DESBORDES-VALMORE

(1786-1859)

Des orages en rubans

Le nom de Marceline Desbordes-Valmore est souvent prononcé avec une ombre d'indulgente condescendance. Comme le bon vieux Lanson, Kléber Haedens l'ignore superbement et ne lui consacre qu'un seul mot : « la gémissante Marceline ». Pour la plupart des historiens de notre littérature, la gémissante Marceline est, au mieux, une romantique mineure. Ce n'était pas l'avis de Hugo, de Baudelaire – « Si le cri, si l'ambition désespérée du cœur, si tout ce qui est gratuit et vient de Dieu suffisent à faire le grand poète, Marceline Valmore est et sera toujours un grand poète. [...] Jamais aucun poète ne fut plus naturel, aucun ne fut jamais moins artificiel » –, de Mallarmé – « Des orages dont la tendresse se dénoue en rubans » –, de Rimbaud, qui la fait lire à Verlaine, de Verlaine – « Nous proclamons à haute et intelligible voix que Mme Desbordes-Valmore est tout bonnement la seule femme de génie et de talent de ce siècle et de tous les siècles en compagnie de Sappho peut-être et de sainte Thérèse » –, d'Éluard et d'Aragon. Elle est notre plus grande poétesse depuis Louise Labé.

Sa vie n'est qu'un tissu d'épreuves. Son père exerçait à la veille de la Révolution un métier condamné : il était peintre d'armoiries. Elle a quatorze ans lorsque sa mère décide d'aller faire fortune en Guadeloupe. En cours de route, pour gagner un peu d'argent, Marceline tient de petits rôles dans des théâtres de province. A la Guadeloupe, entre émeutes et guet-apens, la mère meurt de la fièvre jaune. C'est le premier des deuils innombrables qui assombriront l'existence de Marceline, comédienne et cantatrice. Elle tombe amoureuse pour toujours d'un curieux personnage, séducteur misanthrope et directeur du *Figaro*, qui allait aussi jouer un rôle dans la vie de George Sand : Henri de Latouche. Quelques années plus tard, elle épousera un comédien, Prosper Lanchantin, dit Valmore, dont elle aura trois enfants qu'elle verra tous mourir.

Les trois poèmes que nous citons et dont l'inspiration est de plus en plus désolée relèvent d'un romantisme où la dignité et la résignation prennent d'autant plus de force qu'elles s'expriment à mi-voix.

LES ROSES DE SAADI

J'ai voulu, ce matin, te rapporter des roses ;
Mais j'en avais tant pris dans mes ceintures closes
Que les nœuds trop serrés n'ont pu les contenir.

Les nœuds ont éclaté. Les roses envolées
Dans le vent, à la mer s'en sont toutes allées.
Elles ont suivi l'eau pour ne plus revenir.

La vague en a paru rouge et comme enflammée :
Ce soir, ma robe encore en est tout embaumée...
Respires-en sur moi l'odorant souvenir.

LA COURONNE EFFEUILLÉE

J'irai, j'irai porter ma couronne effeuillée
Au jardin de mon père où revit toute fleur ;
J'y répandrai longtemps mon âme agenouillée :
Mon père a des secrets pour vaincre la douleur.

J'irai, j'irai lui dire, au moins avec mes larmes :
« Regardez, j'ai souffert... » Il me regardera,
Et sous mes jours changés, sous mes pâleurs sans charmes,
Parce qu'il est mon père, il me reconnaîtra.
[...]

Ô clémence ! ô douceur ! ô saint refuge ! ô Père !
[...]

Vous ne rejetez pas la fleur qui n'est plus belle ;
Ce crime de la terre au ciel est pardonné.
Vous ne maudirez pas votre enfant infidèle,
Non d'avoir rien vendu, mais d'avoir tout donné.

LES SÉPARÉS

N'écris pas. Je suis triste, et je voudrais m'éteindre.
Les beaux étés sans toi, c'est la nuit sans flambeau.
J'ai refermé mes bras qui ne peuvent t'atteindre

Et frapper à mon cœur, c'est frapper au tombeau.
                    N'écris pas!

N'écris pas. N'apprenons qu'à mourir à nous-mêmes.
Ne demande qu'à Dieu... qu'à toi, si je t'aimais!
Au fond de ton absence écouter que tu m'aimes,
C'est entendre le ciel sans y monter jamais.
                    N'écris pas!

N'écris pas. Je te crains; j'ai peur de ma mémoire;
Elle a gardé ta voix qui m'appelle souvent.
Ne montre pas l'eau vive à qui ne peut la boire.
Une chère écriture est un portrait vivant.
                    N'écris pas!

N'écris pas ces doux mots que je n'ose plus lire:
Il semble que ta voix les répand sur mon cœur;
Que je les vois brûler à travers ton sourire;
Il semble qu'un baiser les empreint sur mon cœur.
                    N'écris pas!

MICHELET

(1798-1874)

Un visionnaire

Nous a-t-on assez ennuyés avec les lieux et les dates de naissance des grands hommes de notre histoire ! Pour Michelet au moins, sa naissance est un intersigne : il voit le jour à Paris dans le chœur d'une église désaffectée par la Révolution. Son père, Jean Furcy Michelet, voltairien et républicain, employé sous la Terreur à l'Imprimerie nationale, s'y était établi à son compte. Les temps étaient durs. Il était pauvre. L'enfant connut très jeune le froid, la faim, l'incertitude du lendemain. Il n'oubliera jamais ses origines populaires et sa première expérience du métier manuel. A onze ans, il apprend à composer dans l'atelier paternel : « Avant de faire des livres, j'en ai *composé* matériellement : j'ai assemblé des lettres avant d'assembler des idées. »

Pour misérable qu'il fût, l'imprimeur jacobin, bientôt ruiné et emprisonné pour dettes par le régime impérial, avait le culte des grands principes et d'abord de l'éducation. Il voulut que son fils menât de front son apprentissage manuel et des études sérieuses. Il le confia à un de ces personnages à qui on voudrait consacrer tout un livre : l'homme était grammairien et maître de pension, il s'appelait Melot, il était pétri, lui aussi, des idées qui avaient fait la sombre grandeur de la Convention nationale et il continuait, en plein Empire, à s'habiller comme sous la Terreur. Melot fut le maître du jeune Jules et le premier à découvrir et à développer ses capacités intellectuelles.

A treize ans, Jules Michelet entre au lycée Charlemagne. Il récolte trois prix au concours général, il obtient son baccalauréat, puis sa licence, et enfin son doctorat ès lettres avec deux travaux, assez brefs mais denses, sur Plutarque et sur Locke. Il renonce à l'École normale, dont les portes lui étaient ouvertes, pour occuper un poste de répétiteur et gagner sa vie. Il est reçu à l'agrégation de lettres qui vient d'être créée, et nommé professeur d'histoire au collège Sainte-Barbe.

La passion et les femmes ont joué, et jusqu'au bout, un grand rôle dans cette vie si studieuse. Un fameux rêve érotique le hantera longtemps. A la mort de la mère, Jules Michelet et son père s'installent chez le docteur Duchemin où deux employées occupent une grande place auprès du jeune Jules : Mme Fourcy et surtout Pauline Rousseau. De sept ans plus âgée que lui, Pauline devient sa maîtresse. Il l'épousera six ans plus tard. L'union ne sera pas heureuse.

L'amour de l'histoire, de la philosophie, de la philosophie de l'histoire s'emparent de lui tout entier. Dès l'enfance, son imagination puissante ressuscite le passé à ses yeux. Quand il visite des sites anciens, les morts sont vivants pour lui : « Je remplissais ces tombeaux de mon imagination, je sentais ces morts à travers les marbres. » Ses premiers travaux historiques suffisent à le distinguer. Il est nommé maître de conférences à l'École normale, en voie de réorganisation après sa suppression. Sa réputation croît à tel point que Charles X choisit ce fils de jacobin comme précepteur de sa petite-fille, la fille de la romanesque et fantasque duchesse de Berry, si chère à Chateaubriand.

Quand éclate la révolution de juillet 1830, il l'accueille avec enthousiasme et avec espérance. Il sera vite déçu. Mais sa carrière personnelle prend un nouvel élan. Il perd la fille de la duchesse de Berry, il retrouve le cinquième enfant de Louis-Philippe, la princesse Clémentine, dont il devient le maître d'histoire. Il est nommé chef de la section historique aux Archives nationales, puis suppléant de Guizot à la Sorbonne, puis professeur au Collège de France. Il entreprend son *Histoire de France*, qui l'absorbera pendant près de quarante ans et qui constitue un des monuments de notre littérature.

Le savoir, l'imagination, la passion sont ses guides. Quand il pénètre dans son domaine des Archives, il retrouve l'enthousiasme de sa jeunesse : « Je ne tardai pas à m'apercevoir dans le silence apparent de ces galeries qu'il y avait un mouvement, un murmure qui n'était pas de la mort. [...] Doucement, messieurs les morts, procédons par ordre, s'il vous plaît. »

Sa conception de l'histoire est révolutionnaire. Elle le sera à beaucoup de titres. Elle l'est d'abord par sa méthode. Michelet veut asseoir l'histoire « sur une bonne base : la terre qui porte les hommes et les nourrit ». Il ouvre un chemin qui mènera jusqu'à Braudel : il est le premier à introduire la géographie dans l'histoire. « Sans une base géographique, le peuple, l'acteur historique, semble marcher en l'air comme dans les peintures chinoises où le sol manque. »

Et, non content de mêler géographie et histoire, il ne lui suffit plus d'étudier, comme Guizot, le jeu des institutions ni, comme Augustin Thierry, l'antagonisme des races irréductibles qui se sont succédé sur le territoire national. Ce qui a fait la France, ce ne sont pas des accidents extérieurs, mais « le puissant travail de soi sur soi où la France, par son progrès propre, va transformant tous les éléments bruts. [...] La France a fait la France. » Il faut descendre jusque dans les profondeurs de la vie collective. Il faut procéder, à force de travail sur les détails, à « la résurrection de la vie intégrale, non pas dans ses surfaces, mais dans ses organismes intérieurs et profonds ».

Pour remplir ce programme, pour écrire, en savant et en artiste, l'épopée lyrique de la France, Michelet s'appuie sur deux leviers : la science et la poésie, le savoir et l'imagination. Il conçoit la France « comme une âme et une personne » et, puisque son histoire est une biographie avec tout ce que le genre suppose de sympathie et de partialité, il la ressuscite au terme d'une opération sans doute méthodique et intellectuelle, mais surtout intuitive et magique. Il est un poète romantique et un artiste passionné autant et peut-être plus qu'un savant rigoureux et abstrait.

Les six premiers tomes de son *Histoire de France* paraissent régulièrement sous la monarchie de Juillet. Après le VIᵉ tome, cependant, qui met en scène Louis XI, une double série d'événements, l'usure perceptible du régime orléaniste et surtout le bouillonnement interne de l'historien engagé l'incitent à interrompre son travail et à sauter directement, en négligeant toute la fin de l'Ancien Régime et le lent progrès des lumières, dans la grande Révolution qui est son affaire et sa passion. Il inverse l'ordre de la chronologie au bénéfice de ce qui lui apparaît comme le terme et le but mystique de la monarchie absolue : « Je ne comprendrai pas les siècles monarchiques si d'abord, avant tout, je n'établis en moi l'âme et la foi du peuple. »

L'*Histoire de la Révolution* voit le jour à peu près au moment où s'effondre la monarchie de Juillet et où la IIe République se débat contre son destin. C'est aussi l'époque de graves troubles sentimentaux pour l'auteur. A la mort de sa femme Pauline, Michelet avait connu une liaison passionnée avec la mère d'un élève qui deviendra d'ailleurs son gendre, Mme Dumesnil. Deux ans plus tard, Mme Dumesnil mourait dans ses bras. Quand la révolution de 48 abat Louis-Philippe, à l'époque où il travaille sur son *Histoire de la Révolution* dont le premier tome a déjà paru, Michelet reçoit une lettre d'une jeune admiratrice. Elle s'appelle Athénaïs Mialaret. Elle a trente ans de moins que lui. Aussitôt naît entre le grand homme et sa jeune *groupie* une passion dévorante d'où les problèmes sexuels, qui demanderont patience et obstination, ne sont pas exclus. Dans cette folie amoureuse, l'austère professeur au Collège de France a une « peine infinie », avoue-t-il, à rassembler ses esprits. Un mariage civil les unit assez vite et la jeune Athénaïs exercera sur son maître et mari et sur son œuvre, sinon historique du moins poétique, une influence considérable.

La révolution de 48 est, à nouveau, une immense espérance ; le coup d'État de Louis-Napoléon, à nouveau, une affreuse déception. Et le début de graves difficultés personnelles : engagé dans l'opposition au nouveau régime, Michelet perd sa chaire au Collège de France, puis son poste aux Archives. Il s'installe à Nantes, dans une situation proche de la gêne matérielle, et c'est dans la ville de Carrier, non loin de la Vendée, qu'il rédige l'histoire de la Terreur. Il en sort « tout roussi par ce monde en flammes ».

Quand, de retour à Paris après un séjour en Italie pour rétablir sa santé, il reprend le cours normal de son *Histoire de France* là où il l'avait laissée, c'est-à-dire au règne de Louis XI, le ton de l'ouvrage a changé. Son *Histoire de la Révolution* avait déjà été accueillie, tant à gauche qu'à droite, par beaucoup de critiques. Les nouveaux volumes de l'*Histoire de France* traduisent un engagement encore accru et une partialité qui vont parfois jusqu'à la polémique. « Je le déclare, écrit-il lui-même, cette histoire n'est point impartiale. Elle ne garde pas un sage et prudent équilibre entre le bien et le mal. Au contraire, elle est partiale, franchement et rigoureusement, pour le droit et la vérité. » Le bien, le droit, la vérité, c'est lui, évidemment, qui en décide souverainement. Il prend en haine le Moyen Age qu'il avait naguère admiré, et l'image sombre et simpliste d'un Moyen Age repoussant date du Michelet de cette époque-là. « L'ennemi, c'est le passé, le barbare Moyen Age. [...] L'ami, c'est l'avenir, le progrès et l'esprit nouveau, 89 qu'on voit poindre déjà sur l'horizon lointain, c'est la Révolution. » Il aime le XVIIIe parce qu'il est le siècle des lumières et il condamne le

XVIIe où Corneille, Molière, La Fontaine et Racine incarnent à ses yeux la décadence et une forme de déchéance. L'historien rigoureux s'est changé en militant.

En été 1855, un mois après la mort de sa fille, Adèle Dumesnil, un événement minuscule va jouer un grand rôle dans la vie de Michelet : au cours d'un séjour au Havre, il découvre les bains de mer. Un élément nouveau frappe sa sensibilité et son imagination qui vont se déplacer de l'histoire du passé vers le monde autour de lui. L'influence de la nature va doubler celle d'Athénaïs et l'orienter vers une philosophie panthéiste, parfois teintée d'une sorte de bouddhisme, et vers le « poème de la nature ». L'eau, la mer, l'océan, plus tard la montagne, vont envahir son œuvre. L'histoire naturelle va succéder à l'histoire et *L'Oiseau*, *L'Insecte*, *La Mer*, *La Montagne* vont prendre le relais de l'*Histoire de France* et de l'*Histoire de la Révolution*.

La nature. La femme aussi, et l'amour. Ses trois amours pour Pauline, pour Mme Dumesnil, pour Athénaïs surtout, ne cessent de le hanter. Le corps de la femme occupe une grande place dans son *Journal*. Mêlées à ses rêves démocratiques et anticléricaux, ces préoccupations nourrissent toute une série d'ouvrages : *L'Amour*, *La Femme*, *La Sorcière*, *La Bible de l'humanité* conçue comme un pendant à la *Vie de Jésus* de Renan. L'historien se change en prophète. Le mage et le poète percent sous l'homme de science.

La défaite de la France en 1870-1871 porte un coup cruel à cette imagination frémissante et toujours en éveil qui, au-delà des régimes, s'était confondue avec la nation. Trois ans plus tard, Michelet meurt.

Malgré ses passions, ou à cause d'elles, il est le plus grand de nos historiens et, bien au-delà de l'histoire avec ses exigences de rigueur et d'impartialité, un visionnaire, un immense poète romantique, un personnage hors du commun, un des géants de son siècle qui n'en a pas manqué. Michelet, dont toute l'œuvre est un catéchisme laïc et révolutionnaire, était un militant engagé. C'est une des bonnes façons, parmi d'autres, de servir la littérature quand on a du talent ou, mieux encore, du génie.

HUGO

(1802-1885)

Le Mont-Blanc

A la question : « Quel est le plus grand poète français ? », tout le monde connaît la réponse d'André
Gide : « Victor Hugo, hélas ! »

Pourquoi « hélas » ? Peut-être parce qu'il y a
quelque chose d'accablant, et parfois d'irritant, dans la
fécondité et l'éloquence de Hugo qui, à la différence
des deux siècles qui l'ont précédé, manque le plus
souvent de tout sentiment de la mesure – et parfois
même du sentiment du ridicule. Peut-être parce qu'il
est permis d'être fatigué de l'entendre se comparer lui-
même tantôt à Atlas portant le monde sur ses épaules
et tantôt au Mont-Blanc, et de le voir écrire sans la
moindre gêne : « Je fais mon métier de flambeau. »
Mais surtout parce que, dans tous les secteurs de la littérature et de la société, le triomphe de Hugo est si
éclatant, si constant, si lassant que l'envie finit par
venir d'une découverte plus rare et plus originale.

Poète satirique, lyrique, épique – le seul poète
épique de notre histoire avec Agrippa d'Aubigné –,
romancier, historien, critique, homme de théâtre, des-

sinateur, chef d'école, journaliste – il faut lire dans *Choses vues* la mort de Talleyrand, de Chateaubriand ou de Balzac –, pair de France, député, sénateur, exilé et rebelle, amoureux aussi, Hugo est un géant qui occupe toute la scène et, avec Molière, peut-être, et Voltaire, l'incarnation de la France dans ce qu'elle a de plus universel aux yeux d'un monde époustouflé par un mélange sans précédent de virtuosité et de puissance.

L'abondance et la virtuosité sont le propre de Hugo. Dès ses plus jeunes années, la virtuosité éclate, par exemple, dans *Le Pas d'armes du roi Jean* et surtout dans *Les Djinns* :

> *Murs, ville,*
> *Et port,*
> *Asile*
> *De mort...*

Elle ira parfois, plus tard, jusqu'à l'ironie et à l'autodérision. Témoin cet ogre amoureux d'une jeune mère qui le fait attendre trop longtemps. Il croque le marmot, et la dame lui en veut. Moralité :

> *Ne mangez pas l'enfant dont vous aimez la mère...*

Elle prête, évidemment, aux moqueries et aux pastiches :

> *Il dormait quelquefois à l'ombre de sa lance,*
> *Mais peu.*

Parce que le grotesque et le sublime ne cessent jamais chez lui de se côtoyer et de se répondre, la virtuosité se combine le plus souvent avec une puissance d'émotion exceptionnelle où, loin de toute frivolité, loin de toutes les tentations de ce jeu où il excelle, la souffrance et les larmes entrent comme un levain :

> *C'était une humble église au cintre surbaissé,*
>   *L'église où nous entrâmes,*
> *Où depuis trois cents ans avaient déjà passé*
>   *Et pleuré bien des âmes.*

> *Elle était triste et calme à la chute du jour,*
>   *L'église où nous entrâmes.*
> *L'autel sans serviteur, comme un cœur sans amour,*
>   *Avait éteint ses flammes.*

Attaqué, souvent avec violence, par une droite qu'il a abandonnée pour un socialisme humanitaire – « Jocrisse à Patmos », s'écrie Louis Veuillot ; et Kléber Haedens : « Il est le moins pur, le moins profond, le moins secret de nos poètes. [...] Il est au poète sacré ce que l'acrobate forain est à l'athlète antique » –, Hugo reste, dans l'inconscient collectif et dans la ferveur populaire, l'incarnation même de la poésie et, selon la formule de Mallarmé, « le vers personnellement ».

« Il est bête » disait de lui un illustre adversaire. « Oui, répondait un bon juge, bête comme l'Himalaya. » Le mot, en fin de compte, qui s'applique le mieux à Hugo, avec tout ce qu'il peut avoir d'excessif et d'insupportable, est celui de génie.

Je me souviendrai toujours d'une visite, il y a déjà de longues années, que m'a rendue Gustave Thibon, l'ami de Simone Weil, l'auteur de *L'Échelle de Jacob* et de tant de beaux livres injustement méconnus, dans mon bureau de l'Unesco, où je m'occupais, en technocrate appliqué, de philosophie, d'histoire, de littérature et de sciences humaines. Il s'est assis en face de moi et, abandonnant assez vite le problème, sérieux et futile, pour lequel il était venu me voir, il s'est mis à me réciter, sur le ton le plus simple, d'une voix un peu rocailleuse, un des plus beaux poèmes de Hugo, celui que l'auteur des *Contemplations* avait écrit sur la mort de Claire qui avait vingt ans et qui était la fille de Juliette Drouet et du sculpteur Pradier :

Ils ont ce grand dégoût mystérieux de l'âme
Pour notre chair coupable et pour notre destin ;
Ils ont, êtres rêveurs qu'un autre azur réclame,
Je ne sais quelle soif de mourir le matin.
[...]

Quand nous en irons-nous où vous êtes, colombes,
Où sont les enfants morts et les printemps enfuis,
Et tous les chers amours dont nous sommes les tombes,
Et toutes les clartés dont nous sommes les nuits ?

Vers ce grand ciel clément où sont tous les dictames,
Les aimés, les absents, les êtres purs et doux,
Les baisers des esprits et les regards des âmes,
Quand nous en irons-nous ? Quand nous en irons-nous ?

Bousculant les dossiers, les chemises, les classeurs, arrachant les trombones, balayant les poussières et les photocopieuses, nous emportant tous deux dans un rêve enchanteur, un vent de passion et de mort soufflait sur Courteline installé chez Kafka.

Comme Chateaubriand qu'il admirait – « Je veux être Chateaubriand ou rien », écrit-il à quatorze ans dans un cahier d'écolier –, Hugo, qui en viendra, au terme d'une existence de quatre-vingt-trois ans et d'une carrière littéraire aussi longue que celle de Goethe, à représenter une synthèse vivante de son époque et la totalité par excellence, est marqué dans sa jeunesse par la contradiction. Il est déchiré entre les contraires par l'histoire collective et personnelle. Son monde est conflictuel. Les extrêmes se combattent en lui :

Mon père vieux soldat, ma mère vendéenne...

En 1794, la Convention nationale envoie le républicain Joseph Léopold Sigisbert Hugo, vingt et un ans, combattre la Vendée catholique. Le révolutionnaire y rencontre une Vendéenne royaliste du nom de Sophie Trébuchet. Miracle du rêve et de la passion ; il l'aime et il l'épouse. Revanche du monde réel : très vite, la discorde s'installe entre les deux époux. A l'époque de la naissance de Victor, son troisième enfant – conçu, d'après Joseph Léopold, au sommet du Donon, dans les Vosges –, Sophie devient la maîtresse du général Lahorie, un adversaire de l'empereur né de la Révolution, que le général Hugo servira jusqu'au bout avec fidélité. Lahorie n'est pas seulement l'amant de Sophie, il est aussi le parrain de Victor. Avant d'être fusillé au lendemain de la conspiration de Malet, le général Lahorie est arrêté en 1810 dans la maison des Feuillantines où il est hébergé et caché par Sophie. Le petit Victor a huit ans et le monde est cruel.

Selon Adèle Hugo, la femme de Victor, le désaccord entre les parents entraînait pour les enfants « une contradiction perpétuelle : leur père, soldat de 92, leur parlait révolution ; leur mère, Vendéenne, droit divin. [...] Ils allaient de l'affirmation à la négation, le roulis était continuel. »

De là peut-être ce goût constant de Hugo pour le balancement, pour l'antithèse, pour l'opposition des contraires, pour ce que les pédants appellent l'*oxymoron*, c'est-à-dire l'alliance de termes contradictoires :

Nous sommes tous les deux voisins du ciel, Madame,
Puisque vous êtes belle et puisque je suis vieux.

Ou :

Quand la bouche dit : Oui, le regard dit : Peut-être.

Ou les dernières paroles de Hugo sur son lit de mort :

C'est ici le combat du jour et de la nuit.

Bien avant un procédé de style, l'antithèse et l'oxymoron sont chez Hugo un procédé de composition parce qu'ils sont un tour de son esprit. Et ils sont un tour de son esprit parce que, depuis une enfance où le père et la mère n'étaient jamais là en même temps, les alternances de ce monde et ses contradictions le frappent douloureusement.

C'est que l'amour, la tombe, et la gloire, et la vie,
L'onde qui fuit, par l'onde incessamment suivie,

Tout souffle, tout rayon, ou propice ou fatal,
Fait reluire et vibrer mon âme de cristal,
Mon âme aux mille voix, que le Dieu que j'adore
Mit au centre de tout comme un écho sonore.

Tout au long de sa vie et de sa carrière éblouissante, tissée de malheurs et de joies, il aimera que les pensées et les images qui lui viennent en torrent se répondent l'une à l'autre comme strophe et antistrophe, comme les roulements de tambour de la Révolution et les cloches des églises chrétiennes.

Notons tout de suite ici, à côté de cette pente naturelle de l'esprit, de l'imagination et du cœur, une autre caractéristique du style de Hugo, qu'on s'en voudrait de traiter de procédé parce qu'elle aussi se confond, d'un bout à l'autre de sa longue existence, avec l'inspiration et le souffle même du poète : le développement et l'amplification.

> *Régina, dis au prêtre*
> *Qu'il n'aime pas son Dieu ; dis au Toscan sans maître*
> *Qu'il n'aime pas sa ville, au marin sur la mer*
> *Qu'il n'aime pas l'aurore après la nuit d'hiver ;*
> *Va trouver sur son banc le forçat las de vivre :*
> *Dis-lui qu'il n'aime pas la main qui le délivre.*
> *Mais ne me dis jamais que je ne t'aime pas !*

Ou :

L'ombre était nuptiale, auguste et solennelle ;
Les anges y volaient sans doute obscurément

Car on voyait passer dans la nuit, par moment,
Quelque chose de bleu qui paraissait une aile.
[...]

Tout reposait dans Ur et dans Jérimadeth ;
Les astres émaillaient le ciel profond et sombre ;
Le croissant fin et clair parmi ces fleurs de l'ombre
Brillait à l'occident, et Ruth se demandait,

Immobile, ouvrant l'œil à moitié sous ses voiles,
Quel dieu, quel moissonneur de l'éternel été
Avait, en s'en allant, négligemment jeté
Cette faucille d'or dans le champ des étoiles.

Antithèse et ouverture sur quelque chose de plus grand qui touche à l'infini : les deux figures de style se retrouveront sans se lasser dans l'immense production de Hugo, dont la fécondité est le trait le plus frappant. Mais ni l'antithèse, ni l'amplification, ni la fécondité n'auraient le moindre prix si elles n'étaient soutenues d'un bout à l'autre par le jaillissement d'un talent poétique qui ne cesse presque jamais de s'élever au génie.

Les drames, en attendant, n'en finissent pas de se nouer autour du jeune Victor. Sophie s'oppose à son amour pour Adèle Foucher dont le propre frère de Victor, Eugène, tombe aussi amoureux. Sophie meurt. Victor épouse Adèle. Eugène, blond et charmant, s'enfonce dans la schizophrénie, et il faut l'interner. Le premier fils de Victor et d'Adèle, qui s'appelle Léopold comme son grand-père, meurt à sa naissance. Les chagrins et les ombres s'accumulent autour de Victor Hugo.

Les bonheurs aussi. Un an après la mort du petit

Léopold naît une Léopoldine. Et les succès littéraires se mettent, avec une régularité prodigieuse, à s'enchaîner les uns aux autres. Des *Odes et Ballades* et des *Orientales* aux *Contemplations* et aux *Chansons des rues et des bois*, en passant par *Les Feuilles d'automne, Les Chants du crépuscule, Les Voix intérieures, Les Rayons et les Ombres*, de *Cromwell*, injouable, qui ne sera porté à la scène qu'en 1971, et de *Marion de Lorme*, interdite par la censure, à *Hernani*, dont la première, en 1830, sera un événement politique et littéraire marqué par le gilet rouge de Théophile Gautier, à *Lucrèce Borgia* et à *Ruy Blas*, de *Bug Jargal* et de *Han d'Islande* aux *Misérables* et aux *Travailleurs de la mer*, Hugo triomphe sur tous les fronts de la poésie, du théâtre et du roman.

Après avoir marché sur les traces de Chateaubriand et de Lamartine, il devient le chef incontesté de l'école romantique dont le Cénacle se déplace de la bibliothèque de l'Arsenal où règnent Charles et Marie Nodier à son propre domicile de la rue Notre-Dame-des-Champs. Après trois échecs qu'il ressent, on le comprend, comme une injustice douloureuse, il est élu, à sa quatrième tentative, à l'Académie française. Il est nommé pair de France par Louis-Philippe. Il est élu député de Paris et il commence par siéger à droite avant de siéger à gauche.

Le 2 décembre 1851, il s'oppose au coup d'État du futur Napoléon III et prend le chemin de l'exil : Belgique d'abord, puis Jersey, et enfin Guernesey. Il fait tourner des tables qui lui dictent des poèmes ressemblant à s'y méprendre à ceux qu'il écrit lui-même et lutte avec *Les Châtiments* contre un Second Empire qui n'est que la petite monnaie et la caricature économique et marchande de la gloire du Premier. Il ne rentrera en France qu'en 1870, auréolé de la couronne du résistant, du rebelle, du militant politique et social.

La vie, entre-temps, aura continué à être prodigue à son égard de tristesses et de joies, de succès et de drames qui, par une sorte de magie, tourneront tous à sa gloire. Sainte-Beuve, alias Sainte-Bave, alias Sainte-Bévue, se sera glissé dans son foyer pour mieux séduire Adèle. A l'occasion d'un rôle mineur – la princesse Negroni – dans *Lucrèce Borgia*, drame historique sans cesse au bord du ridicule, Juliette Drouet, pour toujours, sera entrée dans sa vie. Il accumulera les aventures en compagnie de Léonie Biard, femme d'un peintre alors célèbre, d'Alice Ozy, une actrice qu'il partagera avec son fils Charles, des bonnes d'Adèle Hugo dont on s'est longtemps demandé pourquoi elle en changeait si souvent.

> *Elle défit sa ceinture*
> *Elle défit son corset*
> . . . .
>
> *Puis, troublée à mes tendresses,*
> *Rougissante à mes transports,*
> *Dénouant ses blondes tresses,*
> *Elle me dit : Viens ! Alors...*
>
> *O Dieu ! joie, extase, ivresse,*
> *Exquise beauté du corps !*
> *J'inondais de mes caresses*
> *Tous ces purs et doux trésors*

> *D'où jaillissent tant de flammes.*
> *Trésors ! Au divin séjour*
> *Si vous manquez à nos âmes*
> *Le ciel ne vaut pas l'amour.*

Chateaubriand était un séducteur qui rêvait ses succès ; Hugo sera une force de la nature plus proche du plaisir des corps que l'auteur de *René*. Il tiendra une comptabilité de ses prouesses trop faciles et nombreuses – jusqu'à noter, à un âge avancé, la date de la conquête, selon ses propres mots, de sa première négresse. Des scandales éclateront, des procès-verbaux d'adultère seront dressés. Juliette Drouet souffrira et acceptera d'un cœur aimant et soumis les infidélités de son grand homme qui lui reviendra toujours et qui, d'une certaine façon, plus mystique que physique, ne cessera jamais de lui rester fidèle.

> *Puisque j'ai mis ma lèvre à ta coupe encor pleine,*
> *Puisque j'ai dans tes mains posé mon front pâli,*
> *Puisque j'ai respiré parfois la douce haleine*
> *De ton âme, parfum dans l'ombre enseveli,*
> *[...]*
>
> *Je puis maintenant dire aux rapides années :*
> *– Passez ! passez toujours ! je n'ai plus à vieillir !*
> *Allez-vous-en avec vos fleurs toutes fanées ;*
> *J'ai dans l'âme une fleur que nul ne peut cueillir !*
>
> *Votre aile en le heurtant ne fera rien répandre*
> *Du vase où je m'abreuve et que j'ai bien empli.*
> *Mon âme a plus de feu que vous n'avez de cendre !*
> *Mon cœur a plus d'amour que vous n'avez d'oubli !*

Hugo rentrait des Pyrénées et d'Espagne où il était allé passer deux mois d'été avec Juliette Drouet lorsqu'il apprit par un journal que sa fille Léopoldine, âgée de dix-neuf ans, s'était noyée dans la Seine, à Villequier, avec son mari, Charles Vacquerie. Ce fut une douleur déchirante pour ce coureur de jupons qui aimait les enfants, et d'abord les siens, et qui aimera ses petits-enfants avec une passion violente. Elle lui arrachera quelques-uns de ses vers les plus beaux et les plus pleins d'émotion :

Je viens à vous, Seigneur, père auquel il faut croire ;
Je vous porte, apaisé,
Les morceaux de ce cœur, tout plein de votre gloire,
Que vous avez brisé.
[...]

Les mois, les jours, les flots des mers, les yeux qui pleurent
Passent sous le ciel bleu ;
Il faut que l'herbe pousse et que les enfants meurent ;
Je le sais, ô mon Dieu !
[...]

Seigneur, je reconnais que l'homme est en délire
S'il ose murmurer ;
Je cesse d'accuser, je cesse de maudire,
Mais laissez-moi pleurer !

Et encore :

Je ne regarderai ni l'or du soir qui tombe
Ni les voiles au loin descendant vers Harfleur,

Et quand j'arriverai je mettrai sur ta tombe
Un bouquet de houx vert et de bruyère en fleur.

Son autre fille, Adèle – la seconde Adèle –, sombrera dans la folie après son aventure avec le lieutenant Pinson qui fournira à Truffaut le thème de son film *Adèle H* où Isabelle Adjani jouera le rôle de la fille de l'auteur des *Contemplations*. Et bonheurs et chagrins, triomphes et tribulations, la poésie emportera dans ses flots ces tumultes du cœur.

Après le siège de Paris en 1870 et la Commune en 1871, Hugo, dans ses dernières années, occupera à plein temps la place du grand poète et du penseur officiel de la IIIe République encore dans son enfance. *L'Année terrible, La Légende des siècles, L'Art d'être grand-père, Les Quatre Vents de l'esprit* montrent sans fléchir, dans un âge avancé, les facettes innombrables et la profondeur d'un talent poétique et visionnaire dont l'abondance et la variété étaient jusqu'alors sans exemple. Lorsque, deux ans après Juliette, Hugo meurt à son tour, le 22 mai 1885, « dans la saison des roses » comme il l'avait prédit quelque quinze ans plus tôt, c'est un événement planétaire et un deuil national.

Ô Seigneur! Ouvrez-moi les portes de la nuit
Afin que je m'en aille et que je disparaisse!

Après les funérailles populaires les plus magnifiques que la France ait jamais connues, son corps est exposé sous l'Arc de triomphe, puis déposé au Panthéon. On assure que neuf mois plus tard, la courbe démographique de la capitale marqua une hausse sensible.

De la préface de *Cromwell* en 1827, qui constitue le manifeste de la révolution romantique encore conservatrice et catholique – « L'histoire des hommes ne présente de poésie que jugée du haut des idées monarchiques et religieuses » – à *William Shakespeare* en 1864 – « Romantisme et socialisme, c'est le même fait » –, en passant par la période orléaniste où il proclame que le romantisme n'est rien d'autre que le libéralisme en littérature, Hugo a évolué du royalisme chrétien au libéralisme, du libéralisme au culte de la démocratie et du culte de la démocratie au socialisme. Il n'a cessé de se déplacer vers la gauche pour finir par se confondre avec la cause du peuple. « Travailler au peuple, c'est la grande urgence » et « Transformer la foule en peuple » : la fusion avec le peuple constitue à la fois, à ses yeux, le but du socialisme et la fonction du poète. Il a aimé le peuple et le peuple lui a rendu son amour.

Le programme politique, social et littéraire qu'il s'était fixé peu à peu au cours d'une longue évolution, il l'a accompli comme personne. Il a mis à son service tous les dons éclatants dont il était comblé. Sa virtuosité naturelle, il l'a transformée en aventure et en renouvellement. Et la littérature, grâce à lui, a marché du même pas que la société vers une lointaine espérance et des lendemains qui chantent :

J'ai disloqué ce grand niais d'alexandrin.

Ou :

J'ai mis un bonnet rouge au vieux dictionnaire.

124

RELEVÉ DE TRANSACTION

COMMERCANT: LIBRAIRIES-CHAMPIGNY
1600 BOUL LE CORBUSIER
LAVAL   PQ

TERMINAL: 00213518   OPÉRATEUR: 0000001

VISA: 4512 1290 0374 5015   EXP 02/11
D'ACHAT:

$ 85.50

AUTORISATION: C37438   INSEREZ
RÉFÉRENCE: 8307   DATE: 00/01/11
LOT: 2504   HEURE: 14:48:47

LE TITULAIRE VERSERA CE MONTANT À L'É-
METTEUR CONFORMÉMENT AU CONTRAT ADHÉRENT

SIGNATURE:

HAVE A NICE DAY !

BONNE JOURNÉE !

Toutes les révolutions qui marqueront la fin de son siècle et le siècle suivant, et qui se feront souvent contre lui et contre son éloquence, ce sera de lui qu'elles sortiront. Parce qu'il aura incarné le peuple à travers *Les Misérables* ou *Notre-Dame de Paris* et qu'il aura libéré le langage de son carcan traditionnel, son influence s'étendra bien au-delà de son existence et de son œuvre propre où le romantisme est encore un classicisme. Il aura été un mage, un prophète, un voyant, un précurseur et, à force de chanter l'aurore – l'aurore est son affaire et l'un de ses mots favoris –, il aura annoncé l'avenir après avoir dominé son temps de toute la puissance de son imagination et de son génie poétique.

Au-delà de sa situation dans le siècle et de son rang – le premier – dans notre littérature, Hugo est un compagnon de tous les instants et un de nos poètes dont chacun d'entre nous connaît au moins quelques vers capables d'apaiser nos douleurs et de rendre à un monde cerné par la grisaille sa jeunesse et sa fraîcheur. « Aucun rêveur n'aura rêvé avec Victor Hugo, écrit Kléber Haedens, aucun amant vaincu n'aura souffert avec lui. » Le cher Haedens a tort. C'est le contraire qui est vrai. Hugo est, à chaque page, le plus proche des poètes et le plus familier parce qu'il chante à la fois la souffrance et la vie, le deuil et le bonheur. « Il avait reçu », écrit Péguy, qui n'est pas seulement, lui aussi, un poète merveilleux mais un critique d'une stature exceptionnelle, « il avait reçu le don de voir la création comme si elle sortait ce matin de la main du Créateur ».

Parce qu'il n'y a rien de plus beau, lisons et relisons la *Tristesse d'Olympio* qui nous a tant ennuyés sur les bancs de l'école :

La borne du chemin qui vit des jours sans nombre,
Où jadis pour m'attendre elle aimait à s'asseoir,
S'est usée en heurtant, lorsque la route est sombre,
Les grands chars gémissants qui reviennent le soir.
[...]

D'autres vont maintenant passer où nous passâmes.
Nous y sommes venus, d'autres vont y venir;
Et le songe qu'avaient ébauché nos deux âmes,
Ils le continueront sans pouvoir le finir!
[...]

Toutes les passions s'éloignent avec l'âge,
L'une emportant son masque et l'autre son couteau,
Comme un essaim chantant d'histrions en voyage
Dont le groupe décroît derrière le coteau.

Et puis, pour le plaisir, loin des fureurs de l'histoire, écoutons-le encore un instant, le Hugo de l'amour heureux et de la beauté du monde. Et laissons-nous entraîner par l'élan de son imagination sans pareille et de ses mots ailés :

Elle était déchaussée, elle était décoiffée,
Assise, les pieds nus, parmi les joncs penchants;
Moi qui passais par là, je crus voir une fée
Et je lui dis : Veux-tu t'en venir dans les champs ?

Elle me regarda de ce regard suprême
Qui reste à la beauté quand nous en triomphons
Et je lui dis : Veux-tu, c'est le mois où l'on aime,
Veux-tu nous en aller sous les arbres profonds ?

Elle essuya ses pieds à l'herbe de la rive;
Elle me regarda pour la seconde fois.
Et la belle folâtre alors devint pensive.
Oh! comme les oiseaux chantaient au fond des bois!

Comme l'eau caressait doucement le rivage!
Je vis venir à moi, dans les grands roseaux verts,
La belle fille heureuse, effarée et sauvage,
Ses cheveux dans les yeux, et riant au travers.

Et encore, encore, – avant de le quitter puisqu'il faut bien le quitter, notre grand homme national, avant de plonger à nouveau dans les chagrins de la vie et les ténèbres du monde réel –, encore une chanson de bonheur fou et d'amour :

Si tu veux, faisons un rêve.
Montons sur deux palefrois;
Tu m'emmènes; je t'enlève.
L'oiseau chante dans les bois.

Je suis ton maître et ta proie;
Partons, c'est la fin du jour;
Mon cheval sera la joie,
Ton cheval sera l'amour.
[...]

Viens, sois tendre, je suis ivre.
Ô les verts taillis mouillés!
Ton souffle te fera suivre
Des papillons réveillés.
[...]

Allons-nous-en par l'Autriche!
Nous aurons l'aube à nos fronts
Je serai grand et toi riche
Puisque nous nous aimerons.
[...]

Tu seras dame et moi comte.
Viens, mon cœur s'épanouit;
Viens, nous conterons ce conte
Aux étoiles de la nuit.

DUMAS

(1802-1870)

Une force de la nature

Ils étaient trois, qui avaient de l'esprit comme quatre : le grand-père, général et mulâtre ; le père, écrivain de légende ; le fils, auteur dramatique. Tout ce petit monde si plein de vie descend d'un couple étonnant : le marquis Davy de La Pailleterie, propriétaire à Saint-Domingue, et Marie-Cessette Dumas, esclave noire. Ils ont l'air, tous les deux, de sortir d'un roman qui ressemblerait, trente ans avant la Révolution, à un mélange avant la lettre d'*Autant en emporte le vent* et de *La Case de l'oncle Tom*.

Fils café au lait du marquis et de Marie-Cessette, le général Thomas Alexandre Dumas Davy de La Pailleterie est une force de la nature. Il est capable, en s'accrochant à une poutre, de soulever le cheval qu'il serre entre ses jambes. Et, enfonçant ses doigts dans les canons de trois fusils, il joue avec les armes à feu comme avec des marionnettes. Essayez. Il fait en Italie, sous les ordres de Bonaparte qui le trouve bien républicain pour le fils d'un marquis, une guerre brillante qui lui vaut le surnom, un peu lourd à porter, de « Horatius Cocles du Tyrol ». Il participe à la campagne d'Égypte. Au cours de la traversée de retour, il est fait prisonnier. Il est échangé en 1801 contre le général autrichien Mack, celui-là même qui déclare, dans *Guerre et Paix* de Tolstoï : « *Ich bin der unglückliche Mack* » – « Je suis l'infortuné Mack. » Quelle vie ! Mais le plus important est d'ordre privé : le hussard mulâtre épouse la fille d'un hôtelier. Elle lui donnera un fils dont le parrain sera le général Brune : Alexandre.

On ne va pas retracer ici l'existence agitée de l'auteur de trois cents volumes, dont *Les Trois Mousquetaires* et *Le Comte de Monte-Cristo* : lui qui a vécu et écrit avec tant d'allégresse, il en mourrait une seconde fois – et d'ennui ce coup-ci. On racontera plutôt des histoires. Parce qu'il a une belle écriture, il entre à douze cents francs par mois, grâce au général Foy, un militaire de gauche, comme expéditionnaire – le mot ne fait pas rêver – dans les bureaux du duc d'Orléans qui, sept ans plus tard, sera roi des Français. Il aime déjà l'argent, le luxe, la grande vie – et surtout le théâtre et les femmes. De Catherine Labey, couturière, il a un fils, encore un Alexandre, qui sera l'auteur de *La Dame aux camélias* – la *Traviata* de Verdi – et qui dira de son père : « C'est un grand enfant que j'ai eu quand j'étais tout petit. »

Un an avant la bataille d'Hernani, le grand enfant connaît un immense succès au théâtre avec le premier des sombres drames romantiques : *Henri III et sa cour* joué par Mlle Mars. Il a vingt-sept ans. Deux ans plus tard, il récidive avec *Antony*, « une scène d'amour, de jalousie, de colère en cinq actes ». Antony, enfant trouvé, bâtard, est amoureux d'Adèle d'Hervey qui finit par se donner à lui. Quand le colonel d'Hervey est sur le point de les surprendre, Adèle demande à Antony de la poignarder. Pour sauver la réputation posthume d'Adèle, Antony, rebelle au grand cœur, prend sur lui la faute de sa maîtresse égarée et s'écrie : « Elle me résistait, je l'ai assassinée. » Et le rideau tombe sur ces splendeurs.

Les rôles d'Antony et d'Adèle étaient joués par deux monstres sacrés : Frédérick Lemaître, star légendaire du théâtre romantique qui revit sous les espèces de Pierre Brasseur dans *Les Enfants du Paradis*, le chef-d'œuvre de Marcel Carné, et Marie Dorval, la maîtresse de Vigny, l'amie de George Sand [1]. Un soir, dans un théâtre de province, le rideau tombe malencontreusement sur le cadavre d'Adèle avant qu'Antony ait eu le temps de prononcer la célèbre réplique finale, guettée avec impatience par un public qui trépigne. Le rideau se relève en catastrophe, mais Frédérick Lemaître, vexé, refuse de reparaître. Alors, Dorval ressuscite, se lève péniblement et jette : « Je lui résistais, il m'a assassinée. » Et elle retombe, morte à nouveau.

Dumas participe aux Trois Glorieuses de la révolution de 1830, comme il participera plus tard aux journées de février de celle de 1848. Il fait le coup de feu avec les insurgés, s'empare d'une poudrière, se précipite en Vendée pour prévenir une insurrection, est élu capitaine de la garde nationale de Paris – mais se brouille avec Louis-Philippe qui refuse, quelle drôle d'idée, de le nommer ministre.

---

1. Voir *Une autre histoire de la littérature française*, tome I, pp. 187-189.

Ce diable d'homme voyage, est battu aux élections, fait fortune, donne des bals, se ruine, attrape le choléra, guérit, bâtit un château et un théâtre privé, se ruine encore une fois, part pour l'Angleterre en compagnie de son fils, repart pour la Russie et le Caucase, repart encore pour l'Italie et pour Naples où il va rester quatre ans et, entre-temps, accumule les conquêtes comme s'il en pleuvait : Mélanie Waldor, modèle d'Adèle dans *Antony* ; Bell Krebsamer, qui lui donne une fille ; Ida Ferrier, qu'il épousera, avec pour témoin ce légitimiste désabusé de Chateaubriand. En contemplant Ida Ferrier, qui était une belle créature, aux appas généreux sur le point de faiblir, Chateaubriand murmure : « C'est une malédiction : tout ce que je soutiens s'écroule. »

Précurseur et pionnier, avant Hugo, avant Vigny, du théâtre romantique, Dumas est d'abord et surtout le maître du roman-feuilleton. Il règne avec magnificence sur l'art de tirer à la ligne. Écrits en collaboration, le plus souvent avec un jeune professeur du lycée Charlemagne, Auguste Maquet, à qui finiront par l'opposer des procès retentissants, *Les Trois Mousquetaires*, *Vingt ans après*, *Le Vicomte de Bragelonne*, *La Dame de Montsoreau*, *Le Chevalier de Maison-Rouge*, et surtout *Le Comte de Monte-Cristo*, roman de l'injustice et de la vengeance sociales, connaissent des succès étourdissants. Le style n'est pas fameux, la psychologie bafouille, l'intrigue manque de rigueur – « Qu'est-ce que l'histoire ? Un clou auquel j'accroche mes romans » –, mais, à force de mouvement, de panache et de vie, les héros sont inoubliables. Nous ne nous sommes jamais ennuyés avec eux. Y a-t-il plus bel éloge pour un romancier d'aventures? Plus peut-être que personne d'autre, Athos, Porthos, Aramis, d'Artagnan – avec leur devise : « Un pour tous, tous pour un » – et Milady, et Constance Bonacieux, et le valet Planchet, et l'abbé Faria, et le comte de Monte-Cristo ont été les compagnons des nuits de notre enfance.

En France, en Italie, en Allemagne, en Angleterre, dans l'Europe entière, le nom de Dumas est célèbre. Des légendes courent sur son compte. On se répète ses bons mots. A Cuba, dans les fabriques de cigares où un lecteur lit le journal aux ouvriers et aux ouvrières qui les roulent sur leurs cuisses sombres, *Le Comte de Monte-Cristo*, publié en feuilleton dans une traduction espagnole, connaît un succès prodigieux. Une manufacture de tabac demande à Dumas de parrainer un de ses produits. Alexandre Dumas accepte. C'est l'origine des cigares *Monte Cristo* qui ont fait le bonheur de tant de fumeurs de havanes.

« C'est un Encelade, un Prométhée, un Titan ! » disait Lamartine de Dumas. Et Michelet lui écrivait : « Vous êtes plus qu'un grand écrivain, vous êtes une des grandes forces de la nature. » Ce bourreau de travail, ce maître de l'aventure, ce génie du feuilleton nous a laissé des *Mémoires* irrésistibles de démesure et de verve. On y trouvera l'histoire du bourgeois, un ancien militaire sans doute, avec sa redingote et son chapeau haut de forme, qui regarde avec hauteur un groupe de partisans de la révolution aux prises, sans grand succès, avec les troupes royales. Les insurgés le houspillent, le bousculent, l'insultent. « Donnez-moi un fusil », leur dit-il. On lui lance le fusil, il épaule à peine, il tire, et il abat, au loin, un officier sur son cheval. Enthousiasme des insurgés : « Le bourgeois, avec nous ! – Certainement pas, réplique-t-il. Ce ne sont pas mes opinions. »

On y lira aussi avec intérêt une histoire de nègre emblématique. Pour un feuilleton quotidien dont il connaissait à peine le titre et encore moins les personnages, Dumas, selon sa coutume, avait un nègre. Un jour, à la plus mauvaise heure, juste avant le bouclage, il apprend la mort subite du nègre dont la copie parvenait tous les soirs au journal. Incapable d'improviser lui-même une suite à un feuilleton dont il ne savait presque rien, il rentre chez lui dans l'angoisse, se couche, passe une nuit sans sommeil, se lève à l'aube le cœur battant et va acheter le journal pour constater le désastre. Il déplie les pages avec nervosité et, à sa stupeur, il découvre la suite du feuilleton. La clé de l'énigme est assez simple : le nègre avait un nègre et, faute d'informations sur la santé du nègre, le nègre du nègre avait, comme chaque soir, envoyé au journal sa copie quotidienne.

Ainsi vivait le bon Dumas, seigneur magnifique, insouciant, aventureux, à l'imagination débordante et au cœur généreux, entre les hauts et les bas, entre légende et anecdote.

NERVAL

(1808-1855)

Un soleil noir

« Ne m'attends pas ce soir, car la nuit sera noire et blanche. » Ce mot laissé chez sa tante par Gérard Labrunie, dit Gérard de Nerval, annonçait des choses sombres. Le 26 janvier à l'aube, le poète Nerval est trouvé pendu à une grille, rue de la Vieille-Lanterne, au Châtelet, un manuscrit dans sa poche.

Le nom de Nerval n'est pas prononcé, même du bout des lèvres, dans le manuel d'histoire de la littérature du bon Gustave Lanson. Mais, négligeant Hugo, Lamartine, Vigny, Musset et Verlaine, Drieu La Rochelle le situe parmi les quatre grands poètes du XIXe siècle : Nerval, Baudelaire, Rimbaud et Mallarmé. Proust le place, avec Chateaubriand, en tête des génies du siècle. Le surréalisme fera de lui, non plus seulement le bohème antibourgeois et le « fol délicieux » apprécié par Gautier, mais l'un des précurseurs des temps nouveaux. Il est le poète du rêve, de la folie et de l'ombre.

Nous avons déjà rencontré des écrivains à l'enfance privée de père ou de mère. Le cas de Gérard

est particulier. Son père était médecin militaire dans la
Grande Armée, sa mère était la fille d'un marchand de
linge du quartier Saint-Eustache. Elle était allée
rejoindre le médecin militaire en Allemagne et mou-
rut, à vingt-cinq ans, en Silésie. Elle restera pour
l'enfant élevé par son grand-oncle à Mortefontaine,
dans le Valois, et qui aura déjà six ans quand le père
rentrera de Russie en 1814, comme une figure de rêve.

Études au lycée Charlemagne où il rencontre
Théophile Gautier. Traduction de *Faust* – qui étonne
Goethe. Chahuts d'étudiants. Vie de bohème littéraire. On fréquente les bals, on se promène la nuit, on
bouscule les jeunes femmes. Voyage en Italie, en Belgique avec Gautier, en Allemagne avec Dumas. Ce qui
compte dans ces années de jeunesse un peu folle, c'est
la rencontre avec Jenny Colon. Impossible de parler de
Nerval sans parler de Jenny Colon qui fut pour lui plus
que la vie, le monde entier et le ciel étoilé.

Qui est Jenny Colon? C'est une actrice et une
chanteuse d'opéra. Il n'est pas sûr qu'elle attache la
moindre importance à Gérard, qui se prend pour elle
d'un amour fou. Quatre ans après leur rencontre, elle
épouse un flûtiste. L'amour de Nerval évolue vers une
passion imaginaire et mythique. C'est, selon la formule
de Nerval, « l'épanchement du songe dans la vie
réelle ». Quatre années encore : Jenny meurt. Pour
Gérard de Nerval, qui est déjà la proie d'une première
crise de folie, Jenny, appelée tantôt Aurélie et tantôt
Aurélia, devient une créature céleste, qui se confond
avec la Vierge Marie, avec Isis ou Cybèle, les déesses
orientales, et avec sa propre mère qu'il n'a jamais
connue. Une belle nuit, se lançant à la poursuite d'une

étoile où l'attendent ceux qui l'aiment, le poète Nerval se défait de ses vêtements et marche nu vers l'Orient dans les rues de Paris. Arrêté par une patrouille de nuit, il est enfermé dans une maison de santé. Il demeurera plusieurs mois chez le docteur Esprit Blanche, à Montmartre.

Toute l'année 1843, Nerval la passera en Orient : Malte, Cyclades, Égypte, Syrie, Liban, Constantinople. « L'Orient, écrit-il à Jules Janin, n'approche pas de ce rêve éveillé que j'en avais fait il y a deux ans. » Il en rapporte pourtant un ouvrage célèbre où l'imagination initiatique tient une place aussi grande ou plus grande que la réalité : *Le Voyage en Orient*. A son retour, il reprend une vie littéraire nourrie par ses souvenirs d'enfance dans le Valois – où une propriété de famille lui a fourni le nom de Nerval – et il écrit ses chefs-d'œuvre : *Les Filles du feu* – un recueil de nouvelles poétiques : *Octavie*, *Angélique* et la plus célèbre, *Sylvie*, « poème du souvenir et de l'adieu » selon Kléber Haedens, où communiquent les deux mondes du souvenir et du rêve – et les douze sonnets des *Chimères*, regroupés à la fin des *Filles du feu*.

Mystérieux et mystiques sous les contraintes d'une forme rigoureuse, chère aux poètes de la Pléiade, les sonnets des *Chimères*, qui reprennent souvent les mêmes thèmes – le portique, l'olivier, le laurier... – sous des combinaisons différentes, nous entraînent, par le langage, au-delà du langage.

D'innombrables interprétations se sont succédé et se sont bousculées autour des *Chimères*. « Énigmes alchimiques », doctrines ésotériques, souvenirs cabalistiques, traditions et secrets de l'hermétisme, applications de la linguistique et du structuralisme à l'analyse du discours, toutes les approches ont été utilisées pour éclairer les douze sonnets qui nous emportent, au-delà des portes d'ivoire et de corne, dans des paysages pleins de tous les frissons du sacré. Le plus célèbre de ces sonnets, celui dont tout le monde connaît au moins les premiers vers, est *El Desdichado*, qui tire sans doute son nom d'un mystérieux chevalier qui dans *Ivanhoé*, le fameux roman de Walter Scott, a perdu tous ses biens et défie dans un tournoi les partisans de Jean sans Terre, traître à Richard Cœur de Lion : « Il n'avait sur son bouclier d'autres armoiries qu'un jeune chêne déraciné et sa devise était le mot espagnol *Desdichado*, c'est-à-dire déshérité ».

EL DESDICHADO

Je suis le Ténébreux, – le Veuf, – l'Inconsolé,
Le Prince d'Aquitaine à la tour abolie :
Ma seule Étoile est morte et mon luth constellé
Porte le Soleil noir de la Mélancolie.

Dans la nuit du Tombeau, Toi qui m'as consolé
Rends-moi le Pausilippe et la mer d'Italie,
La fleur qui plaisait tant à mon cœur désolé
Et la treille où le Pampre à la Rose s'allie.

Suis-je Amour ou Phébus, Lusignan ou Biron ?
Mon front est rouge encor du baiser de la Reine ;
J'ai rêvé dans la grotte où nage la Sirène...

Et j'ai deux fois vainqueur traversé l'Achéron,
Modulant tour à tour sur la lyre d'Orphée
Les soupirs de la Sainte et les cris de la Fée.

Au-delà – ou en deçà – des herméneutiques savantes, il est permis d'évoquer le souvenir d'une jeune Anglaise, Octavie, qui en Italie – « Dans la nuit du Tombeau, Toi qui m'as consolé »... – a aidé Nerval à surmonter la tentation du suicide.

Aussi magique qu'*El Desdichado*, et peut-être un peu moins ressassé, cet autre sonnet des *Chimères* est tout plein des préoccupations religieuses de Nerval, des doctrines occultistes qui le séduisaient et de la symbolique des fleurs et des plantes :

ARTÉMIS

La Treizième revient... C'est encor la première;
Et c'est toujours la Seule – ou c'est le seul moment;
Car es-tu Reine, ô toi! la première ou dernière?
Es-tu Roi, toi le Seul ou le dernier amant?...

Aimez qui vous aima du berceau dans la bière;
Celle que j'aimai seul m'aime encor tendrement :
C'est la Mort – ou la Morte... Ô délice! ô tourment!
La rose qu'elle tient, c'est la Rose trémière.

Sainte Napolitaine aux mains pleines de feux,
Rose au cœur violet, fleur de sainte Gudule,
As-tu trouvé ta croix dans le désert des Cieux?

Roses blanches, tombez! vous insultez nos dieux,
Tombez, fantômes blancs, de votre ciel qui brûle :
– La Sainte de l'abîme est plus sainte à mes yeux!

La magnificence de ces vers fait de l'auteur de tant de souvenirs pleins de feu et de songes où passent des robes légères et des rondes enfantines un des poètes majeurs et sacrés de notre littérature. Un de ceux où, loin d'un lyrisme de pacotille et de toute préoccupation de chapelle littéraire, l'amour prend les couleurs rouge et noir d'un éclair dans la nuit.

La connais-tu, Dafné, cette ancienne romance,
Au pied du sycomore, ou sous les lauriers blancs.
Sous l'olivier, le myrte ou les saules tremblants.
Cette chanson d'amour... qui toujours recommence?...

La nuit n'en finit pas de s'emparer de Nerval. Après le docteur Esprit Blanche, c'est son fils, le docteur Émile Blanche – le père du peintre Jacques-Émile Blanche à qui nous devons les portraits de Cocteau et de Proust –, qui l'accueille dans sa clinique de Passy. Il y entre, il en sort, il y rentre à nouveau. Il continue à écrire pour tenter d'exprimer la folie qui le gagne et de lutter contre elle. C'est une descente aux enfers. Il a encore le temps de repartir pour l'Allemagne – peut-être, en Silésie, sur la tombe de sa mère qu'il a perdue à deux ans. Il écrit *Aurélia*, roman d'amour mystique autour d'une femme aimée, perdue à cause d'une faute. « Arrivé sur la place de la Concorde, ma pensée était de me détruire. A plusieurs reprises, je me dirigeai vers la Seine mais quelque chose m'empêchait d'accomplir mon dessein. Les étoiles brillaient dans le firmament. Tout à coup, il me sembla qu'elles venaient de s'éteindre à la fois comme les bougies que j'avais vues à l'église. Je crus que les temps étaient accomplis, et que nous touchions à la fin du monde annoncée dans l'Apocalypse de saint Jean. Je croyais voir un soleil noir dans le ciel désert et un globe rouge de sang au-dessus des Tuileries. Je me dis : *La nuit éternelle commence et elle va être terrible. Que va-t-il arriver quand les hommes s'apercevront qu'il n'y a plus de soleil ?* »

Les temps étaient accomplis pour Gérard de Nerval. Il n'y avait plus de soleil. La nuit éternelle commençait. Démuni de toute ressource et sans domicile fixe, il erre sans but dans la nuit. Il ne se dirige pas vers la Seine, mais vers une rue obscure du côté du Châtelet.

MUSSET

(1810-1857)

L'enfant gâté

On l'aime, on le déteste, il paraît qu'on ne le lit plus – et tout le monde connaît son nom. « Nous le savons tous par cœur », écrit Taine. « Y eut-il jamais accent plus vivant et plus vrai ? Celui-là au moins n'a jamais menti. Il n'a dit que ce qu'il sentait. Il a pensé tout haut. Il a fait la confession de tout le monde. On ne l'a point admiré, on l'a aimé. C'était plus qu'un poète, c'était un homme. » Et Baudelaire : « Excepté à l'âge de la première communion, je n'ai jamais pu souffrir ce maître des gandins, son impudence d'enfant gâté qui invoque le ciel et l'enfer pour des aventures de table d'hôte, son torrent bourbeux de fautes de grammaire et de prosodie. »

C'était un enfant gâté par les dieux et par les hommes. Un « blondin toujours premier ». La vedette du romantisme et son titi gouailleur. Il voulait être Shakespeare ou Schiller, et il plaisait aux dames.

Il était gai, jeune et hardi ;
Il se jetait en étourdi
A l'aventure.

On imagine Hugo toujours vieux, avec une barbe blanche. Musset est toujours jeune. Nous continuons à le voir avec les yeux de Deveria qui le représente en page du temps de la Renaissance, la taille svelte, sous une toque et un pourpoint. Il est le poète des amoureux, de la crise de l'adolescence et de Mimi Pinson.

A la différence de Rousseau, de Chateaubriand, de Hugo, qui se mêlent de politique, qui sont contraints de fuir leur patrie, qui se prennent pour des penseurs, qui, entre misère et honneurs, se battent contre les pouvoirs et jettent les germes de l'avenir, Musset, grâce à Dieu, n'a pas de biographie. Il vit toujours au présent. Il est paresseux et charmant. Il aime le plaisir. Il cultive l'insolence. Il a des aventures. Il a même une passion. Elle le bouleverse et le détruit.

Il brille à Henri-IV. Il reçoit le second prix de dissertation latine au concours général. A dix-huit ans, le frère d'Adèle, Paul Foucher, le présente à Victor Hugo, qui en a vingt-six. Il devient l'enfant du miracle, le lutin des deux Cénacles : celui de Nodier à l'Arsenal, celui de Hugo rue Notre-Dame-des-Champs.

Il ne doute de rien. Il se moque de tout. Hugo publie *Les Orientales* en 1829 ? Musset gribouille à dix-neuf ans les *Contes d'Espagne et d'Italie*. C'est ironique et espiègle. Et c'est bourré de talent.

Quand il écrit – à dix-huit ans – sa chanson de *Venise*, qu'on voudrait citer en entier, il ne connaît pas l'Italie. Il la voit à travers *Marino Faliero* ou

Childe Harold de Byron et *Le Marchand de Venise* ou *Othello* de Shakespeare :

> *Dans Venise la rouge,*
> *Pas un bateau qui bouge,*
> *Pas un pêcheur dans l'eau,*
> *Pas un falot.*
> [...]

> *Tout se tait, fors les gardes*
> *Aux longues hallebardes*
> *Qui veillent aux créneaux*
> *Des arsenaux.*
> [...]

> *Comptons plutôt, ma belle,*
> *Sur ta bouche rebelle,*
> *Tant de baisers donnés...*
> *Ou pardonnés.*

> *Comptons plutôt tes charmes,*
> *Comptons les douces larmes*
> *Qu'à nos yeux a coûté*
> *La volupté!*

Et tout le monde connaît la *Ballade à la lune* :

> *C'était, dans la nuit brune,*
> *Sur le clocher jauni,*
> *La lune,*
> *Comme un point sur un* i.

*Lune, quel esprit sombre
Promène au bout d'un fil,
Dans l'ombre,
Ta face et ton profil ?*

L'année d'après – il a à peine vingt ans –, il s'essaie au théâtre. *La Nuit vénitienne* est un four. Son échec l'écarte de la scène. Refusant de se « livrer aux bêtes », il ne l'affrontera plus, il dit « adieu à la ménagerie » et il publiera ses comédies dans la *Revue des Deux Mondes*. *Les Caprices de Marianne*, *Fantasio*, *On ne badine pas avec l'amour*, *Lorenzaccio*, *Le Chandelier*, *Il ne faut jurer de rien*, *Un caprice* seront ainsi imprimés au lieu d'être joués.

La *Revue des Deux Mondes* et son directeur, le bon Buloz, jouent un rôle décisif dans la vie de Musset. A peu près vers l'époque où Alfred confie à son frère Paul : « Je sens qu'il me manque encore je ne sais quoi. Est-ce un grand amour ? Est-ce un malheur ? Peut-être les deux... », Buloz organise un dîner où il invite George Sand et Alfred de Musset. Musset, déjà encombré d'aventures qui n'avaient pas toujours bien tourné, s'embrase pour la dame aux cigares et au teint olivâtre. On connaît déjà la suite : Venise, le délire, Pagello, la tasse de thé, la rupture baignée de larmes et la passion qui ne parvient ni à chanter ni à se taire [1]. Dans la vie du pauvre Alfred dont le cœur est brisé, il y a l'avant-Venise et l'après-Venise. Et, entre les deux, quelque chose de nouveau et de très étrange pour un page insolent : la souffrance.

---

1. Voir *Une autre histoire de la littérature française*, tome I, pp. 209-212.

Ce qui va sortir de cette souffrance, c'est un roman ardent et oublié : *La Confession d'un enfant du siècle*, où un tableau de la génération qui succède à l'Empire – celle-là même que dépeint Stendhal, en France ou en Italie, dans *Le Rouge et le Noir* ou dans *La Chartreuse de Parme* – se mêle à une autobiographie déguisée. Et puis, des quatre *Nuits*, avec leurs dialogues, sublimes pour les uns, franchement tartes pour les autres, entre le poète et sa muse, à *L'Espoir en Dieu* et au *Souvenir*, ce sont les grands morceaux passionnés et lyriques qui ont eu leur heure de gloire, que tous les écoliers ont jadis sus par cœur et à qui Rimbaud et le surréalisme ont donné un coup de vieux :

Rien ne nous rend si grand qu'une grande douleur !

Et :

L'homme est un apprenti, la douleur est son maître.
Et nul ne se connaît tant qu'il n'a pas souffert.

Et encore, l'apaisement et l'oubli ayant fini par venir :

Le mal dont j'ai souffert s'est enfui comme un rêve.
Je n'en puis comparer le lointain souvenir
Qu'à ces brouillards légers que l'aurore soulève
Et qu'avec la rosée on voit s'évanouir.

Un jour, plusieurs années après la rupture définitive, Musset retourne à Fontainebleau où il a été heureux avec George – comme Lamartine, vingt ans plus tôt, était retourné au lac du Bourget retrouver l'image de Julie Charles et comme Hugo retourne dans la vallée de la Bièvre où le rejoignait Juliette Drouet. Le thème du poème de Musset est le même que celui du *Lac* de Lamartine ou que celui de la *Tristesse d'Olympio*. Mais les circonstances sont bien différentes : Julie Charles n'est pas revenue sur les bords du lac où l'attend Lamartine parce qu'elle est en train de mourir ; l'amour, sinon fidèle, du moins constant et heureux, se poursuit entre Victor et Juliette ; il n'y a qu'Alfred et George pour avoir rompu leurs serments. N'importe. Contrairement aux âmes sombres qui cultivent l'amertume :

> *Dante, pourquoi dis-tu qu'il n'est pire misère*
> *Qu'un souvenir heureux dans les jours de douleur ?*

Musset finit par trouver le pardon et la paix :

> *Un souvenir heureux est peut-être sur terre*
> *Plus vrai que le bonheur.*

Éclatent alors à nouveau les grandes orgues, les torrents de la passion malheureuse, acceptée, transfigurée et sereine :

> *Voyez : La lune monte à travers les nuages.*
> *Ton regard tremble encore, belle reine des nuits,*
> *Mais du sombre horizon déjà tu te dégages*
> *Et tu t'épanouis.*
> [...]
>
> *La foudre maintenant peut tomber sur ma tête,*
> *Jamais ce souvenir ne peut m'être arraché.*

Comme le matelot brisé par la tempête,
Je m'y tiens attaché.

Je me dis seulement : « A cette heure, en ce lieu,
Un jour, je fus aimé, j'aimais, elle était belle. »
J'enfouis ce trésor dans mon âme immortelle
Et je l'emporte à Dieu.

Le sort de Musset est un peu cruel : il est le poète de la jeunesse, et la jeunesse le renie et se détourne de lui. Trop éloquente, trop facile, sa poésie a vieilli. Il faut pourtant se souvenir que ce romantique s'est démarqué des romantiques, qu'il a été un rebelle, qu'il ne s'est jamais laissé embrigader et qu'il a fait ce qui lui plaisait sans le moindre souci des convenances et sans crainte du scandale. Il a été un homme libre et, dans ses *Lettres de Dupuis et de Cotonet,* comme dans ses dialogues entre Dupont et Durand, il est drôle, vif, indépendant. Il se moque des pleurards et des rêveurs de la nuit, il défend Molière, il lui arrive de prendre le parti de Boileau et il se range du côté de la Grèce :

Je suis un citoyen de tes siècles antiques.

Et, surtout, d'un bout à l'autre de sa carrière poétique si brève – l'essentiel de son œuvre est concentré sur une dizaine d'années à peine, entre 1830 et 1838 ou 1840 –, il écrit des chansons qui tournent encore dans notre mémoire et des vers d'une mélancolie et d'une gaieté merveilleuses :

A Saint-Blaise, à la Zuecca,
Vous étiez, vous étiez bien aise,
A Saint-Blaise.

A Saint-Blaise, à la Zuecca
Nous étions bien là.

Ou la *Chanson de Fortunio* :

Si vous croyez que je vais dire
Qui j'ose aimer,
Je ne saurais pour un empire
Vous la nommer.

Ou la ravissante *Chanson de Barberine* :

Beau chevalier qui partez pour la guerre,
Qu'allez-vous faire
Si loin d'ici ?
Voyez-vous pas que la nuit est profonde
Et que le monde
N'est que souci ?
[...]

Beau chevalier qui partez pour la guerre,
Qu'allez-vous faire
Si loin de nous ?
J'en vais pleurer, moi qui me laissais dire
Que mon sourire
Était si doux.

De temps en temps aussi, au milieu de ces choses légères – qui vont parfois, avec *Gamiani*, jusqu'à l'érotisme le plus torride – et de ces torrents de larmes, Musset laisse tomber de sa plume, avec négligence, avec désinvolture, et comme par distraction, quelques-uns des plus beaux vers de cette langue qu'il aimait tant. Il y a souvent chez lui des accents qui, je ne sais pourquoi, me déchirent le cœur :

> *Il se fit tout à coup le plus profond silence*
> *Quand Georgina Smolen se leva pour chanter.*

Hein ! Est-ce assez beau ? Qui est Georgina Smolen ? Je l'ignore. Mais c'est un monde évanoui qui ressuscite sous nos yeux. Et toutes les passions du cœur se pressent derrière ces mots si simples.

Il y a un Musset, en tout cas, qui n'a pas besoin d'indulgence parce qu'il triomphe sans peine : c'est le Musset du théâtre. Musset n'a jamais cessé d'être hanté par la scène. Il devient l'amant de Rachel, la sublime Rachel, qui, à dix-sept ans, fait triompher Corneille et Racine à la barbe de Hugo, l'amie de Chateaubriand – « Quel malheur, mademoiselle, lui dit René, de voir une chose si belle quand on va mourir. – Mais, monsieur le vicomte, lui répond-elle, il y a des hommes qui ne meurent pas » – et de tant d'autres, émerveillés par sa grâce et son génie. On a pu dire de Musset sans exagération excessive qu'il était notre Shakespeare, en miniature du moins. Et de tout le théâtre romantique, c'est le sien qui reste le plus vivant.

Vous vous souvenez pourtant qu'il avait renoncé à faire jouer ses pièces à la suite de l'échec complet de *La Nuit vénitienne* à l'Odéon en décembre 1830. Et qu'il faisait imprimer ses comédies qui étaient d'autant plus jeunes et plus libres qu'elles étaient affranchies de toute nécessité scénique. La scène se passe en Italie, en Bavière, en Hongrie, et même « où l'on voudra », et la fantaisie la plus débridée ne cesse jamais d'y régner.

De longues années plus tard, il se produisit quelque chose d'amusant et même d'assez touchant. Une comédienne française, Mme Allan-Despréaux, assista à Saint-Pétersbourg à la représentation d'une pièce russe en un acte intitulée *L'esprit féminin vaut mieux que tous les raisonnements*, dont le rôle principal était interprété par une actrice de ses amies, Alexandra Michailowna Karatyguina. Mme Allan fut tellement enchantée de la pièce et du rôle qu'elle voulut faire traduire la petite pièce en français. A son grand étonnement, elle apprit qu'une telle démarche n'était pas nécessaire pour la bonne raison que la pièce en russe était elle-même une traduction, que la comédie originale était écrite en français – et dans quel français ! –, qu'elle s'appelait *Un caprice*, qu'elle était de M. Alfred de Musset et qu'elle avait paru, dix mois avant d'être traduite en russe, dans la *Revue des Deux Mondes*. Le 27 novembre 1847, Mme Allan joua pour la première fois *Un caprice* à la Comédie-Française dont François Buloz – ah ! l'ombre de George Sand... – venait d'être nommé administrateur. Quelques mois plus tard, c'était justice, naissait une liaison entre l'auteur et son interprète.

Un caprice fut un triomphe. Le public émerveillé découvrait ce soir-là avec dix-sept années de retard que le romantisme avait donné au théâtre français un grand auteur dramatique.

Le théâtre de Musset se présente, selon la formule

de Kléber Haedens, « comme le chant cruel et meurtrier de la jeunesse et de l'amour ». Des fantoches d'une cocasserie irrésistible, comme dame Pluche, ou le Baron, père de Perdican, ou maître Blazius, son gouverneur, ou le curé Bridaine, traversent étourdiment le parc enchanté où des jeunes gens se croisent et se décroisent. Perdican, Octave, Célio, Fortunio, Valentin et Camille, Marianne ou Jacqueline se désirent et se déchirent sans pouvoir ni se quitter ni s'aimer. La nuit, les jardins, les fontaines, les capes et les mouchoirs font un décor féerique à ces ombres au cœur battant, dévorées par l'orgueil et par la jalousie, et qui meurent de désespoir.

Le pouvoir, la débauche, la cruauté, une fantaisie qui touche parfois au délire règnent sur le théâtre de Musset où l'imagination romantique se mêle au goût classique. Le seul salut est l'amour : « Tous les hommes sont menteurs, inconstants, faux, bavards, hypocrites, orgueilleux ou lâches, méprisables et sensuels ; toutes les femmes sont perfides, artificieuses, vaniteuses, curieuses ou dépravées, [...] mais il y a au monde une chose sainte et sublime, c'est l'union de deux de ces êtres si imparfaits et si affreux. »

L'amour lui-même... Sa folie est de croire qu'il va se confondre avec le bonheur. Il n'a de sens que par lui-même et dans un instant immortel : « On est souvent trompé en amour, souvent blessé et souvent malheureux ; mais on aime, et quand on est sur le bord de sa tombe on se retourne pour regarder en arrière et on se dit : J'ai souffert souvent, je me suis trompé quelquefois, mais j'ai aimé. »

La fin de la vie de Musset n'est pas gaie. Dans ses quinze dernières années, il n'écrit presque plus rien. Il a une liaison avec Louise Colet, la collectionneuse – vous rappelez-vous ? – de Cousin, de Vigny, de Flaubert [1]. Et il boit. Dans son édition de 1867, l'ineffable Grand Larousse, qui indiquait déjà à l'article *Bonaparte* : « Général français, né à Ajaccio le 15 août 1769, mort à Saint-Cloud le 18 brumaire 1799 », note, après de longues colonnes mi-figue, mi-raisin, que « plongé dans un découragement profond, enfoncé dans la débauche, ne produisant plus rien, s'abandonnant de plus en plus aux habitudes dégradantes qui engourdissaient son cœur et paralysaient ses brillantes facultés, Musset est élu à l'Académie française en 1852 ».

A son enterrement au Père-Lachaise, en 1857, il y eut à peine trente personnes pour suivre le cercueil de celui qui avait incarné l'audace, l'élégance, la révolte, tous les délires de la jeunesse et de l'amour.

> *Mes chers amis, quand je mourrai*
> *Plantez un saule au cimetière.*
> *J'aime son feuillage éploré,*
> *La pâleur m'en est douce et chère*
> *Et son ombre sera légère*
> *A la terre où je dormirai.*

Lit-on encore ce rebelle rattrapé par la souffrance, ce dandy abattu et brisé par la vie ? Je ne sais

---

1. Voir *Une autre histoire de la littérature française*, tome I, p. 215.

pas. Mais personne ne l'oublie. L'image de ce gamin si insolent et si gai qui fond soudain en larmes et qui les mêle aux rires est dans le cœur de chacun d'entre nous. Nous ne le lisons peut-être plus, mais nous l'aimons comme un frère.

ZOLA

(1840-1902)

Une épopée physiologique et sociale

Il semble qu'Émilie Aubert, fille de petits artisans beaucerons, ait été très belle. Lorsque François Zola, un ingénieur italien, ancien lieutenant passé, en Algérie, dans la Légion étrangère, rencontre Émilie, il tombe amoureux d'elle et il l'épouse. Le ménage s'installe à Aix-en-Provence où François est chargé de la construction d'un canal et d'un barrage. Les travaux ont à peine commencé que François meurt. Il laisse – situation que nous connaissons – un fils âgé de sept ans.

Émile Zola mène une vie heureuse en Provence, où il se lie avec un garçon qui s'appelle Paul Cézanne, et une vie malheureuse à Paris, où sa mère est engagée dans des procès contre les associés de son mari. « Être pauvre à Paris, écrira-t-il plus tard, c'est être pauvre deux fois. » Quand il échoue au baccalauréat, il renonce aux études. Il cherche du travail – et n'en trouve pas. Ce sont des années difficiles. Il finit par entrer chez Hachette, où il rencontrera Taine et Littré, dont il admire le travail systématique et rigoureux et l'effort pour « classer scientifiquement les matières ». Il rencontre aussi une jeune femme qui devient sa maîtresse et, cinq ans plus tard, sa femme : Alexandrine Meley.

Grâce d'abord à Cézanne, qui fait son portrait, il se lie avec un certain nombre de peintres, dont Manet, qui le peindra aussi, et Monet. Il se lance dans le journalisme. Il écrit des articles. Il publie des textes de critique littéraire et de critique d'art : *Mes haines* et *Mon Salon*.

L'avènement de l'Empire libéral permet la parution de nouveaux journaux, moins favorables au régime. Zola prend des positions de plus en plus hostiles à l'Empire. C'est aussi l'époque où, combattues avec violence chez lui et à l'étranger, les idées de Darwin commencent à se répandre. Et à l'influence de Taine et de Littré s'ajoute, sur Zola, celle de Claude Bernard qui formule les lois de l'expérimentation biologique. Liberté et progrès d'un côté, science, hérédité, milieu, système, expérimentation de l'autre : voilà l'atmosphère qui règne dans les milieux intellectuels d'avant-garde vers la fin de l'Empire. Elle mènera Zola vers le réalisme et vers ce qu'on a appelé le naturalisme. En quoi consiste le fameux naturalisme qui a été au centre de tant de querelles et qui oscille entre les grisettes au bras des canotiers dans les guinguettes des bords de Seine et les grèves des mineurs du Nord ? En un mot comme en mille, il s'agit d'appliquer au cœur humain les méthodes des sciences expérimentales et de subordonner la vieille psychologie à la physiologie. « Notre héros, écrit Zola, n'est plus le pur esprit, l'homme abstrait du XVIIIe siècle, il est le sujet physiologique de notre science actuelle, un être qui est composé d'organes et qui trempe dans un milieu dont il est pénétré à chaque heure. » Ce que veut faire Zola, c'est peindre « des bonhommes physiologiques évoluant sous l'influence des milieux ».

Cette théorisation expérimentale n'est pas du goût de tout le monde. Tout l'*establishment* conservateur y est naturellement hostile. Mais de grands esprits s'y opposent aussi avec force. Nietzsche résume avec brutalité l'ambition de Zola : « Le plaisir de puer... » Et Dostoïevski n'est pas plus tendre : « J'ai pris Zola – et je n'ai pu qu'à grand-peine lire une telle laideur. Et l'on nous crie que Zola est une célébrité, un astre du réalisme... »

Au-delà de ces critiques, la grandeur de Zola est de faire passer dans son œuvre monumentale « à peu près l'état contemporain du savoir », selon la formule de Michel Serres, et d'apporter à ce travail de titan à la fois les fruits d'une très large expérience politique et sociale, acquise notamment dans le journalisme, et aussi et surtout le concours décisif d'un souffle romantique et d'un tempérament épique. La théorisation naturaliste serait partielle et courte sans ce souffle épique qui emporte tant de pages de Zola. Il est bien conscient lui-même de la force de son imagination et de sa capacité à insuffler la vie. Sa définition de l'art en témoigne : « Une œuvre d'art est un coin de création vu à travers un tempérament. » L'important dans la formule est le mot *à travers*.

Avant même l'immense édifice mythique des *Rougon-Macquart*, Zola donne deux romans dont il faut dire quelques mots. Le premier est *La Confession de Claude*.

Dans les années difficiles, quand il logeait dans un hôtel meublé sordide du Quartier latin, il avait fait « l'expérience de l'amour réel » avec une fille publique du nom de Berthe. *La Confession de Claude* est inspirée de l'aventure avec Berthe. L'autre roman est *Thérèse Raquin*, histoire d'un couple d'assassins. Oscillant entre l'étude physiologique et une hantise qui prend des proportions mythiques, il constitue le premier succès littéraire de Zola.

Mais la grande affaire, c'est les *Rougon-Macquart*, « histoire naturelle et sociale d'une famille sous le Second Empire ». Une fois tracé le plan d'ensemble, une vingtaine d'ouvrages se suivront sans discontinuer, au rythme régulier d'un volume par année. C'est une énorme entreprise, menée d'une main de fer. Le septième volume, *L'Assommoir*, roman de l'alcool et de l'ivrognerie, connaît un succès retentissant qui fait de Zola un chef d'école. Le huitième, *Une page d'amour*, qu'il traite lui-même de « verre de sirop », et de romance « un peu popote », « nuance cuisse-de-nymphe », est, à mon sens, un des livres les plus forts et les plus touchants de Zola. *Nana*, histoire d'une courtisane de dix-huit ans, pourrie par une vérole qui symbolise la corruption de la fin de l'Empire, *Pot-Bouille*, roman de la petite bourgeoisie, *Au bonheur des dames*, roman du grand commerce et des grands magasins qui se développent à cette époque, *Germinal*, histoire d'une grève des mineurs du Nord et de « la lutte du capital et du travail », *La Bête humaine*, roman noir des chemins de fer et de « la mort dans l'amour », connaissent, en leur temps et encore aujourd'hui, des tirages considérables. Les œuvres de Zola en livre de poche dépassent les dix millions d'exemplaires.

Autour de Zola, chef d'école célèbre et riche, se réunissent, dans sa maison de Médan, sur la Seine, près de Paris, les Jeunes-Turcs du naturalisme. Et notamment cinq écrivains qui publient, autour de Zola, un célèbre recueil de nouvelles : *Les Soirées de Médan*. Les cinq écrivains s'appellent Paul Alexis, Henri Céard, Léon Hennique, J.-K. Huysmans et Guy de Maupassant – appelé à un bel avenir.

Le naturalisme triomphe en France et à l'étranger. Les livres de Zola sont traduits un peu partout. A un correspondant qui lui demande où lui écrire, Zola répond avec une naïve suffisance : « Il suffit de mettre sur une enveloppe : *Émile Zola, France*, pour que cela arrive. » Problèmes, épreuves et crises se succèdent pourtant. Sa mère meurt. Flaubert meurt. Zola, épuisé par la rédaction de *Nana* et qui souffre de « douleurs nerveuses abominables », est « idiot de chagrin ». De jeunes écrivains s'opposent à lui avec violence. Certains de ses disciples le quittent. Huysmans passe du naturalisme à l'idéalisme mystique. Zola poursuit son travail et l'explique dans des ouvrages théoriques : *Le Roman expérimental, Les Romanciers naturalistes, Le Naturalisme au théâtre.*

Un bel été, les Zola – Émile et Alexandrine – partent pour Royan où ils ont loué une villa. Alexandrine a engagé une lingère, Jeanne Rozerot. Elle est jeune et belle. Émile tombe amoureux d'elle. Une longue liaison commence, d'abord ignorée d'Alexandrine, puis acceptée par elle. Jeanne donnera deux enfants à Émile : Denise et Jacques. Émile installe Jeanne rue Saint-Lazare à Paris et, l'été, dans une maison près de Médan. Il vit la situation dans le déchirement, mais dans la joie. A sa mort, Alexandrine s'occupera des deux enfants et leur donnera le nom de Zola.

L'histoire d'Émile Zola n'est pas encore terminée. Il est une notabilité du monde littéraire. Il prononce des discours aux obsèques de Maupassant, d'Edmond de Goncourt, d'Alphonse Daudet. Léon Daudet lui décrit la dégradation du capitaine Dreyfus dans la cour de l'École militaire, le 5 janvier 1895. Zola mettra plusieurs années pour passer de la sympathie à l'indignation et de l'indignation à la révolte. Il publie d'abord des articles dans *Le Figaro* où il dénonce les campagnes de presse contre la République et les juifs. Mais il n'est pas encore convaincu de l'innocence de Dreyfus et il ne s'engage pas totalement. Le 11 janvier 1898, le commandant Esterhazy est acquitté à l'unanimité. Le 13 janvier, Émile Zola publie dans *L'Aurore* sa célèbre lettre adressée au président de la République : *J'accuse*. Elle lui apporte, en quelques pages et en quelques heures, une gloire plus grande encore que l'imposant édifice des *Rougon-Macquart*.

La lettre avait été proposée au *Figaro* qui l'avait refusée. Zola y attaquait nommément de hautes personnalités civiles et militaires. Deux procès contre lui entraînent sa condamnation à des amendes et à des peines de prison. Il quitte la France pour l'Angleterre. Il est rayé de la Légion d'honneur. Quatre années plus tard – quatre ans avant la réhabilitation de Dreyfus –, rentré en France, il meurt à Paris, victime d'une asphyxie sans doute accidentelle, mais dont on a soutenu qu'elle était d'origine criminelle. Six ans après sa mort, les cendres de Zola sont transférées au Panthéon.

L'immense fresque des *Rougon-Macquart* achevée, Zola avait encore eu le temps d'entreprendre deux grandes séries : *Les Trois Villes – Lourdes, Rome, Paris –* et *Les Quatre Évangiles – Fécondité, Travail, Vérité,* le quatrième volet, *Justice,* restant inachevé.

La faiblesse de Zola, aujourd'hui, est ce qui faisait, hier, sa force et sa nouveauté : le parti pris scientifique – ou pseudo-scientifique –, le côté roman à thèse, la manie expérimentale, l'esprit systématique. Zola lui-même, qui était bon critique, disait : « Je ne suis pas un archéologue, je ne suis qu'un artiste. Je regarde et j'observe pour créer, non pour copier. Ce qui importe, ce n'est pas l'exactitude pédante des détails, c'est l'impression synthétique. » « L'impression synthétique » que laissent les romans de Zola, c'est la puissance irrésistible d'un souffle épique indifférent aux systèmes et aux étiquettes et qui réussit à « trouver l'homme sous l'homme et, sous chacun de ses désirs, le monde entier qui rêve ». « Le penchant au mythe, écrit Thomas Mann à propos de Zola, hausse son univers jusqu'au surnaturel. »

MALLARMÉ

(1842-1898)

Gloire du long désir, Idées

Le père de Mallarmé – qui, refrain connu, perd sa mère à cinq ans – était conservateur des hypothèques à Sens. Et lui-même entrera – « premier pas dans l'abrutissement » – comme surnuméraire chez un receveur de l'Enregistrement. Bientôt, après son mariage à Londres avec une gouvernante allemande de sept ans son aînée, il deviendra professeur d'anglais à Tournon, à Besançon, à Avignon et enfin à Paris, dans des classes de Fontanes, de Condorcet, et de Janson. Voilà. C'est tout. On dirait de Mallarmé qu'il réduit sa vie à presque rien pour tout donner à la poésie. « Pour moi, écrit-il, le cas d'un poète, en cette société qui ne lui permet pas de vivre, c'est le cas d'un homme qui s'isole pour sculpter son propre tombeau. »

Mallarmé était un causeur merveilleux. A Paris, rue de Rome où il habitait, il recevait tous les mardis des admirateurs et des amis de plus en plus nombreux, parmi lesquels Verhaeren, Maeterlinck, Whistler, Odilon Redon, Henri de Régnier, Marcel Schwob, Pierre Louÿs, Paul Valéry, André Gide, Paul Claudel, et bien d'autres encore, sur qui son influence sera considérable. Il écrivait dans *Le Parnasse contemporain*, mais aussi dans *La Dernière Mode*, revue mondaine dont il rédige pratiquement seul les huit numéros. Il publiera *Les Mots anglais*, « petite philologie à l'usage des classes et du monde ». Tout le reste, y compris ses traductions des *Poèmes* d'Edgar Poe, est une longue réflexion poétique et métaphysique sur le langage et sur la création littéraire. Il est, selon ses propres mots, « un littérateur pur et simple » pour qui « la littérature existe seule » et qui répond à une enquête célèbre de Jules Huret sur l'évolution littéraire que « le monde est fait pour aboutir à un beau livre ».

Aux yeux de Mallarmé, le poète, sans descendre, bien entendu, aux avantages matériels dont il ne peut même pas être question, ne doit penser ni au public ni à la gloire littéraire. La notoriété est à peu près aussi méprisable que l'argent. Pendant plus de quarante ans, malgré des poèmes déjà dignes d'admiration, le nom de Mallarmé restera presque inconnu. Et puis, coup sur coup, une quinzaine d'années avant sa mort, deux écrivains vont le citer dans leurs ouvrages et contribuer à le rendre presque célèbre : Verlaine, dans *Les Poètes maudits*, où Rimbaud et lui apparaissent avec éloges ; et surtout Huysmans, dans *A Rebours*, où les œuvres de Mallarmé figurent, aux côtés de celles de Pétrone, d'Apulée ou de Baudelaire, dans la bibliothèque du personnage principal, Jean des Esseintes, à la recherche de sensations nouvelles et toujours plus raffinées et de stimulants artificiels, aussi éloignés que possible de la nature. Mallarmé, en échange, donnera sous le titre, obscur pour le profane, de *Prose pour des Esseintes*, son art poétique de l'hermétisme sacré :

Car j'installe, par la science,
L'hymne des cœurs spirituels
En l'œuvre de ma patience,
Atlas, herbiers et rituels.
[...]

Gloire du long désir, Idées,
Tout en moi s'exultait de voir
La famille des iridées
Surgir à ce nouveau devoir.
[...]

L'enfant abdique son extase
Et docte déjà par chemins
Elle dit le mot : Anastase!
Né pour d'éternels parchemins.

Pendant de longues années, Mallarmé travaille à deux grandes pièces : *Hérodiade*, qui restera toujours à l'état de fragments, et *L'Après-midi d'un faune*, qui inspirera Debussy :

Ces nymphes, je les veux perpétuer...

A l'extrême fin de sa vie, un an avant sa mort, il publie, dans une disposition typographique radicalement nouvelle et qui fait elle-même partie intégrante du poème, une pièce apparemment étrange et déconcertante d'audace : *Un coup de dés jamais n'abolira le hasard.* Entre-temps, paraîtront, entourées de mystère et d'une sorte de terreur sacrée, *Divagations*, texte en prose sur la nature de la poésie, et surtout toute une série de *Poésies* dont plusieurs sont dans toutes les mémoires, comme *Apparition* :

> La lune s'attristait. Des séraphins en pleurs
> Rêvant, l'archet aux doigts, dans le calme des fleurs
> Vaporeuses, tiraient de mourantes violes
> De blancs sanglots glissant sur l'azur des corolles.
> – C'était le jour béni de ton premier baiser.
> Ma songerie aimant à me martyriser
> S'enivrait savamment du parfum de tristesse
> Que même sans regret et sans déboire laisse
> La cueillaison d'un rêve au cœur qui l'a cueilli.

Ou encore *Brise marine*, *Toast funèbre*, à la mémoire de Gautier, et le célèbre *Tombeau d'Edgar Poe* :

> Tel qu'en lui-même enfin l'éternité le change
> Le poète suscite avec un glaive nu
> Son siècle épouvanté de n'avoir pas connu
> Que la mort triomphait dans cette voix étrange.
>
> Eux, comme un vil sursaut d'hydre oyant jadis l'ange
> Donner un sens plus pur aux mots de la tribu,
> Proclamèrent très haut le sortilège bu
> Dans le flot sans honneur de quelque noir mélange.
> [...]
>
> Calme bloc ici-bas chu d'un désastre obscur,
> Que ce granit au moins montre à jamais sa borne
> Aux noirs vols du blasphème épars dans le futur !

Bien au-delà du mystificateur abscons, intraduisible même en français selon la formule de Jules Renard, que voient en lui ceux qui s'étonnent et s'indignent de l'absence dans ses vers à la fois de tout sujet et de tout objet, Mallarmé est un esthète métaphysique, et peut-être une sorte d'Orphée précieux, idéaliste et sacré qui joue avec l'absence, refuse les lieux communs et substitue aux passions et aux orages de la littérature romantique et classique une pure forme exaspérée qui tend vers le silence et vers l'évanescence :

Aboli bibelot d'inanité sonore...

Le langage est tout pour lui, comme il était tout pour Malherbe, pour Scève aussi peut-être, l'auteur, au XVIe siècle, d'une *Délie* magnifique et obscure, et comme il sera tout pour Valéry. Sa désarticulation, y compris dans la typographie, le recrée et l'épure. Mallarmé, selon sa propre formule, se condamne à « l'absence de signification pour signifier davantage ». Afin de garder à la poésie son caractère hiératique et pour éloigner le vulgaire, il se réfugie dans la blancheur, dans la cristallisation, dans l'hyperbole, dans ce qu'on a pu appeler « un réseau de métaphores » : « Toute chose sacrée et qui veut demeurer sacrée s'enveloppe de mystère. Les religions se retranchent à l'abri d'arcanes dévoilés au seul prédestiné : l'art a les siens. »

L'essence, le rêve, l'idée surgissent alors du chaos informe de la réalité : « Je dis : une fleur ! et... musicalement se lève, idée même et suave, l'absente de tous bouquets. » Loin de la médiocrité quotidienne, toute la poésie de Mallarmé est une aspiration à autre chose qui refuse la réalité.

> *Le Vierge, le Vivace et le bel aujourd'hui*
> *Va-t-il nous déchirer avec un coup d'aile ivre*
> *Ce lac dur oublié que hante sous le givre*
> *Le transparent glacier des vols qui n'ont pas fui !*
>
> *Un cygne d'autrefois se souvient que c'est lui*
> *Magnifique mais qui sans espoir se délivre*
> *Pour n'avoir pas chanté la région où vivre*
> *Quand du stérile hiver a resplendi l'ennui.*
>
> *Tout son col secouera cette blanche agonie*
> *Par l'espace infligée à l'oiseau qui la nie,*
> *Mais non l'horreur du sol où le plumage est pris.*
>
> *Fantôme qu'à ce lieu son pur éclat assigne,*
> *Il s'immobilise au songe froid de mépris*
> *Que vêt parmi l'exil inutile le Cygne.*

La limite de cet effort qui exige tant de gloses et d'exégèses est évidemment le néant. A force de s'avancer dans l'indicible et dans l'incommunicable, le poète est guetté par le silence et la stérilité que traduisent et induisent tant d'images de blancheur, de neige, de givre et de gel. Dans ce combat désespéré contre le langage, peut-être le mieux est-il encore de se laisser aller, au-delà de tout symbolisme et de toutes les interprétations, au charme de quelques-uns des poèmes, au bord de l'ineffable, de ce gigantesque miniaturiste –

telle cette évocation d'une chevelure qui coiffe une tête aimée :

> Comme un casque guerrier d'impératrice enfant
> Dont pour te figurer il tomberait des roses

ou ce ravissant *Éventail de Mademoiselle Mallarmé* :

> Ô rêveuse, pour que je plonge
> Au pur délice sans chemin,
> Sache, par un subtil mensonge,
> Garder mon aile dans ta main.
>
> Une fraîcheur de crépuscule
> Te vient à chaque battement
> Dont le coup prisonnier recule
> L'horizon délicatement.
>
> Vertige ! voici que frissonne
> L'espace comme un grand baiser
> Qui, fou de naître pour personne,
> Ne peut jaillir ni s'apaiser.
> [...]
>
> Le sceptre des rivages roses
> Stagnants sur les soirs d'or, ce l'est
> Ce blanc vol fermé que tu poses
> Contre le feu d'un bracelet.

Entre hermétisme et préciosité, engagé sans concession dans un désengagement de la banalité quotidienne, aux prises avec un langage et des mots qui ne sont plus seulement les clairs instruments de la réalité mais les introducteurs obscurs au royaume des idées, Mallarmé est le père tranquille d'une littérature hautaine, difficile, exigeante. Il l'est avec éclat, avec une sorte de génie. Il ouvre le chemin à un avenir d'ésotérisme qui ne sera pas toujours digne de son passé et de son maître incomparable.

VERLAINE

(1844-1896)

Un publicain en larmes
tout au fond de l'église

Verlaine est un Socrate qui boirait de l'absinthe au lieu de boire la ciguë. C'est Diogène amoureux d'une étoile au fond de son tonneau où grouillent les vers et les crapauds. C'est une âme religieuse qui pousse un peu trop loin le goût de l'abjection. Il est tendre, violent, barbu, souvent ignoble, et il est couvert de toutes les larmes du repentir et de la piété. Il pourrait être russe. C'est le plus grand poète français d'après Borges, qui s'y connaissait en poésie.

> *Il pleure dans mon cœur*
> *Comme il pleut sur la ville ;*
> *Quelle est cette langueur*
> *Qui pénètre mon cœur ?*
>
> *Ô bruit doux de la pluie*
> *Par terre et sur les toits !*
> *Pour un cœur qui s'ennuie*
> *Ô le chant de la pluie !*
> *[...]*

> *C'est bien la pire peine*
> *De ne savoir pourquoi*
> *Sans amour et sans haine*
> *Mon cœur a tant de peine !*

Et encore cette *Chanson d'automne*, entrée dans la mémoire collective pour avoir servi de message dans les années du chagrin et de l'espérance :

> *Les sanglots longs*
> *Des violons*
>   *De l'automne*
> *[...]*

> *Et je m'en vais*
> *Au vent mauvais*
>   *Qui m'emporte,*
> *Deçà, delà,*
> *Pareil à la*
>   *Feuille morte.*

Le vent mauvais a beaucoup emporté Paul Verlaine, né à Metz, on s'en fiche un peu, d'un père lieutenant du génie, puis capitaine, qui était fils de notaire, et d'une mère qui s'appelait Élisa et que son fils, tendre et câlin, tentera d'étrangler plus d'une fois. Il écrit, en vers impairs de cinq pieds :

> *Un grand sommeil noir*
> *Tombe sur ma vie :*
> *Dormez, tout espoir,*
> *Dormez, toute envie !*

Je ne vois plus rien,
Je perds la mémoire
Du mal et du bien...
Ô la triste histoire !

Je suis un berceau
Qu'une main balance
Au creux d'un caveau
Silence, silence !

Pierre Brunel souligne que le premier poème de Verlaine paraît dans une publication qui porte le nom édifiant de *Revue du progrès moral*. Un an plus tard, la revue est saisie – sous le Second Empire, il est vrai – pour outrage à la morale. « Ce paradoxe pourrait être pris comme emblème d'une alliance des contraires. [...] La douceur s'allie à la violence. L'ordure s'allie à la pureté. » Comme beaucoup d'écrivains, Verlaine est un oxymoron vivant.

Que fait-il, l'oxymoron vivant ? A quoi s'occupe-t-il, ce cœur qui s'écœure et qui pleure sans raison ? Il apprend à lire, il passe son bac, il fait du droit, il occupe un poste à l'Hôtel de Ville et il fréquente des salons où il rencontre des poètes – Baudelaire, Mallarmé, Heredia, mais surtout Catulle Mendès, Sully Prudhomme, François Coppée – et une jeune fille, Mathilde. En été 1870, la guerre éclate. Paul épouse Mathilde et s'engage dans la garde nationale.

Il a déjà publié ses *Poèmes saturniens* :

Souvenir, souvenir, que me veux-tu ? L'automne
Faisait voler la grive à travers l'air atone,

Et le soleil dardait un rayon monotone
Sur le bois jaunissant où la brise détone.

Nous étions seul à seule et marchions en rêvant,
Elle et moi, les cheveux et la pensée au vent.
Soudain, tournant vers moi son regard émouvant :
« Quel fut ton plus beau jour ? » fit sa voix d'or vivant...

ses *Fêtes galantes* et, à Bruxelles, sous le manteau, dissimulé sous un pseudonyme, *Les Amies, scènes d'amour saphique*, qui reparaîtront, vingt ans plus tard, en tête de *Parallèlement*, au titre éloquent. Et, auprès de Mathilde, il compose *La Bonne Chanson* :

La lune blanche
Luit dans les bois ;
De chaque branche
Part une voix
Sous la ramée...

Ô bien-aimée.

L'étang reflète,
Profond miroir,
La silhouette
Du saule noir
Où le vent pleure...

Rêvons, c'est l'heure.

Un vaste et tendre
Apaisement

Semble descendre
Du firmament
Que l'astre irise...

C'est l'heure exquise.

C'est aussi à peu près l'époque où, après la mort de son père, puis celle d'une cousine, appelée Élisa comme sa mère et qu'il aimait tendrement, il se met à boire avec fureur. Il manque, une fois de plus, c'est une manie, de tuer sa mère. Il brutalise sa femme qui attend un enfant. Alors débarque à Paris, au lendemain de la Commune, un « Satan adolescent » avec une figure d'ange. Il a dix ans de moins que Verlaine. Il s'appelle Arthur Rimbaud.

Ni la naissance de Georges ni la publication de *La Bonne Chanson* ne suffisent à retenir Verlaine auprès de sa femme. Quatre mois après l'arrivée de Rimbaud à Paris, Mathilde quitte son mari, et Paul s'installe avec Arthur rue Campagne-Première.

Commence alors, entre Charleville, Paris, la Belgique, l'Angleterre, une cavalcade d'enfer. Verlaine et Rimbaud se séparent, se rejoignent, se séparent encore, se retrouvent enfin à Bruxelles. Le 10 juillet 1873, Verlaine tire sur Rimbaud, qui menace de le quitter, deux coups de revolver qui blessent légèrement l'adolescent de dix-huit ans. Verlaine est arrêté, condamné à deux ans de prison, incarcéré à Bruxelles, puis à Mons.

Mathilde se sépare définitivement de Paul; lui abjure ses erreurs, se repent et communie en prison : *Romances sans paroles*, *Sagesse* et *Jadis et Naguère* sont les fruits éclatants de la crise. Présidé par Anatole France, le *Parnasse contemporain* refuse les vers d'un « auteur indigne ».

Les tribulations de l'auteur indigne ne sont pas terminées. Il part enseigner en Angleterre. Il revient à Rethel, comme professeur chez les jésuites. C'est à Rethel qu'il se prend d'attachement pour un de ses élèves dont on a dit, par euphémisme, qu'il était peu doué : Lucien Létinois, le fils un peu arriéré de paysans ardennais. Congédié par les jésuites, il emmène le jeune garçon en Angleterre avant de s'installer avec lui dans une ferme des Ardennes.

L'exploitation de la ferme est un désastre. Le jeune homme part pour le service militaire et meurt bientôt de la typhoïde dans les bras de Verlaine éperdu. *Amour* sortira de ce chagrin profond pendant que *Les Poètes maudits* révéleront au grand public des inconnus comme Rimbaud, comme Mallarmé, comme Tristan Corbière qui écrit des vers naïfs et charmants :

> *Elle était riche de vingt ans,*
> *Moi j'étais jeune de vingt francs,*
> *Et nous fîmes bourse commune,*
> *Placée à jours perdus dans une*
> *Infidèle nuit de printemps...*

et que *L'Art poétique*, en vers de neuf pieds, constituera comme le manifeste de la nouvelle poésie :

> *De la musique avant toute chose,*
> *Et pour cela préfère l'impair*

Plus vague et plus soluble dans l'air,
Sans rien en lui qui pèse ou qui pose.

Le délicat poète n'a pas renoncé à tabasser sa mère ni à tenter de l'étrangler. Il la tabasse même si fort qu'on le renvoie en prison, pour trois mois, à Vouziers. La course à l'abîme s'accélère. Il s'installe à Paris dans un coin sordide de la rue Moreau, intitulé pompeusement hôtel du Midi. Mais il passe déjà le plus clair, ou le plus sombre, de son temps à l'hôpital Broussais. Il n'a même plus besoin de taper sur sa mère : elle meurt d'elle-même, et elle le laisse dans l'indigence la plus sinistre et dans une misère morale et physique.

Sa mère disparue, sa femme remariée avec un autre au bout d'une douzaine d'années, Rimbaud on ne sait où et bientôt mort à son tour, Verlaine oscille entre le vagabondage et la célébrité. On commence à connaître et à aimer son œuvre. On l'imprime, on le lit, les jeunes gens acclament son nom. Il se présente à l'Académie au fauteuil de Taine et il est élu Prince des poètes en remplacement de Leconte de Lisle. Et il traîne de café en banquet et de conférence en hôpital entre deux créatures dont les noms font rêver et dont on aimerait parler plus longuement : Eugénie Krantz et Philomène Boudin.

Un jour d'hiver, rongé par la misère et l'alcool, on le retrouve mort dans sa chambre de la montagne Sainte-Geneviève. Une foule d'écrivains, de poètes, d'étudiants accompagne son cercueil de Saint-Étienne-du-Mont au cimetière des Batignolles où Mallarmé, Moréas, Barrès, François Coppée parleront sur sa tombe.

Ivrogne, voyou, assassin de ses amours, converti et relaps, Verlaine a écrit quelques-uns des plus beaux vers de notre langue millénaire :

J'arrive tout couvert encore de rosée
Que le vent du matin vient glacer à mon front.
Souffrez que ma fatigue à vos pieds reposée
Rêve des chers instants qui la délasseront.

Sur votre jeune sein laissez rouler ma tête
Toute sonore encore de vos derniers baisers;
Laissez-la s'apaiser de la bonne tempête
Et que je dorme un peu puisque vous reposez.

Et encore ceci, écrit de la prison des Petits-Carmes, à Bruxelles, avant sa conversion :

Le ciel est, par-dessus le toit,
Si bleu, si calme!
Un arbre, par-dessus le toit,
Berce sa palme.
[...]

Mon Dieu, mon Dieu, la vie est là,
Simple et tranquille
Cette paisible rumeur-là
Vient de la ville.

Qu'as-tu fait, ô toi que voilà,
Pleurant sans cesse,
Dis, qu'as-tu fait, toi que voilà,
De ta jeunesse?

Verlaine, ce n'est pas le temps de la guerre avant le temps de la paix ni le calme après la tempête. C'est, du début à la fin, indissolublement mêlés, le calme et la tempête, la guerre et la paix, la sagesse et la folie, l'abjection et la piété. Il est, du même souffle, la faute et le repentir. « S'il n'avait point péché, écrit André Suarès, il ne se fût pas repenti ; s'il n'avait point été tant déchu, il n'eût pas élevé si haut sa prière : c'était son destin de vivre dégradé pour revivre dans le plus bel amour, qui est la sphère de la poésie. » Et Paul Claudel, toujours dur et toujours fort : « Il fut le publicain dans le coin le plus sale de l'église et le pécheur en larmes qui avoue. Dans ses meilleurs poèmes qui, il faut le reconnaître, ne sont pas nombreux, on a l'impression rare, non pas d'un auteur qui parle, mais d'une âme que l'auteur ne réussit pas à empêcher de parler. »

LAUTRÉAMONT

(1846-1870)

Le maître des écluses

> *Ni les attraits des plus aimables Argentines*
> *Ni les courses à cheval dans la pampa*
> *N'ont le pouvoir de distraire de son spleen*
> *Le consul général de France à La Plata!*

Ainsi chantait dans ses *Cartes postales*, vers la fin du siècle dernier, Henry Jean-Marie Levet dont le nom ne figure ni dans le *Larousse*, ni dans le *Robert*, ni dans le dictionnaire encyclopédique *Hachette* et qui a pourtant écrit sur de lointains horizons quelques vers délicieux. Quarante ou cinquante ans plus tôt, le chancelier du consulat de France, non pas à La Plata, mais à Montevideo, en Uruguay, sur l'estuaire du Rio de La Plata, s'appelait M. Ducasse. C'était un aventurier reconverti dans la diplomatie. C'était aussi un coureur de femmes et un dandy plein de charme. M. Ducasse avait un fils affublé du prénom, assez lourd à porter, d'Isidore.

La vie à Montevideo, au temps de l'enfance d'Isidore, était plutôt difficile. Les adversaires de Juan Manuel de Rosas, qui faisait peser une poigne de fer sur l'Argentine, s'étaient réfugiés, de l'autre côté du Rio de La Plata, à Montevideo. Le dictateur les pourchasse et investit la ville. Les premiers souvenirs d'Isidore sont liés à la guerre et au blocus d'une ville assiégée.

L'enfant était vif, intelligent et sauvage. Il aimait les mathématiques. Puissants en Uruguay, les jésuites s'occupèrent de lui et le mirage de Polytechnique se mit à briller sur les bords exotiques du Rio de La Plata. Sur le conseil de ses maîtres, M. Ducasse père décida d'envoyer Isidore poursuivre ses études en France.

Après deux mois de traversée, Isidore Ducasse débarqua à Bordeaux. Il avait neuf ans. On l'inscrivit au lycée impérial de Tarbes, qu'il quitta quelques années plus tard pour entrer en rhétorique au lycée de Pau. C'était, à cette époque, « un grand garçon tout mince, le teint pâle, les cheveux blonds tombant en travers sur le front, d'ordinaire triste et silencieux, et comme replié sur lui-même ». Il monte à Paris où il a l'intention, comme Stendhal, de se présenter à Polytechnique. Il a encore quelques années à peine, ou plutôt quelques mois, à vivre avant de mourir à vingt-quatre ans. Trente-cinq ou quarante ans plus tôt, un autre génie, qui a laissé un nom dans les mathématiques, Évariste Galois, se faisait tuer en duel à l'âge de vingt et un ans pour une femme qu'il n'aimait pas. Isidore Ducasse, plus connu sous le nom de comte de Lautréamont, est l'Évariste Galois de notre littérature : il meurt bien plus jeune que Giorgione, qui disparaît à trente-trois ans après avoir révolutionné la peinture vénitienne, et à peine plus vieux que Radiguet qui passe comme un météore dans le ciel des années folles.

A Pau, Isidore Ducasse avait subi l'influence d'un professeur qui comptera dans sa vie autant que Georges Izambard dans celle de Rimbaud, et qui s'appelait Gustave Hinstin. Il y aurait un beau livre à écrire sur les maîtres des grands écrivains. A Tarbes et à Pau, il avait découvert Homère, Sophocle, Dante, Rabelais et Milton. Tout naturellement, il se mettra à écrire, dans le sillage d'Homère ou de Milton, non pas des sonnets, des ballades ou des romans historiques, mais des chants où le lyrisme se mêle à l'épopée. A Paris, où il se fixe après un bref retour à Montevideo, il ne connaît personne, à l'exception du banquier qui est chargé de lui verser chaque mois la pension paternelle et qui s'appelle Darasse. En été 1868, à ses frais, anonymement, il fait paraître le premier des *Chants de Maldoror*.

Nous savons qu'il envoie la plaquette à Victor Hugo et que le poète lui répond – mais la lettre est perdue. Nous savons aussi qu'il habite, dans le quartier de la Bourse, au 23 de la rue Notre-Dame-des-Victoires. Malraux l'imagine en train de scandaliser ses voisins par son tapage nocturne et ses bruyantes beuveries. Il semble, au contraire, qu'il ait mené une vie calme et retirée. « Au reste, écrit-il à Darasse, je suis chez moi à toute heure du jour. » Que fait-il ? Il écrit. Au bout d'un an, il achève ce qu'il appelle son « sacré bouquin » et il signe les cinq autres *Chants de Maldoror*, dont la sombre violence semble l'épouvanter lui-même, du nom de « comte de Lautréamont ».

En 1837, Eugène Sue, le futur auteur des *Mystères de Paris* et du *Juif errant*, avait fait paraître un ouvrage intitulé : *Latréaumont*. Il est plus que probable – le déplacement d'une seule voyelle suffit – que c'est l'origine du pseudonyme choisi par Isidore Ducasse. En 1869, un Belge du nom de Lacroix, qui venait de fonder, boulevard Montmartre, la *Librairie internationale*, publie intégralement, mais à Bruxelles, *Les Chants de Maldoror*.

Les Chants de Maldoror sont une épopée de la violence, de la dérision et de la haine : « Lecteur, c'est peut-être la haine que tu veux que j'invoque dans le commencement de cet ouvrage ! » L'ouvrage, d'un bout à l'autre, est une Apocalypse romantique, ironique et savante de la provocation et du mal. Elle sort de Milton et de Dante, elle annonce *Le Paysan de Paris* d'Aragon et le surréalisme : « Les magasins de la rue Vivienne étalent leurs richesses aux yeux émerveillés. Éclairés par de nombreux becs de gaz, les coffrets d'acajou et les montres en or répandent à travers les vitrines des gerbes de lumière éblouissante. Huit heures ont sonné à l'horloge de la Bourse. [...] Où sont-ils passés, les becs de gaz ? Que sont-elles devenues les vendeuses d'amour ? Rien... La solitude et l'obscurité. Une chouette, volant dans une direction rectiligne et dont une patte est cassée, passe au-dessus de la Madeleine, et prend son essor vers la barrière du Trône, en s'écriant : " Un malheur se prépare. " Or, dans cet endroit que ma plume (ce véritable ami qui me sert de compère) vient de rendre mystérieux, si vous regardez du côté par où la rue Colbert s'engage dans la rue Vivienne, vous verrez, à l'angle formé par le croisement de ces deux voies, un personnage montrer sa silhouette et diriger sa marche légère vers les boulevards. [...] Il est beau comme la rétractilité des serres des oiseaux rapaces ; ou encore comme l'incertitude des mouvements musculaires dans les plaies des parties molles de la région cervicale postérieure ; ou plutôt comme ce piège à rats perpétuel, toujours retendu par l'animal pris, qui peut prendre seul des rongeurs indéfiniment, et fonctionner même caché sous la paille ; et surtout comme la rencontre fortuite sur une table de dissection d'une machine à coudre et d'un parapluie. »

Au caractère si nouveau et si insolite de ces fulgurations, pleines pourtant d'innombrables références qui vont d'Homère et des tragiques grecs jusqu'à Eugène Sue et à Ponson du Terrail, se joignent une fureur blasphématoire contre « l'Éternel à face de vipère » et une rhétorique où se mêlent sans cesse grandiloquence et humour. « Cela ne manquerait pas de gaieté, tranche Laurent Tailhade dès 1906, si le verbe n'en était à la fois incorrect et apocalyptique, Ézéchiel chez la portière, Néhémias traduit par madame Gibout. » Je ne sais pas qui est Mme Gibout, mais on comprend ce que veut dire Laurent Tailhade. Le tout est entrecoupé de formules dans le style de la Bible : « Alors, je levai les yeux [...] et j'entendis [...] et je vis [...] » et de refrains récurrents : « Je te salue, vieil océan [...]. Vieil océan, aux vagues de cristal, tu ressembles proportionnellement à ces marques azurées que l'on peut voir sur le dos meurtri des mousses ; tu es un immense bleu appliqué sur le corps de la terre. J'aime cette comparaison [...]. Je te salue, vieil océan ! »

Combiné avec des lectures immenses et un sens critique échevelé et très sûr, le goût de la faune et du bestiaire tient une place considérable chez Lautréamont. *Les Chants de Maldoror* grouillent d'animaux fantastiques. Quelque chose d'inédit apparaît soudain dans le firmament familier et jusqu'alors répétitif de la littérature traditionnelle. Le romantisme s'achève avec Lautréamont dans sa propre dérision et dans le piétinement et les spasmes d'une catastrophe linguistique. André Breton n'hésite pas à le saluer comme un précurseur : « C'est au comte de Lautréamont qu'incombe peut-être la plus grande part de l'état de choses poétique actuel, entendez la révolution surréaliste. » Et Gide ne s'y trompe pas : « Il est avec Rimbaud, plus que Rimbaud peut-être, le maître des écluses pour la littérature de demain. »

Nous ne sommes pas au bout de nos surprises. Quelques mois à peine plus tard, Lautréamont écrit à l'éditeur Verbroekhoven, associé à Lacroix : « Vous savez, j'ai renié mon passé, je ne chante plus que l'espoir. » Comme pour mieux enfoncer le clou, il confie à Darasse : « J'ai complètement changé de méthode, pour ne chanter exclusivement que l'espoir. » Et, renonçant à son pseudonyme, il publie ses *Poésies* à Paris sous le nom d'Isidore Ducasse.

Les *Poésies* après *Les Chants de Maldoror*, c'est la palinodie après l'explosion et le retour ironique aux valeurs traditionnelles après la fureur de la destruction. Le style reste le même, mais les intentions sont inversées : « Je remplace la mélancolie par le courage, le doute par la certitude, le désespoir par l'espoir, la méchanceté par le bien, les plaintes par le devoir, le scepticisme par la foi, les sophismes par la froideur du calme et l'orgueil par la modestie. »

Et voici ce que donne ce programme de salubrité

publique et de moralisation : « Allez, la musique. Oui, bonnes gens, c'est moi qui vous ordonne de brûler, sur une pelle rougie au feu, avec un peu de sucre jaune, le canard du doute aux lèvres de vermouth qui, répandant dans une lutte mélancolique entre le bien et le mal des larmes qui ne viennent pas du cœur, sans machine pneumatique fait partout le vide universel. [...] Il paraît beau et sublime, sous prétexte d'humilité ou d'orgueil, de discuter les causes finales, d'en fausser les conséquences stables et connues. Détrompez-vous, parce qu'il n'y a rien de plus bête ! Renouons la chaîne régulière avec les temps passés. [...] Depuis Racine, la poésie n'a pas progressé d'un millimètre. Elle a reculé. Grâce à qui ? Aux Grandes-Têtes-Molles de notre époque. Grâce aux femme-lettes, Chateaubriand, le Mohican-Mélancolique ; Senancour, l'Homme-en-Jupon ; Jean-Jacques Rousseau, le Socialiste-Grincheux ; Anne Radcliffe, le Spectre-Toqué ; Edgar Poe, le Mameluck-des-Rêves-d'Alcool ; [...] George Sand, l'Hermaphrodite-Circoncis ; Théophile Gautier, l'Incomparable-Épicier ; Leconte, le Captif-du-Diable ; Goethe, le Suicidé-pour-Pleurer ; Sainte-Beuve, le Suicidé-pour-Rire ; Lamartine, la Cigogne-Larmoyante ; Lermontov, le Tigre-qui-Rugit ; Victor Hugo, le Funèbre-Échalas-Vert ; Mickiewicz, l'Imitateur-de-Satan ; Musset, le Gandin-sans-Chemise-Intellectuelle, et Byron, l'Hippopotame-des-Jungles-Infernales. [...] Toute l'eau de la mer ne suffirait pas à laver une tache de sang intellectuelle. »

On n'a pas fini de s'interroger sur le retournement de Lautréamont. Mystification ? Conversion –

sincère ou sans lendemain ? Simple jeu littéraire ? Preuve manifeste de démence ? Léon Bloy et Remy de Gourmont ont soutenu que Lautréamont était fou. Verlaine refuse de le faire figurer parmi ses *Poètes maudits*. Philippe Soupault, s'étonnant de ses déménagements perpétuels à la fin de sa vie – il passe du 23 rue Notre-Dame-des-Victoires au 32 faubourg Montmartre, du 32 faubourg Montmartre au 15 rue Vivienne, et du 15 rue Vivienne au 7 faubourg Montmartre –, émet l'hypothèse que Lautréamont était un révolutionnaire lié au grand mouvement qui aboutit à la Commune de Paris. La seule chose qui est sûre, c'est qu'emportant avec lui le secret de ses révoltes et de ses mystifications il meurt le 24 novembre 1870, à 8 heures du matin, au 7 faubourg Montmartre, « sans autres renseignements », précise l'acte de décès. Après un service religieux à Notre-Dame-de-Lorette et en attendant la fosse commune, il est enterré le lendemain dans une concession temporaire au cimetière du Nord.

Il avait vingt-quatre ans. Il avait fait subir à la littérature comme un tremblement de terre d'une violence inouïe et d'une nouveauté radicale. Il avait semé dans l'avenir des décombres ambigus. Il laissait derrière lui *Les Chants de Maldoror*, les *Poésies* qui contredisent *Les Chants de Maldoror* et six lettres à son banquier et à ses éditeurs.

MAUPASSANT

(1850-1893)

Un rayon de pitié
sur la noirceur du monde

Longtemps, je me suis imaginé, à tort m'assure-t-on, que Maupassant était le fils de Flaubert. J'ai des excuses : ils se ressemblent ; ils s'aiment tendrement : la mère de Maupassant est la sœur d'Alfred Le Poittevin, l'ami le plus intime de Flaubert avant Louis Bouilhet et Maxime Du Camp ; et elle se sépare de son mari à une époque où leur fils Guy est encore tout enfant. Le petit Guy est très vigoureux et il tire fierté de sa force. Il court à travers les grèves et les champs de Normandie.

Vingt ans en 1870. Il fait la guerre. La paix revenue, il occupe des postes médiocres dans différents ministères où il s'ennuie à mourir. Il préfère vivre dans la gaieté sur les rives de la Seine où il va canoter en compagnie de gandins de sa trempe et de demoiselles de petite vertu. C'est l'atmosphère des guinguettes du bord de l'eau que nous retrouverons chez les peintres de l'époque, qui sont souvent ses amis, et dans ses propres nouvelles.

Il rit, il blague, il conte fleurette, il fait étalage de

sa force physique. Il a aussi un maître qui l'a pris en main à la demande de sa mère et qui ne lui passe pas grand-chose : c'est Flaubert. Nous connaissons déjà la lettre merveilleuse du maître à son disciple : « Trop de putains ! trop de canotage ! trop d'exercice ! Oui, monsieur, il *faut*, entendez-vous, jeune homme, il *faut* travailler plus que ça. Tout le reste est vain [...] ; foutez-vous cela dans la boule [1]. »

Maupassant doit presque tout à Flaubert : des conseils, une esthétique, ses relations – et Zola. Il se met à écrire dans les journaux à un rythme soutenu, notamment dans *Le Gaulois* et dans *Gil Blas* où il traite de tous les sujets de l'actualité politique et littéraire, et où il apprend surtout à connaître de l'intérieur la vie des salles de rédaction. Il se rend à Médan, sur les bords de la Seine, dans la maison de Zola, chef de l'école naturaliste, à qui Flaubert l'a présenté. Quand le groupe des Cinq – qui sont six avec Zola – décide de publier *Les Soirées de Médan*, Maupassant contribue au recueil avec *Boule-de-Suif* qui connaît un énorme succès.

Comme presque tous les prosateurs de cette époque, Maupassant écrit des vers. Être écrivain, en ces temps-là, consistait d'abord à être poète. Au XIXᵉ, le roman est à la poésie ce que le cinéma est aujourd'hui – ou était hier – au roman : un genre, sinon inférieur, du moins plus populaire, moins exigeant, plus capable aussi d'assurer vite le succès. Dédiés à Gustave Flaubert, les vers de Maupassant, poète naturaliste, sont pleins de chevilles et de maladresses, mais ils ne sont

---

1. Voir *Une autre histoire de la littérature française*, tome I, pp. 221-222.

pas méprisables. Ils peignent le paysage de canotiers et de filles qui est celui de sa vie et qui sera celui de ses nouvelles :

> *Quelque matin, sous l'arbre où nous nous rencontrâmes,*
> *On nous ramassera tous deux, au bord de l'eau.*
> *Nous serons emportés au fond d'un lourd bateau,*
> *Nous embrassant encore aux secousses des rames.*
> *Puis on nous jettera dans quelque trou caché*
> *Comme on fait aux gens morts en état de péché.*
> *Mais alors, s'il est vrai que les ombres reviennent,*
> *Nous reviendrons tous deux sous les hauts peupliers*
> *Et les gens du pays, qui longtemps se souviennent,*
> *En nous voyant passer l'un à l'autre liés,*
> *Diront en se signant et l'esprit en prière :*
> *« Voilà le mort d'amour avec sa lavandière. »*

Après le journalisme et la poésie, des tentatives de théâtre. Après le théâtre, un roman historique, assez vite abandonné. Ce n'est guère avant trente ans que, fort du succès de *Boule-de-Suif*, Maupassant se décide à fausser compagnie à l'administration et à se tourner vers les nouvelles et vers le roman où il introduira avec une puissance incomparable le culte féroce du petit fait vrai, ses expériences de fêtard ou de chasseur, le spectacle de la vie à Paris ou dans la campagne normande, une psychologie cruelle et vécue de l'amour.

Entre sa conversion au romanesque et les premiers symptômes graves de la maladie qui devait finir par l'emporter, il s'écoule une dizaine d'années. En dix ans, de 1880 à 1890, au rythme hallucinant de trois, et parfois quatre, volumes par année, il édifie une œuvre considérable dont le succès est immense. Six romans : *Une vie*, le premier en date, *Bel-Ami* où revivent, notamment dans le personnage de Georges Duroy, les souvenirs de ses expériences de journaliste, *Mont-Oriol*, *Pierre et Jean*, *Fort comme la mort*, *Notre cœur* ; seize volumes de nouvelles, dont plusieurs sont universellement célèbres, telle *La Maison Tellier*, histoire d'une première communion à la campagne où se rendent, avec une fraîcheur naïve, les pensionnaires d'une maison de tolérance ; plusieurs chroniques de voyage, notamment le long des côtes de la Méditerranée et en Corse sur son yacht *Bel-Ami* : *Au soleil*, *Sur l'eau*, *La Vie errante*.

Le moindre détail lui suffit pour faire jaillir la vie d'une description rapide, d'un dialogue savoureux. Un soir d'été, un chagrin de jeune fille, les relations de deux amis, une rencontre imprévue, une simple ficelle – et l'enchantement surgit d'une avalanche de notations précises et meurtrières. L'œil du naturaliste finit par le céder à une émotion de poète, toujours contrôlée et contenue avec un art suprême.

Nous avons déjà souligné son expérience du journalisme et des mufleries d'un certain milieu parisien. La chasse aussi est pour Maupassant un domaine privilégié qui nourrira tout un volume : *Les Contes de la bécasse*. Les paysages et le langage de sa Normandie natale tiennent une grande place dans les nouvelles regroupées dans *Clair de lune*, dans *Les Sœurs Rondoli*, dans *La Bête à Maît' Belhomme*. Et puis l'amour, évidemment.

Quel amour ? Moins la passion romantique, violente et partagée, traversée par l'histoire et ses obstacles funestes, que les horreurs des amours quotidiennes et médiocres. Les historiens nous assurent que Maupassant n'a pas connu de passion dévorante. Il a accumulé les liaisons passagères. L'auteur de *Bel-Ami* est le héros de l'amour physique et le symbole – faut-il dire tragique ? – des aventures sans lendemain.

La gloire tombe sur Maupassant. Ce n'est pas une gloire de mauvais aloi. Il se méfie de la grande presse, des indiscrétions en forme de compromis, de la publicité facile qu'on appelle alors la réclame. Il cache plutôt ses aventures. Il ne répand pas ses portraits. Il se fait une haute idée de son statut d'artiste. Il n'en surveille pas moins de très près ses tirages et ses droits d'auteur. La littérature fait sa fortune.

En même temps que la fortune, une autre fée, mauvaise, se penche sur son destin. Le sportif, le chasseur, le canotier des bords de Seine est miné par un mal obscur.

Il n'oublie pas que son frère Hervé est mort fou à trente-trois ans. A ses troubles physiques, à ses névralgies incessantes se joignent un trouble croissant, une lassitude, des obsessions, bientôt des hallucinations. Le travail accablant auquel il s'est livré, ses prouesses sexuelles, les drogues dont il a abusé pour lutter contre ses souffrances n'arrangent pas la santé du sportif abattu. Sur plusieurs de ses nouvelles fantastiques, notamment *Le Horla*, souffle un vent de folie. Commence, dans des alternatives de rémission et de délire, la lente descente vers l'enfer.

Quand il tente de s'ouvrir la gorge avec un coupe-papier – quel symbole ! –, on est obligé de l'interner dans la clinique du docteur Blanche, celle-là même où

Nerval, une quarantaine d'années plus tôt, était déjà passé. Il souffre mort et passion, dans une succession de longues périodes d'inconscience et de crises violentes qui exigent parfois l'horreur de la camisole de force. Le martyre dure dix-huit mois au terme desquels meurt le colosse qui avait tant aimé les filles, les grands boulevards, la chasse, les bords de Seine et l'eau.

Élève de Flaubert, disciple de Zola, poète du réalisme et d'un naturalisme qu'il courbe vers l'impressionnisme cher à ses amis peintres, Maupassant reste, dans notre littérature, le maître de la nouvelle. D'un pessimisme radical, sans aucun espoir d'au-delà, sans grand espoir ici-bas, il peint avec une sensibilité frémissante les bonheurs si furtifs et les secrètes misères de notre vie quotidienne. Il y a, au Metropolitan Museum de New York, un beau tableau de Manet, intitulé *Sur l'eau*. Il représente une barque avec deux personnages : une femme mystérieuse sous une voilette, un bellâtre en tricot de corps. L'eau monte jusqu'au bord supérieur du tableau. Il n'y a pas d'image plus exacte ni plus suggestive de l'art de Maupassant, peintre lui-même de l'eau, des guinguettes, des relations brutales et des amours passagères. Nous le lisons encore parce que son style lumineux jette un rayon de pitié sur la noirceur du monde.

RIMBAUD

(1854-1891)

Le désert de feu

Rimbaud est une légende, le mythe de notre temps et de sa jeunesse, le désert de feu de notre littérature. Il est permis de préférer, de Racine à Baudelaire ou à Aragon, de Montaigne ou de Rabelais à Proust ou à Claudel, d'autres écrivains ou d'autres poètes. Aucun n'a poussé aussi loin la double aventure de la poésie et de la vraie vie. Chez Rimbaud, l'une n'est rien sans l'autre. Il est impossible d'évoquer son œuvre sans évoquer sa fuite et son silence. Impossible aussi de parler de ses aventures sans les situer dans cet élan vers autre chose et vers l'inconnu qui est au cœur de Rimbaud le voyant. Il y a chez Rimbaud une énigme brûlante qui le met à part dans les massifs bien ordonnés du jardin de nos lettres.

Rimbaud fait entrer dans la légende la petite cité de Charleville en y naissant d'une paysanne et d'un militaire. Sa mère s'appelle Vitalie. Le capitaine disparaît. Il y a un frère aîné, Frédéric. Et deux sœurs : une autre Vitalie et Isabelle.

Loin d'être un cancre réfractaire et de mépriser

les études, Rimbaud est un élève brillant. Il compose des vers latins qui ont l'honneur d'être publiés dans le *Bulletin de l'Académie de Douai*. Son professeur, Georges Izambard, le soutient et l'encourage. Il compte autant dans la vie de Rimbaud que M. Hinstin dans la vie de Lautréamont.

M. Izambard a fort à faire avec son élève : si brillant en latin, Arthur Rimbaud est un fugueur. La guerre de 70 éclate, Sedan est un désastre, le Second Empire tombe, la République revient. Arthur Rimbaud n'y tient plus : en septembre 1870, il part en train pour Paris. Il a quinze ans, et pas de billet. On ne plaisante pas, à cette époque-là, avec les titres de transport. Arthur est arrêté gare du Nord et envoyé sans autre forme de procès à la prison de Mazas. Izambard le fait libérer, mais il s'enfuit à nouveau, quelques semaines plus tard, en direction, cette fois-ci, de Charleroi et de Bruxelles où le journalisme l'attire. Il repartira encore pour Paris, juste avant la proclamation de la Commune pour laquelle il prend parti contre le conformisme bourgeois, politique et religieux.

La guerre a désorganisé le collège de Charleville. C'est une atmosphère de « grandes vacances », de désordre et de liberté. Rimbaud écrit des poèmes d'une facture encore classique, entre romantisme et symbolisme :

> *Sur l'onde calme et noire où dorment les étoiles*
> *La blanche Ophélie flotte comme un grand lys*
> [...]

C'est que les vents tombant des grands monts de Norvège
T'avaient parlé tout bas de l'âpre liberté.

Il écrit surtout à Paul Demeny, un poète de
second ordre, ami d'Izambard, les fameuses *Lettres du
voyant* où il définit le poète comme un « voleur de feu » :
« Je dis qu'il faut être voyant, se faire voyant. Le poète
se fait voyant par un long, immense et raisonné dérè-
glement de tous les sens. » Il a seize ans et il est déjà en
train de vouloir « changer le monde » et « réinventer
l'amour ».

Il découvre Verlaine dont les *Poèmes saturniens* et
les *Fêtes galantes* viennent de paraître. Il lui écrit et lui
envoie des poèmes. Verlaine, de dix ans son aîné, lui
répond et l'invite à Paris. Rimbaud reprend le train et
débarque dans la capitale avec, dans sa poche, en guise
de passeport et d'introduction, le *Bateau ivre*. C'est le
bateau qui parle, il a largué ses amarres :

Comme je descendais des fleuves impassibles,
Je ne me sentis plus guidé par les haleurs :
Des Peaux-Rouges criards les avaient pris pour cibles,
Les ayant cloués nus aux poteaux de couleurs
[...]

Et j'ai vu quelquefois ce que l'homme a cru voir
[...]

J'ai vu le soleil bas taché d'horreurs mystiques
[...)

J'ai heurté, savez-vous, d'incroyables Florides
[...]

199

Est-ce en ces nuits sans fond que tu dors et t'exiles,
Million d'oiseaux d'or, ô future Vigueur?

Mais, vrai, j'ai trop pleuré! Les Aubes sont navrantes.
Toute lune est atroce et tout soleil amer :
L'âcre amour m'a gonflé de torpeurs enivrantes.
Ô que ma quille éclate! Ô que j'aille à la mer!

Le rite de la rencontre avec l'écrivain, et surtout avec le grand écrivain, est une des tartes à la crème de notre temps. Quand il s'agit de la rencontre entre deux grands écrivains, c'est pis encore. Paul Verlaine – ou son anagramme : le « Pauvre Lelian » – est ébloui par le génie de l'Ange qui ne tarde pas à mettre à feu et à sang le Paris des « zutistes », une sorte de club littéraire fondé par Charles Cros, ou des « dîners des vilains bonhommes » où il en rajoute en matière d'insurrection contre le convenu et la « vieillerie poétique ». C'est l'époque du fameux, peut-être trop fameux, « sonnet des voyelles » qui a fait couler des flots d'encre sur un abécédaire colorié :

A noir, E blanc, I rouge, U vert, O bleu : voyelles...

De cette jeunesse et de cette beauté, de ces miracles d'insolence, de ce génie sans retenue, on sait ce qui s'ensuivra pour le « pitoyable frère », pour le mari de Mathilde, emporté par la tempête. Rimbaud cherche la vérité « dans une âme et dans un corps ».

Après les coups de feu de Bruxelles, Rimbaud achève, au fin fond des Ardennes, un « livre païen », un « livre nègre »; ce sera un ouvrage prodigieux qui marque d'une pierre noire une littérature qu'il détruit et exalte : *Une saison en enfer.*

> *A moi. L'histoire d'une de mes folies. [...]*
>
> *J'aimais les peintures idiotes, dessus de porte, décors, toiles de saltimbanques, enseignes, enluminures populaires ; la littérature démodée, latin d'église, livres érotiques sans orthographe, romans de nos aïeules, contes de fées, petits livres de l'enfance, opéras vieux, refrains niais, rythmes naïfs. [...]*
>
> *Je croyais à tous les enchantements. J'inventai la couleur des voyelles ! Je me flattai d'inventer un verbe poétique accessible à tous les sens. [...]*
>
> *J'écrivais des silences, des nuits, je notais l'inexprimable. Je fixais des vertiges. [...]*
>
> *Je m'habituai à l'hallucination simple : je voyais très franchement une mosquée à la place d'une usine, une école de tambours faite par des anges, des calèches sur les routes du ciel, un salon au fond d'un lac ; les monstres, les mystères ; un titre de vaudeville dressait des épouvantes devant moi. [...]*
>
> *Je disais adieu au monde dans d'espèces de romances.*

Beaucoup d'écrivains ont dit adieu au monde. Mais très peu sont partis. Son seul livre imprimé (sur des presses bruxelloises), Rimbaud s'en désintéresse. Il dépose un exemplaire pour Verlaine à la prison des Petits-Carmes et laisse tout le tirage chez l'éditeur où on le découvrira presque intact vers le début de ce siècle.

Du surréalisme au joli Mai 68, et au-delà, tout un pan de notre histoire, non seulement littéraire mais intellectuelle et morale, sort pourtant d'*Une saison en enfer*. Avant ou après *Une saison en enfer*, la question est discutée, Rimbaud écrira encore des poèmes qui ne seront publiés que bien des années plus tard sous le titre : *Les Illuminations*. Et puis il se tait à jamais. Toute son œuvre, dont on peut dire sans exagération qu'elle a changé, sinon le monde, du moins l'idée que s'en font les jeunes gens, a été écrite en cinq ans. Il en a vingt ou vingt et un.

L'œuvre, cependant, se poursuit en silence, en creux, en négatif. Ce qui commence, c'est une chasse spirituelle en forme d'énigme. Il refuse le monde des Blancs abrutis, la loi du travail, la vie des grandes villes. Il refuse non seulement la littérature – « L'art est une sottise » – mais le culte fossilisé du bonheur, de la justice, de la beauté :

> *Jadis, si je me souviens bien, ma vie était un festin où s'ouvraient tous les cœurs, où tous les vins coulaient.*
>
> *Un soir, j'ai assis la Beauté sur mes genoux. – Et je l'ai trouvée amère. – Et je l'ai injuriée.*
>
> *Je me suis armé contre la justice.*
>
> *Je me suis enfoui. Ô sorcières, ô misère, ô haine, c'est à vous que mon trésor a été confié.*
>
> *Je parvins à faire s'évanouir dans mon esprit toute l'espérance humaine. Sur toute joie pour l'étrangler j'ai fait le bond sourd de la bête féroce.*
>
> *J'ai appelé les bourreaux pour, en périssant, mordre la crosse de leurs fusils. J'ai appelé les fléaux pour m'étouffer avec le sable, le sang. Le malheur a été mon dieu. Je me suis allongé dans la boue. Je me suis séché à l'air du crime. Et j'ai joué de bons tours à la folie.*
>
> *Et le printemps m'a apporté l'affreux rire de l'idiot.*

On retrouve ses traces muettes en Europe, en Asie, en Afrique. Il voyage en train, en bateau, à cheval, à pied, il est soldat et commerçant, il exerce tous les métiers, il s'engage à vingt et un ans dans l'armée hollandaise et s'embarque pour Java, où il ne tarde pas à déserter. Il passe par l'Autriche et l'Allemagne, il se rend deux fois à Chypre d'où il fuit pour cause de mort d'homme. Il s'installe à Aden, dans la maison du marchand de café Bardey, qui est toujours debout, écrasée de soleil dans un décor volcanique lumineux et sinistre et que j'ai visitée en compagnie de poètes yéménites qui gardaient son souvenir. Il repart pour Harar, en Éthiopie, il se livre au commerce du café, du musc, de l'ivoire, de l'or – on a dit, sans preuves et sans doute à tort, des esclaves. Il livre des armes au négus Ménélik. Il explore l'Ogaden. Il parle de Zanzibar. Il rêve même du Japon. Mais une tumeur au genou se déclare à Harar. Il doit rentrer en France. On l'ampute de la jambe droite. Il meurt dans le désespoir à l'hôpital de la Conception, à Marseille, d'un cancer généralisé.

En volume au moins, l'œuvre de Rimbaud est mince. Un seul de ses livres – *Une saison en enfer* – a été publié de son vivant, dans l'indifférence générale – et la sienne. Sans la moindre publicité, dans l'absence, dans le silence, la gloire pourtant le rattrape de son vivant. Sept ans avant sa mort, Verlaine parle de lui dans *Les Poètes maudits*. Deux ans plus tard, les poèmes des *Illuminations* sont publiés dans une revue. Le mythe Rimbaud se déploie très vite. Il se forge autour de la révolte, de l'énigme, de la soif d'absolu.

Appuyées sur sa correspondance, et notamment sur ses lettres à sa sœur Isabelle, les interprétations les plus contradictoires peuvent se donner libre cours. Pour Claudel, prompt à le tirer vers l'Église, « Arthur Rimbaud fut un mystique à l'état sauvage, une source perdue qui ressort d'un sol saturé ». Pour d'autres, indignés de cette annexion, il reste un révolutionnaire athée et matérialiste.

A Java, à Aden, à Harar, dans l'Ogaden, peut-être arrivait-il encore au voleur de feu, au « prophète de l'incurable négation », selon André Suarès, de se répéter les vers de ses dix-sept ans :

> *Oisive jeunesse*
> *A tout asservie,*
> *Par délicatesse*
> *J'ai perdu ma vie.*

> *Ah ! que le temps vienne*
> *Où les cœurs s'éprennent !*

Ou :

> *Elle est retrouvée*
> *Quoi ? L'Éternité.*
> *C'est la mer allée*
> *Avec le soleil.*

Ou :

> *Ô saisons, ô châteaux,*
> *Quelle âme est sans défauts ?*

> *Ô saisons, ô châteaux,*

J'ai fait la magique étude
Du bonheur que nul n'élude.

Ô saisons, ô châteaux !

Mais – puisque « Je est un autre » – peut-être pensait-il déjà de ses poèmes reniés ce qu'il dira d'eux à la fin de sa vie foudroyante : « Des rinçures. »

Des rinçures, en tout cas, qui ont ébranlé pas mal de choses et qui font rêver les jeunes gens.

RENARD

(1864-1910)

La taupe-minute

Au milieu de nos géants, Jules Renard, qui aimait tant la nature – « Et j'aurai une casquette avec ces mots en lettres d'or : Interprète de la nature » – et dont le rêve était d'« écrire pour rien de petits articles moraux dans un petit journal de la Nièvre », ressemble à quelque chose comme un nain de jardin. André Gide ne l'aimait guère : « Étrange, cette vie qui va se rétrécissant. Sa cécité à l'égard des étrangers lui permet d'admirer Rostand, G. [*serait-ce Guitry, par hasard ?*], etc. Il soigne ses étroitesses, bichonne son égoïsme, et frise au petit fer sa calvitie. » Avant d'avouer, mais du bout des lèvres et en s'en étonnant, qu'il « témoigne d'une sorte de catastrophe qui a pesé sur les écrivains de la " fin de siècle " et qui, directement ou indirectement, est à l'origine de la littérature contemporaine », Jean-Paul Sartre le traite de « moribond ». Comment leur en vouloir ? Jules Renard lui-même n'était pas tendre avec sa propre personne : « Jules Renard, ce Maupassant de poche. [...] On dira de lui qu'il était le premier des petits écrivains. »

Il est roux. Son père se suicide d'un coup de fusil dans le cœur. Sa mère tombe dans un puits – ou s'y jette, comment savoir ? Il écrit *Les Cloportes*, qu'il ne publiera pas, *L'Écornifleur*, *Poil de carotte*, portrait de lui-même, qui est un grand succès tant au théâtre qu'en volume et où figure une phrase célèbre : « Tout le monde ne peut pas être orphelin. » Deux de ses pièces sont encore jouées : *Le Plaisir de rompre* et *Le Pain de ménage*. C'est encore lui-même et son petit univers. Armé de jumelles où il regarde par le gros bout et d'un porte-voix à l'envers pour étouffer sa voix, Jules Renard, dans son jardin minuscule, creuse avec briè-veté des galeries souterraines. Son art, selon la formule de Sartre, est une rêverie-minute. Jules Renard est une taupe. Une taupe-minute.

La taupe-minute a laissé un gros livre, minuscule et immense, son *Journal*. A l'éternelle et lassante ques-tion : « Qu'emporteriez-vous à lire sur une île déserte ? » – à laquelle Marilyn Monroe avait répliqué : « Un marin tatoué » – on répondrait, bien sûr, d'une voix très assurée : la Bible, ou les *Pensées* de Pascal, ou les *Mémoires d'outre-tombe*, ou la *Correspondance* de Flau-bert, ou *A la recherche du temps perdu*. Des nourritures solides, et qui vous posent un homme. Mais s'il s'agis-sait d'une petite île vraiment déserte, sans voisin pour vous observer, et d'un temps pas trop long, on serait assez tenté d'emporter, en secret et comme par distrac-tion, le *Journal* de Jules Renard. On ne risquerait pas de s'ennuyer.

N'en déplaise à Gide et à quelques autres, c'est une petite merveille. De drôlerie, de chagrin, de cruauté, de modestie. Jules Renard est un spécialiste de la vérité prise la main dans le sac et de l'auto-destruction. Il passe les autres et lui-même au peigne fin de la dérision. On rencontre Jaurès, Antoine, Rostand, Lucien Guitry, Edmond de Goncourt, Capus, Tristan Bernard, Marcel Schwob, Alphonse Allais, et tant d'autres. Et aussi Marinette, qui est la femme de l'auteur, et Fantec et Baïe, son fils et sa fille. C'est dans les pages du *Journal* que Claudel lâche sa formule fameuse : « La tolérance, il y a des maisons pour ça. » Et toutes les pensées minuscules qui ne cessent de nous trotter par la tête et qui nous font rougir, elles sont là, noir sur blanc, lumineuses et obscures : « Ce n'est pas le tout d'être heureux, encore faut-il que les autres ne le soient pas », ou : « Pour nous punir de notre paresse, il y a, outre nos insuccès, les succès des autres. »

Jules Renard est le héros du livre dont il est l'auteur. On n'en finit pas de tourner en rond. Son *Journal*, c'est sa vie et il n'a vécu que pour son *Journal*. Comme toutes les autres d'ailleurs, la dernière phrase du *Journal* le concerne : « Je veux me lever cette nuit. Lourdeur. Une jambe pend dehors. Puis un filet coule le long de ma jambe. Il faut qu'il arrive au talon pour que je me décide. Ça sèchera dans les draps comme quand j'étais Poil de carotte. » Six semaines plus tard, il était mort. La modestie est un héroïsme.

Jules Renard est l'homme des limites volontaires, de la lucidité à tout prix et de la désillusion. C'était un neurasthénique, un grand triste. C'est évidemment pour cette raison qu'il est si amusant. Sa vie est toute petite. Et, reflet de sa vie, son *Journal* est un très grand livre. La leçon qu'il nous laisse, c'est que l'écrivain n'a pas besoin d'aventures. Il a besoin de talent.

LEBLANC

(1864-1941)

Le Cyrano de la pègre

Le roman policier ne peut pas être absent de quelque histoire de la littérature que ce soit. Une histoire de la littérature anglaise serait incomplète sans Conan Doyle et son illustre héros, Sherlock Holmes, toujours accompagné du fidèle Dr Watson. James Cain, avec *Le facteur sonne toujours deux fois*, Raymond Chandler, flanqué de Philip Marlowe qui triomphe dans *Le Grand Sommeil*, chef-d'œuvre incomparable et incompréhensible du cinéma noir, Dashiell Hammett – ah! Humphrey Bogart dans *Le Faucon maltais* –, Chester Himes ou Horace MacCoy sont de grands noms de la littérature américaine. Simenon a été comparé à Balzac par Gide, par Aymé, par Caillois. Et Voltaire avec *Zadig*, Edgar Poe avec *Le Scarabée d'or* et surtout avec *Double assassinat dans la rue Morgue*, Borges avec *Six problèmes pour don Isidro Parodi*, écrit en collaboration avec Adolfo Bioy Casares, suffisent à donner ses lettres de noblesse au roman policier.

Avec *Chéri-Bibi* et plus encore avec Rouletabille – *Le Mystère de la chambre jaune*, *Le Parfum de la dame en noir* –, Gaston Leroux aurait tout naturellement droit de cité dans une histoire de la littérature française. Peut-être aussi *Fantômas*, de Souvestre et Allain. Parce que j'ai aimé à la folie, dans mes jeunes années, le personnage à monocle, à l'écharpe blanche et au chapeau haut de forme, sorti de son imagination, j'ai l'audace, ne m'en veuillez pas je vous prie, de réserver une niche, sinon entre Bossuet et Flaubert, du moins du côté d'Eugène Sue ou de Rostand, à Maurice Leblanc.

Soutenu à ses débuts par Maupassant et par Maeterlinck, qui deviendra l'amant de sa sœur Georgette, comédienne et chanteuse, Leblanc abandonne navires et charbon qui sont les domaines de son père pour s'engager dans une littérature pyschologique à la Bourget qui ne suffirait pas, malgré l'enthousiasme de Léon Bloy, de Jules Renard ou d'Antoine, le fondateur du Théâtre libre, à le rendre immortel. Mais, en 1905, Pierre Lafitte lui demande, pour son mensuel *Je Sais Tout*, une nouvelle policière. *L'Arrestation d'Arsène Lupin* connaît un succès triomphal et marque la naissance de l'aventurier le plus étonnant et le plus attachant de la littérature populaire, en qui Jean-Paul Sartre verra un « Cyrano de la pègre ».

Leblanc s'inspire pour son Lupin d'un personnage étonnant, anarchiste et voleur, chef d'une bande qui s'intitulait « les Travailleurs de la nuit », Alexandre-Marius Jacob, qui laissait des billets aux victimes de ses incursions. Aux propriétaires d'un château imposant : « Je reviendrai lorsque vos meubles seront authentiques... » A Julien Viaud, alias Pierre Loti : « Ayant pénétré chez vous par erreur, je ne saurais rien prendre à qui vit de sa plume. Tout travail mérite salaire ! » Et il joint dix francs, en dédommagement des dégâts.

Arsène Lupin gentleman-cambrioleur, Arsène Lupin contre Herlock Sholmès, L'Aiguille creuse, 813, Le Bouchon de cristal, Les Huit Coups de l'horloge, La Comtesse de Cagliostro, La Demoiselle aux yeux verts, L'Agence Barnett et Cie... Maurice Leblanc ne peut plus échapper, malgré lui peut-être, au héros qu'il a fait naître : « Je suis le prisonnier d'Arsène Lupin. Il me suit partout. Il n'est pas mon ombre, je suis son ombre. » Il se barricade chez lui, dans sa maison de Normandie, terre d'élection de l'auteur et de son personnage, pour empêcher la créature aux innombrables visages de venir le hanter.

Avec Francis de Croisset, il portera Lupin à la scène. John Barrymore, Jules Berry, Robert Lamoureux, Georges Descrières, Jean-Claude Brialy interpréteront à l'écran le héros légendaire qui ne cesse jamais de se dissimuler sous les masques d'un prince russe, d'un grand d'Espagne, d'un chef de la Sûreté à la façon de Vidocq, et qui, poursuivi, toujours en vain, par l'inspecteur Ganimard, au nom étrangement littéraire, s'appelle successivement Paul Sernine ou don Luis Perenna. On voit bien d'où vient son succès : il incarne à la fois et en bloc nos rêves souvent contradictoires de liberté, de justice, de transgression et d'ubiquité.

Avec un personnage d'une élégance désuète et hors du temps, Maurice Leblanc réussit encore aujourd'hui à amuser son lecteur, et un esprit aussi subtil que François George contribue à entretenir le mythe d'Arsène Lupin, qui illustre mieux que personne cette gouaille ironique, sentimentale et séduisante qui est une des composantes mineures mais permanentes du caractère français.

TOULET

(1867-1920)

Parle tout bas si c'est d'amour

Toulet n'est pas un mage, un prophète, un géant, un penseur. Il se rangeait lui-même, avec Francis Carco, Tristan Derème et quelques autres, dans la famille modeste des « fantaisistes ». C'était un drogué, un habitué des terrasses de café, un promeneur des boulevards, un amateur très doué. Et, plus secret sans doute qu'on ne pourrait le supposer, un poète léger et déchirant :

> *A Londres je connus Bella,*
> *Princesse moins lointaine*
> *Que son mari le capitaine*
> *Qui n'était jamais là.*

Ou :

> *Si vivre est un devoir, quand je l'aurai bâclé,*
> *Que mon linceul au moins me serve de mystère.*

Il faut savoir mourir, Faustine, et puis se taire :
Mourir comme Gilbert en avalant sa clé [1].

La jeunesse de Paul-Jean Toulet se passe entre Pau où il naît et l'île Maurice où ses parents étaient établis. A Paris, il partage l'appartement de Curnonsky, « le prince des gastronomes », et se lie avec Toulouse-Lautrec, avec Charles Maurras, avec Léon Daudet, avec Henri de Régnier, avec Claude Debussy. Il n'a pas l'âme républicaine. Les grands sentiments l'ennuient. Le conformisme lui fait horreur. Le moralisme ne l'étouffe pas. « Nous l'aimions, écrit Léon Daudet, auteur de *Souvenirs* prodigieux, défenseur de Schwob, de Gide, de Proust, de Claudel, de Bernanos, de Céline, pour son horreur de la foule, des préjugés démocratiques, de la niaiserie diffuse et des gens importants. » Ses vers s'adressent, tout bas, à un petit nombre d'amis choisis, et à la note trop tenue, à la pompe des banquets, à l'éloquence affichée, il préfère

Le crincrin de la blague et le sistre du doute.

D'un long voyage en Extrême-Orient, il rapporte des notes d'une gaieté un peu voilée où la mélancolie le dispute à la drôlerie. Il s'enverra à lui-même des cartes postales grinçantes et des lettres douces-amères.

---

1. La légende veut que, victime d'une chute de cheval, Nicolas, Joseph, Laurent Gilbert (1750-1780), qui servit de modèle à Vigny pour son drame de *Stello* et auteur de quelques vers célèbres :

Au banquet de la vie, infortuné convive,
J'apparus un jour, et je meurs

se soit suicidé en avalant une clé.

Quand, quelques années avant sa mort, de retour dans son Béarn natal après une quinzaine d'années à Paris, il décide de se marier, cette veine d'amertume ironique ne l'a pas abandonné : « Ma famille, fatiguée de me soigner, m'a marié. [...] Moi-même, malgré mon horreur des cérémonies, je n'aurais trop rien dit, si je n'eusse pas été si directement en cause et si on ne m'avait, sous ce prétexte, fait lever à une de ces heures dont on ne voudrait même pas pour mourir. »

Toulet nous laisse des romans : *Monsieur du Paur, homme public*, *La Jeune Fille verte*, et surtout *Mon amie Nane*, irrésistible portrait d'une demi-mondaine Belle Époque, « une fille de joie et de tristesse », Hanaïs Dunois, dont la beauté et le charme n'ont d'égal que la stupidité – une stupidité que la grâce baigne de larmes et transporte jusqu'au sublime. Un des chapitres du roman porte en épigraphe le fragment d'un vers de Virgile : « *Procedit ut luna...* » ; l'auteur le traduit en ces termes : « Le visage de cette jeune fille qui s'avance ne respire pas une vive intelligence. »

Publié en volume au Mercure de France en 1905, *Mon amie Nane* parut d'abord par livraisons dans *La Vie parisienne*. A l'ombre des ombrelles mousseuses, des dernières victorias et des barrières sociales encore infranchissables qui constituent un passé plus évanoui que les temples grecs ou les pyramides égyptiennes, Hanaïs Dunois est la sœur futile et volage de Manon Lescaut, de la Périchole, de la troublante Fille aux yeux d'or, d'Albertine disparue. Écrit dans un style ironique et précieux qu'on pourrait aller parfois jusqu'à traiter de nouille, *Mon amie Nane* porte les stigmates de la mondanité parisienne aux alentours de 1900 et du salon d'Henri Gauthier-Villars, dit Willy, qui divorcera bientôt de Colette et à qui Colette et Toulet auront tour à tour servi de nègres.

Mon amie Nane est un roman du second rayon qui traîne derrière lui des admirateurs fanatiques parmi lesquels je me range. Il dépasse de loin *La Tournée du petit duc*, *Lélie, fumeuse d'opium* ou le *Bréviaire des courtisanes* dont les titres disent les ambitions et auxquels Toulet collabora aussi : « Car sa chair, où tant d'artistes et de voluptueux goûtèrent leur joie, n'est pas ce qui m'a le plus épris de Nane la bien modelée. [...] Signe écrit sur la muraille, hiéroglyphe même de la vie : en elle, j'ai cru contempler le monde. » A propos de Nane, Olivier Barbarant évoque avec justesse les lumières tremblées d'un Caillebotte, le « presque rien » et le « je ne sais quoi » d'un Jankélévitch, la fluidité complexe et instable d'un Debussy.

Mais ce qui fait la gloire de Toulet, c'est un mince volume posthume, publié quelques mois après la mort de l'auteur : *Les Contrerimes*.

Les Contrerimes sont un recueil de quelque trois cents pièces, chansons, dizains, quatrains ou coples, d'une tristesse et d'une gaieté constantes, d'une science et d'une rapidité incomparables, qui connurent longtemps un succès plutôt restreint et qui suffisent à hisser leur auteur au premier rang de nos poètes.

Là où Francis Carco fredonnait joliment :

> *Le doux caboulot*
> *Fleuri sous les branches*
> *Est, tous les dimanches,*
> *Plein de populo.*

La servante est brune,
Que de gens heureux!
Chacun sa chacune,
L'une et l'un font deux

Amoureux épris
Du culte d'eux-mêmes.
Ah! sûr que l'on s'aime
Et que l'on est gris!

Ça durera bien
Le temps nécessaire
Pour que Jeanne et Pierre
Ne regrettent rien

ou Tristan Derème, plus léger encore :

Lorsque tu étais vierge
(Le fus-tu? le fus-tu?)
Nous dînions à l'auberge
Du Caniche Poilu.

C'était une bicoque
Sous un vieux châtaignier :
Tonnelles pour églogue,
Lavoir et poulailler,

Bois sec à la muraille
Et rosiers aux carreaux.
A travers une paille
Tu suçais des sirops.

> *Guinguette au toit de chaume,*
> *Mur d'ocre éclaboussé...*
> *Un grand liseron jaune*
> *Fleurit sur le passé*

Toulet, lui, l'entendez-vous ? chante, sinon beaucoup plus fort, du moins un peu plus haut :

> *Dans Arle, où sont les Aliscamps,*
> *Quand l'ombre est rouge sous les roses,*
> *Et clair le temps,*
>
> *Prends garde à la douceur des choses*
> *Lorsque tu sens battre sans cause*
> *Ton cœur trop lourd*
>
> *Et que se taisent les colombes :*
> *Parle tout bas si c'est d'amour,*
> *Au bord des tombes*

ou :

> *D'une amitié passionnée*
> *Vous me parlez encor,*
> *Azur, aérien décor,*
> *Montagne Pyrénée,*
>
> *Où me trompa si tendrement*
> *Cette ardente ingénue*
> *Qui mentait, fût-ce toute nue,*
> *Sans rougir seulement.*

> *Au lieu que toi, sublime enceinte,*
> *Tu es couleur du temps :*
> *Neige en mars, rose au printemps...*
> *Août, sombre hyacinthe...*

On parlerait sans fin de ce poète qui demandait : « Ce que j'ai aimé le plus au monde, ne pensez-vous pas que ce soit les femmes, l'alcool et les paysages ? » et de ses télescopages meurtriers, distanciés par le temps et par les archaïsmes. Mieux vaut, j'imagine, pour votre plaisir et pour le mien, pour l'honneur de la langue française, lui laisser encore la parole :

> *Vous souvient-il de l'auberge*
> *Et combien j'y fus galant ?*
> *Vous étiez en piqué blanc :*
> *On eût dit la Sainte Vierge.*

> *Un chemineau navarrais*
> *Nous joua de la guitare.*
> *Ah! que j'aime la Navarre*
> *Et l'amour et le vin frais !*

> *De l'auberge dans les landes*
> *Je rêve, et voudrais revoir*
> *L'hôtesse au sombre mouchoir*
> *Et la glycine en guirlandes.*

Ou encore :

> *Et grave ces mots sur le sable :*
> *Les rêves de l'homme sont semblables*
> *Aux illusions de la mer.*

Ou ces vers si beaux qui pourraient rester en nous, qui l'admirons et l'aimons, comme la signature même d'un poète léger – oui, léger autant que la cendre de nos amours évanouies :

> *La vie est plus vaine une image*
> *Que l'ombre sur le mur.*
> *Pourtant l'hiéroglyphe obscur*
> *Qu'y trace ton passage*
>
> *M'enchante, et ton rire pareil*
> *Au vif éclat des armes ;*
> *Et jusqu'à ces menteuses larmes*
> *Qui miraient le soleil.*
>
> *Mourir non plus n'est ombre vaine.*
> *La nuit, quand tu as peur,*
> *N'écoute pas battre ton cœur :*
> *C'est une étrange peine.*

PÉGUY

(1873-1914)

Piétinements et ivresse de la foi

Péguy est la victime d'un hold-up historique : il a été pris en otage par le régime de Vichy. Il était socialiste, dreyfusard, plutôt anticlérical, disciple de Jaurès et de Lucien Herr, et il appartenait avec évidence au camp de ceux qui se battent jusqu'au bout : « Une capitulation, écrit-il, est essentiellement une opération par laquelle on se met à expliquer au lieu d'agir. » Charles Péguy était de ces nationalistes qui préfèrent la mort à la soumission.

Il venait d'une famille de paysans et de vignerons. Son père était menuisier. Sa mère rempaillait des chaises à l'ombre de la cathédrale d'Orléans. Son père meurt quand il a dix mois. Il est élevé par sa mère. Il obtient une bourse de l'État. Il entre à l'École normale supérieure qu'il quittera assez vite après avoir épousé la sœur, agnostique et laïque, de son ami Marcel Baudouin et avant d'échouer à l'agrégation de philosophie. Il s'installe dans une boutique du Quartier latin et fonde les *Cahiers de la Quinzaine*.

Les *Cahiers de la Quinzaine*, Péguy se donne à eux

avec fougue et, dès l'origine, il leur imprime sa marque, faite d'originalité profonde, d'obsession répétitive et de culture d'un paradoxe plus vrai et plus sérieux que le sérieux lui-même. Il attrape la grippe. Il en parle dans les *Cahiers*, ou il fait semblant d'en parler : *De la grippe*. Puis : *Encore de la grippe*. Puis : *Toujours de la grippe*. Il publie aussi des textes plus importants : *De la situation faite au parti intellectuel*, ou : *Note sur M. Bergson et la philosophie bergsonienne* – où il s'occupe de beaucoup d'autres choses, et notamment de Descartes.

Éclate alors un coup de tonnerre dont le retentissement tend aujourd'hui à nous échapper : l'empereur Guillaume II débarque à Tanger et la menace allemande s'affirme. Du coup, le socialiste pacifiste et internationaliste écrit *Notre patrie* et évolue vers le nationalisme. A peu près en même temps, autour notamment de Maritain et de son groupe, un « approfondissement » intérieur ramène le socialiste humaniste à la foi chrétienne : il passe de « la mystique de la Cité » à « la mystique du Salut ». *Le Mystère de la charité de Jeanne d'Arc*, qui reprend, en le transformant, un vieux projet de jeunesse marqué par le socialisme, unira les deux inspirations, nationale et religieuse. Péguy est dès lors un socialiste chrétien, un pacifiste nationaliste. Contre les fonctionnaires, les théologiens et l'argent, il se battra désormais à la fois pour la patrie, la révolution et le christianisme. Barrès excepté, les grands écrivains de son temps l'ignorent presque complètement. Quand il est tué sur le front de la Marne à la tête de ses soldats dans les premiers jours de la guerre, il est encore à peu près inconnu.

Aujourd'hui, reconnu, célébré, revendiqué de

tous côtés, mais souvent défiguré, Péguy est mis enfin à la place qui est la sienne : une des toutes premières. Il est d'abord un très grand prosateur et un critique remarquable. *Notre jeunesse, L'Argent, Clio* sont les instruments et les témoignages d'un combat politique et intellectuel qui n'en finit pas d'être mené en faveur du socialisme, de Dreyfus, de la mémoire historique, de la création littéraire. Dans *Victor-Marie comte Hugo*, on ne trouvera pas seulement des pages lumineuses sur Hugo et sur « Booz endormi », mais un éblouissant parallèle entre Corneille et Racine. Puisqu'il parlait beaucoup de Descartes dans sa *Note sur M. Bergson et la philosophie bergsonienne*, il parle beaucoup de Bergson dans sa *Note conjointe sur M. Descartes et la philosophie cartésienne*. Un trait dont l'évidence nous est apparue dès l'origine de ses écrits ne fait que se confirmer : le goût, la manie, la hantise de la répétition. La marque propre de Péguy est un ressassement, une sorte de rumination, une litanie perpétuelle. En vers comme en prose.

A ceux de ses contemporains qui ne se contentent pas de l'ignorer, Péguy apparaît d'abord comme un polémiste politique d'une originalité qui touche au paradoxe. Très vite, il donne la mesure de ses dons et de sa stature poétiques. Et toujours dans le même piétinement, dans la même marche du soldat ou du paysan à travers les labours :

Nous allons devant nous, les mains le long des poches,
Sans aucun appareil, sans fatras, sans discours,
D'un pas toujours égal, sans hâte ni recours,
Des champs les plus présents vers les champs les plus proches.

« Des champs les plus présents vers les champs les plus proches » : c'est le refrain de Péguy, et son art poétique. Cette obstination obsessionnelle d'un paysan accroché à sa terre et qui tourne en rond dans ses sillons peut avoir quelque chose d'irritant, qui prête à la caricature. « Ce hardi pèlerin, proteste Kléber Haedens, reste à peu près illisible. Péguy n'a jamais cessé d'écrire tout ce qui lui passait par la tête et à propos de n'importe quoi. Il est l'image même du désordre d'une pensée qui refuse tout contrôle et s'égare sur tous les chemins. » C'est vite dit. L'irritant piétinement a des vertus fascinantes. On se risquerait à parler d'un hypnotisme qui réveille. Dans la répétition, dans l'effort, dans la lenteur, voici éclater des trompettes déchirantes. Un souffle qui ne faiblit pas passe sur *Le Porche du mystère de la deuxième vertu*, sur *Le Mystère des Saints Innocents*, sur *La Tapisserie de sainte Geneviève et de Jeanne d'Arc*, sur *La Tapisserie de Notre-Dame*. Ce souffle est celui du bégaiement, de l'obstination, de l'idée fixe – *Mystère... Mystère, Tapisserie... Tapisserie* –, mais aussi de la foi. Péguy édifie, dans la répétition, un des monuments majeurs de cette poésie chrétienne française qui a déjà produit tant de chefs-d'œuvre avant lui.

Le christianisme est au cœur de toute l'œuvre de ce socialiste anticlérical. La foi est son moteur, l'espérance son ressort, la charité son royaume. C'est un christianisme où la vie d'ici-bas l'emporte d'assez loin sur les spéculations théologiques liées à la transcendance. Le christianisme de Péguy prend sa source dans le mystère de l'Incarnation : il est le poète de l'Incarnation. Comme le temporel est enraciné dans l'éternel, le spirituel, chez lui, est profondément enraciné dans le charnel. Jusqu'au quotidien le plus banal et le plus

répétitif. Et jusqu'au familier. Sautant par-dessus
l'intellectuel qu'il ne porte pas dans son cœur, Péguy
est le poète à la fois du spirituel et du charnel.

Litanie des *Tapisseries*, litanie des *Mystères*, litanie
des *Paris vaisseau de charge*, des *Paris double galère*, des *Paris
vaisseau de guerre*... Toujours la répétition et toujours le
halètement : on voit, on entend bien que Péguy ne
cesse de piétiner, de se remâcher soi-même. Mais de
tant de lourdeur jaillit, comme par miracle, une puissance pleine de grâce et presque de légèreté :

Étoile de la mer voici la lourde nef
Où nous ramons tout nuds sous vos commandements,
Voici notre détresse et nos désarmements ;
Voici le quai du Louvre, et l'écluse, et le bief.

Voici notre appareil et voici notre chef.
C'est un gars de chez nous qui siffle par moments.
Il n'a pas son pareil pour les gouvernements.
Il a la tête dure et le geste un peu bref.
[...]

S'il fallait le charger de nos pauvres vertus,
Ce vaisseau s'en irait vers votre auguste seuil
Plus creux que la noisette après que l'écureuil
L'a laissée retomber de ses ongles pointus.

Nuls ballots n'entreraient par les panneaux béants
Et nous arriverions dans la mer de Sargasse
Traînant cette inutile et grotesque carcasse
Et les Anglais diraient : Ils n'ont rien mis dedans.
[...]

Nous n'y chargerons pas notre pauvre maïs,
Mais de l'or et du blé que nous emporterons.
Et il tiendra la mer : car nous le chargerons
Du poids de nos péchés payés par votre fils.

La poésie de Péguy n'en finit pas de se plagier elle-même. Elle est, dans la splendeur, un *remake* perpétuel. Comme on pouvait s'y attendre, la « Présentation de la Beauce à Notre-Dame de Chartres » commence par les mêmes mots que la « Présentation de Paris à Notre-Dame » :

Étoile de la mer voici la lourde nappe
Et la profonde houle et l'océan des blés
Et la mouvante écume et nos greniers comblés,
Voici votre regard sur cette immense chape.
[...]

Étoile du matin, inaccessible reine,
Voici que nous marchons vers votre illustre cour,
Et voici le plateau de notre pauvre amour,
Et voici l'océan de notre immense peine.
[...]

Un homme de chez nous, de la glèbe féconde
A fait jaillir ici d'un seul enlèvement
Et d'une seule source et d'un seul portement
Vers votre assomption la flèche unique au monde.

Tour de David, voici votre tour beauceronne.
C'est l'épi le plus dur qui soit jamais monté
Vers un ciel de clémence et de sérénité
Et le plus beau fleuron dedans votre couronne.

Un homme de chez nous a fait ici jaillir,
Depuis le ras du sol jusqu'au pied de la croix,
Plus haut que tous les saints, plus haut que tous les rois,
La flèche irréprochable et qui ne peut faillir.

Il y a une ivresse de Péguy comme il y a une ivresse de Hugo. Ils sont l'un et l'autre des coureurs de fond. Il faut se laisser emporter par la houle et bercer par le charme insidieux et puissant du poète de la grâce et de la correspondance entre le charnel et le spirituel. Adressé à sainte Geneviève, la patronne de Paris, le poème, ici, se transforme en prière :

Comme elle avait gardé les moutons à Nanterre,
On la mit à garder un bien autre troupeau,
La plus énorme horde où le loup et l'agneau
Aient jamais confondu leur commune misère.
[...]

Sainte qui rameniez tous les soirs au bercail
Le troupeau tout entier, diligente bergère,
Quand le monde et Paris viendront à fin de bail,

Puissiez-vous d'un pas ferme et d'une main légère
Dans la dernière cour par le dernier portail
Ramener par la voûte et le double vantail

Le troupeau tout entier à la droite du père.

On finit par l'admirer, et peut-être par l'aimer, l'illisible pèlerin qui ne cesse jamais de mêler, sous la maladresse apparente du bégaiement et de la redondance, l'intelligence critique à la splendeur mystique. Sous l'influence sans doute de Bergson, cet homme de pesanteur et de foi est un homme de création et de liberté : « Il y a quelque chose de pire que d'avoir une mauvaise pensée. C'est d'avoir une pensée toute faite. Il y a quelque chose de pire que d'avoir une mauvaise âme et même de se faire une mauvaise âme. C'est d'avoir une âme toute faite. Il y a quelque chose de pire que d'avoir une âme même perverse. C'est d'avoir une âme habituée. »

Le moins qu'on puisse dire de Péguy, c'est qu'il n'a pas une âme habituée. Sous ses chaînes si lourdes et pourtant si légères, Péguy, poète de la limite entre le temporel et l'éternel, poète de l'Incarnation, est le poète de la liberté, de la spontanéité, du monde d'avant la faute et de la matière sans pesanteur. Témoin l'admirable début de l'immense symphonie d'*Ève*, aux accents hugoliens :

> *Ô mère ensevelie hors du premier jardin,*
> *Vous n'avez plus connu ce climat de la grâce,*
> *Et la vasque et la source et la haute terrasse,*
> *Et le premier soleil sur le premier matin.*

L'alexandrin est la respiration naturelle de Péguy. Mais quand s'abat sur lui comme un drame une passion interdite pour la jeune Blanche Raphael, c'est dans des quatrains haletants qu'il exprime son déchirement :

Cœur qui a tant rêvé,
Ô cœur charnel,
Ô cœur inachevé,
Cœur éternel.

Cœur qui a tant battu,
D'amour, d'espoir,
Ô cœur trouveras-tu
La paix du soir.

Cœur tant de fois pétri,
Ô pain du jour,
Cœur tant de fois meurtri,
Levain d'amour.

Cœur qui a tant battu
D'amour, de haine,
Cœur tu ne battras plus
De tant de peine.

Ce qu'il y a de plus grand chez Péguy, c'est la recherche de la justice et de la vérité quel que puisse en être le prix, c'est le courage dans la foi. Pas plus dans sa vie privée que dans sa vie publique, il ne cédera aux tentations de la facilité. Ce chrétien pacifiste est l'homme des batailles – et même des batailles perdues :

Femme, vous m'entendez : quand les âmes des morts
S'en reviendront chercher au fond de leurs paroisses,
Après tant de bataille et après tant d'angoisses,
Le peu qui restera de leur malheureux corps...

Et il est l'homme de l'honneur :

> *Le jeune homme bonheur*
> *Voulait danser,*
> *Mais le jeune homme honneur*
> *Voulait passer.*

Très loin de la mode, à une hauteur inhabituelle, socialiste et catholique, dreyfusard et nationaliste, monotone et puissant, avec les mots les plus simples et les plus forts, Péguy, debout sur une terre de paysans et de soldats qui est en train de disparaître sous nos yeux, a quelque chose d'éternel.

COLETTE

(1873-1954)

Une effrayante innocence

Après avoir vendu *La Treille Muscate*, sa maison de Saint-Tropez, Colette a longtemps vécu au-dessus des jardins du Palais-Royal. J'ai à peine besoin de me pencher par la fenêtre, en écrivant ces lignes, pour apercevoir son appartement, au premier étage du 9 de la rue du Beaujolais. Ce n'est pas le seul lien géographique qui m'unisse à l'auteur des *Claudine*, des *Chéri*, de *La Naissance du jour*. Elle est née à Saint-Sauveur, en Puisaye, dans cette « Bourgogne pauvre » qu'elle évoquera si souvent, à quelques kilomètres à peine de Saint-Fargeau où j'ai passé mon enfance et qui est devenu Plessis-lez-Vaudreuil dans un livre et dans un film. La route de Saint-Fargeau à Saint-Sauveur, que de fois l'ai-je parcourue à bicyclette, sous le soleil de l'été, dans les jours de ma jeunesse !

Colette n'est pas un prénom. C'est le nom de son père, le capitaine Colette, devenu percepteur après une blessure qui avait entraîné une amputation. Elle s'appelle Gabrielle. Sa mère s'appelle Sidonie – ou Sido. La fille se souviendra de la mère en écrivant *Sido*.

Son éducation est rustique et laïque. Le catéchisme, à coup sûr, y joue un rôle mineur. Elle est plongée dès l'enfance dans ce qui sera son domaine et sa force : la nature.

Colette, grâce à Dieu, n'a pas beaucoup d'idées. « Ils croient, nous dit-elle elle-même, que j'ai des idées générales. Ce n'est pas à moi de leur révéler que je vis sur un fonds de frivolité... » Je ne suis pas très sûr qu'elle ait beaucoup d'imagination. Les personnages de ses romans – *La Vagabonde*, *Le Blé en herbe*, *La Seconde*, *Gigi* – sont médiocres et sans profondeur. Les hommes, surtout, y sont égoïstes, avantageux et très sots. Peut-être sont-ils saisis sur le vif ? « C'était notre meilleure journaliste, estime Jean Paulhan, qui s'était égarée dans le roman. »

Ce qu'elle avait, Colette, outre une vive intelligence, c'était bien mieux que des idées : des yeux, des sens, des sentiments. « Mon enfance, écrit-elle, ma libre et solitaire adolescence furent toutes deux occupées uniquement de diriger leurs subtiles antennes vers ce qui se contemple, s'écoute, se palpe et se respire. » On ne saurait mieux dire. Tous les sens, chez elle, trouvent de quoi s'occuper. « Je ne rougis pas, avoue-t-elle, de me réjouir de manger. » Colette tient une place de second rang dans l'histoire du roman et, à travers les chats, les fleurs, les parfums, les couleurs et les sons, à travers la gourmandise, la sensualité et le sexe, une place lumineuse dans l'histoire de notre langue et dans celle du bonheur de ce monde.

Sa vie est un spectacle plein de bruit, de plaisirs et de larmes. Un premier exil, qui n'est pas très lointain, l'envoie chez son demi-frère, Achille – « frère entier par le cœur, le choix, la ressemblance » –, à Châtillon-Coligny, à quelques dizaines de kilomètres de Saint-Sauveur, de l'autre côté de Saint-Fargeau. Elle n'a pas vingt ans quand elle monte à Paris. Elle y tombe sur l'amour en la personne surprenante d'Henri Gauthier-Villars, que tout le monde appelle Willy.

Calembours et érotisme, publicité et « vie remuante d'oisifs affairés », le dénommé Willy est un drôle de pistolet. Je recommande son nom aux jeunes gens épris de littérature et en quête d'un sujet pour une biographie. Il avait écrit des romans comiques comme *Un vilain monsieur* et des romans licencieux comme *La Môme Picrate* ou *Maugis amoureux*. Et, sous le pseudo-nyme de « l'Ouvreuse du Cirque d'été », des critiques musicales. Il épouse Colette et il en fait son nègre. Ou peut-être l'épouse-t-il *pour* en faire son nègre ? C'était plus commode. Il avait l'habitude : Paul-Jean Toulet aussi lui servira de nègre.

Au début de ce siècle, c'est Willy qui signera toute la série des *Claudine* : *Claudine à l'école, Claudine à Paris, Claudine en ménage, Claudine s'en va...* Colette elle-même s'en va aussi, après avoir surpris l'ineffable Willy en fla-grant délit d'adultère et avoir rencontré Georgie Raoul-Duval – on ne peut pas deviner, d'après son nom, que Georgie est une femme –, dont elle est tom-bée amoureuse. Et, du même coup, Willy aussi tombe amoureux de Georgie. Avant la rupture définitive s'établit, dans tous les sens possibles, pour un temps assez bref, un triangle amoureux, une sorte de ménage à trois.

Elle se lie avec Mathilde de Morny – qu'on appelle Missy et aussi Oncle Max –, divorcée du marquis de Belbeuf, fille du duc de Morny et de la ravissante princesse Troubetskoï, qui gémissait : « Mon mari m'a tellement trompée que je ne suis même pas sûre que mes enfants soient de moi », et elle devient mime et actrice. *L'Envers du music-hall* retracera ces expériences. Un parfum de scandale commence à l'entourer. « Vous n'êtes pas du tout une femme convenable, Madame Colette, lui dira Jean Anouilh. Vous êtes la fière impudeur, le sage plaisir, la dure intelligence, l'insolente liberté, le type même de la fille qui perd les institutions les plus sacrées et les familles. » Et Cocteau : « La grandeur de Madame Colette vient de ce qu'une inaptitude à départir le bien et le mal la situe dans un état d'innocence effrayant. »

Journaliste au *Matin*, elle fait la connaissance de son rédacteur en chef, le baron Henry de Jouvenel des Ursins. Bonheur. Rupture. Retrouvailles. Elle l'épouse. Elle aura une fille de lui, Colette de Jouvenel, dite « Bel-Gazou ». Peut-être avec un peu d'étonnement : comme c'est curieux, les enfants, ces « étrangers venus de l'intérieur » !

Jouvenel a un fils d'un premier mariage : Bertrand. C'est un adolescent de dix-sept ou dix-huit ans. Colette l'emmène aux sports d'hiver et entreprend dans la foulée son éducation sentimentale. Le thème est assez proche de celui de *Chéri* et de *La Fin de Chéri*. Paris hurle au scandale. Il faut pourtant indiquer, par fidélité à la vérité, que les relations de Colette et de Bertrand de Jouvenel sont postérieures au roman. La nature, une fois de plus, avait imité l'art.

Henry de Jouvenel fait carrière dans la politique. Colette, dans le théâtre et dans le cinéma. Henry s'éloigne. Bertrand aussi. Voyage au Maroc sur l'invitation du Glaoui, croisière en mer du Nord sur un yacht des Rothschild. Les plaisirs pleuvent. Et les succès. Et les honneurs aussi : Colette devient chevalier, puis officier, puis commandeur, puis grand-officier de la Légion d'honneur. Elle pourrait dire, comme une autre, que la poitrine des femmes n'est pas faite pour l'honneur.

Elle rencontre un dernier amour qui lui apporte la paix : Maurice Goudeket. « Trompe-moi, lui aurait-elle dit, mais ne me trahis pas. » Elle s'installe à *La Treille Muscate*, à Saint-Tropez, puis au Palais-Royal, à Paris. Elle succède à Anna de Noailles à l'Académie de langue et littérature française de Belgique. Elle devient membre, puis présidente de l'académie Goncourt où François Nourissier lui succède aujourd'hui. Elle continue à écrire : *L'Étoile Vesper*, *Le Fanal bleu*. A sa mort, son souvenir est encore honoré par des funérailles nationales et laïques.

Colette n'est ni une intellectuelle ni une révolutionnaire. Elle est à peine une rebelle. Elle fait simplement – quel scandale ! – ce qu'elle a envie de faire et elle ne se plie à rien. Dans un monde où elle préfère souvent les animaux aux hommes, elle mène sa vie en marge, avec une souveraine liberté. Elle retrouve, pour reprendre encore une formule de Cocteau, cette « effrayante pureté de la nature que l'homme abîme par le désordre de son ordre et par les verdicts absurdes de son tribunal ».

Un sentiment profond de la nature se combine chez elle à une sensualité et à une lucidité mêlée toujours de curiosité, souvent d'effronterie et parfois d'un peu de mépris. Elle joue son propre jeu, elle ne joue pas longtemps celui des autres. Ce n'est pas elle qui se paierait de mots, ce n'est pas elle qui se soumettrait à la tyrannie des lieux communs. Elle va jusqu'à murmurer que « l'amour n'est pas un sentiment honorable », et elle s'y abandonne sans retenue. Et, entre nature et liberté, avec une démarche de reine en rupture de ban qui exclut toute vulgarité. Dans une vie où les êtres sont si souvent décevants, elle passe, lourde et légère, gourmande, un peu hautaine, attachée à sa maison et pourtant indépendante, voluptueuse, un peu inquiétante, suprêmement indifférente, avec l'allure d'un de ces chats qu'elle aimait plus que les hommes.

« Il y a là, dit Gide en parlant d'elle, bien plus que du don : une sorte de génie très particulièrement féminin. » Et Montherlant, en écho : « Colette, le plus grand écrivain français naturel : son style, d'un naturel admirable, est très au-dessus, selon moi, de Gide et de Valéry. [...] Colette est, je crois, la seule personne à propos de qui j'ai parlé de génie. »

Quel génie ? Mais celui du ciel et de la mer, des bêtes, des plaisirs du corps, de la maison de campagne, des vergers à l'aurore. Celui du naturel, de la gourmandise de tous les sens et de la volupté. Le génie de la terre et de ses seules nourritures. Le génie d'Adam, selon le mot de Brasillach, dans le premier jardin.

APOLLINAIRE

(1880-1918)

Le poète est un bâtard, un immigré, un cancre et un pornographe

Qui est Francesco Flugi d'Aspermont ? C'est un ancien officier italien de l'armée royale des Deux-Siciles, amant, à Rome, d'Angelica de Kostrowitzky. Qui est Angelica de Kostrowitzky ? C'est la fille d'une Italienne et d'un capitaine russe de petite noblesse polonaise. Ils ont un fils à eux deux. Le père abandonne la mère et ne reconnaît pas l'enfant. La mère fait baptiser son fils sous le nom harmonieux de Guglielmus Apollinaris de Kostrowitzky. Ce bâtard immigré et sans le sou sera, sous le nom de Guillaume Apollinaire, un des plus grands poètes français des débuts de ce siècle.

Avec sa mère Angelica et son frère Alberto, Guillaume passe son enfance en Italie, puis à Monaco, à Cannes et à Nice. Flanquée de son nouvel amant, Jules Weil, et de ses deux enfants, Angelica part pour Aix-les-Bains et Lyon, et s'installe enfin à Paris. Guillaume sera employé de banque, journaliste, critique littéraire, critique d'art : bons métiers pour un cancre, recalé à son bac. Pour survivre, il écrira des romans érotiques, ou plutôt franchement pornographiques, « plus forts que le marquis de Sade », proclamait le catalogue, à moitié clandestin, de la collection « Les Maîtres de l'amour » : *Les Exploits d'un jeune don Juan* et surtout *Les Onze Mille Verges* – allusion évidente et blasphématoire à la légende de sainte Ursule et des onze mille vierges, illustrée à Venise par Carpaccio –, où le fougueux hospodar Mony Vibescu poursuit de ses ardeurs la brune Cuculine d'Ancône et la blonde Alexine Mangetout. Au-delà de ces plaisanteries alimentaires et érotiques, ce qui va compter dans la courte carrière de Guillaume Apollinaire entre le début du siècle et la fin de la guerre, ce sont les femmes, la peinture et les livres : l'amour, la poésie.

Spa, dans les Ardennes belges, est une station thermale avec un casino. Angelica et Jules sont des joueurs dans l'âme. Pendant qu'ils tentent leur chance au casino, Guillaume et son frère sont laissés à eux-mêmes dans une pension de Stavelot, petite ville voisine de Spa, qu'il faudra d'ailleurs, faute d'argent, quitter à la cloche de bois. A Stavelot, Guillaume, qui a quelque chose comme dix-neuf ans, flirte avec une jeune Belge du nom de Marie Dubois, et qu'on appelle Mareye. Il écrit pour elle des poèmes, parfois même en wallon.

Deux ans plus tard, à Paris, voici « Linda la zézayante », sœur de son ami Molina. Poèmes, de nouveau, et « dicts d'amour ». Autrement importante sera l'aventure avec Annie Playden.

Vers le début du siècle, la vicomtesse de Milhau – on dirait un roman d'Octave Feuillet – engage, et c'est peut-être une drôle d'idée, Guillaume Apollinaire comme précepteur de sa fille. On part pour la Rhénanie où la vicomtesse habite une demeure un peu prétentieuse, entre grande villa et petit château : *Neu Glück*. Une jeune Anglaise, Annie Playden, est gouvernante au château. Passion. Poèmes. Battements de cœur. Séparation. Voyages à Berlin et à Dresde, à Prague, à Vienne, à Munich. Retrouvailles. Annie tient à distance son ancien soupirant. Il la poursuit jusqu'à Londres. Elle le repousse encore et partira pour l'Amérique. Lui tirera de l'aventure et de son échec un des plus beaux poèmes de notre littérature, composé, dans la lignée de Villon et de Verlaine, de cinquante-neuf strophes de cinq vers :

LA CHANSON DU MAL-AIMÉ

Un soir de demi-brume à Londres
Un voyou qui ressemblait à
Mon amour vint à ma rencontre
Et le regard qu'il me jeta
Me fit baisser les yeux de honte
[...]

Que tombent ces vagues de brique
Si tu ne fus pas bien aimée
Je suis le souverain d'Égypte
Sa sœur-épouse son armée
Si tu n'es pas l'amour unique
[...]

Je ne veux jamais l'oublier
Ma colombe ma blanche rade
Ô marguerite exfoliée
Mon île au loin ma Désirade
Ma rose mon giroflier
[...]

Mon beau navire ô ma mémoire
Avons-nous assez navigué
Dans une onde mauvaise à boire
Avons-nous assez divagué
De la belle aube au triste soir
[...]

Voie lactée ô sœur lumineuse
Des blancs ruisseaux de Chanaan
Et des corps blancs des amoureuses
Nageurs morts suivrons-nous d'ahan
Ton cours vers d'autres nébuleuses
[...]

Les cafés gonflés de fumée
Crient tout l'amour de leurs tziganes
De tous leurs siphons embrumés
De leurs garçons vêtus d'un pagne
Vers toi toi que j'ai tant aimée

Moi qui sais des lais pour les reines
Les complaintes de mes années
Des hymnes d'esclaves aux murènes
La romance du mal-aimé
Et des chansons pour les sirènes

A Annie Playden, qui, dans la brume de nos grandes villes ivres de chagrin et d'électricité, aura semé tant de douleur peuplée de tant de souvenirs, succédera un peintre célèbre qui nous a laissé des tableaux étonnants qui sont comme la chronique naïve de la modernité et où elle figure entre Picasso et Apollinaire : Marie Laurencin. La liaison entre Apollinaire et Marie Laurencin durera quelque cinq ans. Quand elle se dénoue, c'est un autre chef-d'œuvre de mélancolie moderne et urbaine :

LE PONT MIRABEAU

Sous le pont Mirabeau coule la Seine
Et nos amours
Faut-il qu'il m'en souvienne
La joie venait toujours après la peine

Vienne la nuit sonne l'heure
Les jours s'en vont je demeure

Les mains dans les mains restons face à face
Tandis que sous
Le pont de nos bras passe
Des éternels regards l'onde si lasse

Vienne la nuit sonne l'heure
Les jours s'en vont je demeure

Au début de la guerre, Apollinaire, de nationalité russe, demande sa naturalisation et s'engage dans l'armée française. Une brève passion le jette dans les bras de Louise de Coligny-Châtillon, à qui il adresse les fameux *Poèmes à Lou*, parus d'abord – trente ans après sa mort – sous le titre d'*Ombre de mon amour*.

Dans le train qui le ramène à Nîmes où il doit rejoindre le 38e régiment d'infanterie, Apollinaire rencontre une jeune fille, Madeleine Pagès. Une correspondance s'engage. Sept mois plus tard, il la demande en mariage. Mais trois ans plus tard, à la fin de la guerre, blessé à la tête, trépané, fêté par Soupault, par Tzara, par Cocteau, par Breton qui le traite de « voyant », réformé et célèbre, c'est une autre qu'il épouse : Jacqueline Kolb, dite Ruby, la « jolie rousse ». Encore six mois, et, l'avant-veille de l'armistice, affaibli par ses blessures, à l'âge de trente-huit ans, il meurt de la grippe espagnole. Les gens, dans la rue, crient : « A bas Guillaume ! » Ce n'est pas lui qu'ils conspuent : c'est l'empereur Guillaume II.

En une quinzaine d'années, poète et critique d'art, à travers femmes et peinture, de *L'Hérésiarque et Cie* à *Calligrammes*, de *L'Enchanteur pourrissant* au *Poète assassiné*, d'*Alcools* aux *Mamelles de Tirésias*, Guillaume Apollinaire, de mystifications en aventures, agite la jeune littérature parisienne et incarne mieux que personne la modernité poétique :

A la fin tu es las de ce monde ancien
Bergère ô tour Eiffel le troupeau des ponts bêle ce matin
Tu en as assez de vivre dans l'antiquité grecque et romaine
[...]

Ouvrez-moi cette porte où je frappe en pleurant
[...]

Nous voulons vous donner de vastes et d'étranges domaines
Où le mystère en fleurs s'offre à qui veut le cueillir

Ami de Picasso, de Derain, de Vlaminck, de Braque, amant de Marie Laurencin, familier du « Bateau-Lavoir », Apollinaire participe à l'invention du cubisme et à celle du Douanier Rousseau. Il lance les « idéogrammes lyriques ». Il utilise pour la première fois, à l'occasion de la représentation des *Mamelles de Tirésias*, la formule : « drame surréaliste ». Il n'y a pas de remous, de canular, de scandale littéraire auquel il ne soit mêlé. Au point qu'à la suite du vol de *La Joconde* au musée du Louvre il est inculpé, à tort, de recel et de complicité.

Il y a chez Apollinaire un ennemi du lyrisme, un poète lyrique, un visionnaire, un agitateur, un défricheur de terres nouvelles, un mystificateur, un naïf et un fabricateur. « Tant s'en faut, écrit Pascal Pia, que les miracles d'Apollinaire soient ingénus comme le croyait Gide : ce sont bien plutôt les miracles délibérés d'un magicien rompu à la confection des philtres ou d'un barman qui connaît les ressources de ses étagères. »

Ce qui a le plus vieilli chez lui, c'est la modernité. Rien ne se démode comme l'avant-garde. *Les Mamelles de Tirésias* ne nous épouvantent plus et *Calligrammes*, où les vers imprimés prennent la forme des objets qu'ils évoquent, nous émeut modérément.

Ce qui ne nous émeut pas modérément, ce sont ces poèmes tout simples où passent, au fil de l'eau, les

images des amours évanouies et des légendes rhénanes,
ces chansons déchirantes où tremble le souvenir :

> *A Bacharach il y avait une sorcière blonde*
> *Qui laissait mourir d'amour tous les hommes à la ronde*
> *Devant son tribunal l'évêque la fit citer*
> *D'avance il l'absolvit à cause de sa beauté*

ou :

> *Et toi mon cœur pourquoi bats-tu*
> *Comme un guetteur mélancolique*
> *J'observe la nuit et la mort*

ou :

> *J'ai cueilli ce brin de bruyère*
> *L'automne est morte souviens-t'en*
> *Nous ne nous verrons plus sur terre*
> *Odeur du temps brin de bruyère*
> *Et souviens-toi que je t'attends*

LARBAUD

(1881-1957)

Bonsoir les choses d'ici-bas

La littérature hante plutôt les soupentes, les tavernes, les bas-fonds, les hôtels de passe que les palaces et les trains de luxe. Il y a, au début de ce siècle, à dix ou quinze ans de distance, d'un côté et de l'autre de la Première Guerre mondiale, deux exceptions de taille. Deux portraits de nababs, empêtrés dans l'argent. Le second est américain : Gatsby le Magnifique, sorti des rêves de Francis Scott Fitzgerald, le mari de Zelda. Le premier est français, malgré son nom anglo-saxon : A.O. Barnabooth, la créature de Valery Larbaud.

Né à Vichy, où son père pharmacien était propriétaire de la source Saint-Yorre, Bourbonnais d'origine, Italien d'adoption, cosmopolite à tout crin, millionnaire évaporé, catholique néophyte, de santé fragile, grand lecteur devant l'Éternel, traducteur, voyageur passionné, passeur par excellence d'un domaine à un autre, Valery Larbaud est un auteur du deuxième rayon que, de Proust, de Valéry, de Saint-John Perse à Morand ou à Déon, ses partisans fanatiques – et on peut les comprendre – mettent au tout premier rang. « Après les philologues de la Renaissance, écrit Paul Morand, après les Encyclopédistes, après Beyle, après Mérimée, il semblait qu'eussent été épuisés une certaine veine ardente et désinvolte, un nouveau dandysme du cœur, cette façon exquise, égoïste et voluptueuse d'organiser une vie monacale, errante et solitaire de travail et de plaisir. Il n'en avait rien été et Larbaud devait prouver et enseigner à nos vingt ans surpris et charmés qu'une grande tradition se continuait. » Et Saint-John Perse : « De ceux qui furent aux lettres, je n'en ai point connu qui le fissent avec un plus beau sens de l'honneur littéraire ni qui fussent moins soucieux de s'honorer publiquement. »

Orphelin de père à huit ans, le jeune Valery reçoit de sa mère, dès seize ans, après des études dans un « vieux collège, plus cosmopolite qu'une exposition universelle », un cadeau somptueux et décisif : un tour complet d'Europe. A vingt-sept ans, il publie, précédés d'une introduction par un prétendu X.M. Tournier de Zamble, les *Poèmes par un riche amateur ou Œuvres françaises de M. Barnabooth*. Cinq ans plus tard, en 1913, l'année où paraissent *Alcools* d'Apollinaire, *Odes et Prières* de Jules Romains, *Prose du Transsibérien et de la petite Jeanne de France* de Cendrars, il donne à la toute jeune N.R.F. la suite de ces poèmes : *A.O. Barnabooth, ses œuvres complètes, c'est-à-dire un conte, ses poésies et son journal intime.*

Larbaud est le poète des départs, des journaux de voyage, des bagages trop encombrants et surtout trop luxueux jetés du haut d'un pont avec désinvolture, des trains qui nous emportent dans un vacarme enchanté :

Prête-moi ton grand bruit, ta grande allure si douce,
Ton glissement nocturne à travers l'Europe illuminée,
Ô train de luxe! et l'angoissante musique
Qui bruit le long de tes couloirs de cuir doré,
Tandis que derrière les portes laquées, aux loquets de cuivre lourd,
Dorment les millionnaires...
Ô Harmonika-Zug!

J'ai senti pour la première fois toute la douceur de vivre
Dans une cabine du Nord-Express entre Wirballen et Pskow.
(Huit heures du matin en automne et la belle cantatrice
Aux yeux violets chantait dans la cabine à côté.)
Et vous, grandes glaces à travers lesquelles j'ai vu passer la Sibé-
*   [rie et les monts du Samnium,*
La Castille âpre et sans fleurs, et la mer de Marmara sous une
*   [pluie tiède!*

Prêtez-moi, ô Orient-Express, Sud-Brenner-Bahn, prêtez-moi
Vos miraculeux bruits sourds et
Vos vibrantes voix de chanterelle;
Prêtez-moi la respiration légère et facile
Des locomotives hautes et minces, aux mouvements
Si aisés, les locomotives des rapides
Précédant sans effort quatre wagons jaunes à lettres d'or
Dans les solitudes montagnardes de la Serbie,
Et, plus loin, à travers la Bulgarie pleine de roses...

Ah! il faut que ces bruits et que ce mouvement
Entrent dans mes poèmes et disent
Pour moi ma vie indicible, ma vie
D'enfant qui ne veut rien savoir, sinon
Espérer éternellement des choses vagues.

La critique accueillit sans bienveillance excessive « l'oisiveté » provocante et les humeurs voyageuses de notre milliardaire. Larbaud se réfugia dans les portraits de jeunes gens et d'enfants. Il est le romancier des adolescentes qui passent des plaisirs de l'enfance aux tourments de l'amour, des étrangères qui passent de leur patrie exotique à la lointaine Europe, de la fuite d'un temps qui ne cesse, lui aussi, de passer. Dans *Enfantines*, dans *Fermina Marquez*, Larbaud nous ramène, comme Alain-Fournier mais très différemment – sujet de dissertation, de concours ou de thèse : « L'adolescence chez Valery Larbaud et chez Alain-Fournier » –, dans les verts paradis d'un passé évanoui.

Larbaud ne se contente pas d'être un amateur désinvolte. L'accusation d'oisiveté le révoltait : « Oisif, moi, qui consume ma vie dans la recherche de l'absolu ! » Il se veut et il est un professionnel de la littérature. Dans *Beauté, mon beau souci*, dans *Amants, heureux amants*, il se sert d'une technique littéraire dont l'inventeur, avant James Joyce, était, en 1887, Édouard Dujardin dans *Les lauriers sont coupés* : le monologue intérieur.

Sous l'invocation de saint Jérôme, Larbaud est le traducteur de Joyce – la version française d'*Ulysse* lui doit beaucoup –, de Hawthorne, de Samuel Butler – *Ainsi va toute chair, Erewhon*. Il est le redécouvreur et le propagandiste d'écrivains oubliés tels que Scève ou Racan. Il est l'un des premiers à déceler le talent d'un Walt Whitman, d'un Levet, d'un Audiberti. Il n'en finit jamais de tisser des liens littéraires, géographiques, sentimentaux et de passer des frontières. Ce qu'il aime par-dessus tout, c'est les moyens de communication. Il

« connaît le monde et sa diversité ». Secrétaire général du ministère des Affaires étrangères sous le nom d'Alexis Léger, Saint-John Perse assurait que les passeports délivrés par Larbaud étaient autrement beaux que ceux du Quai d'Orsay.

Il arrivait à Larbaud de se contenter de voyager, selon la formule de Morand, « autour de sa chambre de la rue du Cardinal-Lemoine » et dans le VIe arrondissement. Là, rue de l'Odéon, étaient installées ses amies, les libraires Sylvia Beach et Adrienne Monnier. Adrienne Monnier était au 7 : « La Maison des Amis des Livres ». Sylvia Beach était en face, au 12 : « *Shakespeare and Company* ». Sylvia Beach était la fille d'un pasteur du New Jersey. La ronde Adrienne Monnier lui enseignait l'immoralisme mis à la mode par Gide. Chez l'une ou chez l'autre, Larbaud retrouvait James Joyce, T.S. Eliot et André Gide lui-même.

A la différence de Gide, de Valéry ou de Proust, Claudel, après l'avoir admiré, émettait des réserves sur Larbaud, que Léon Daudet appelait « le rare pour tous » : « Quelle triste vie ! disait-il. Toute en lecture, curiosités et agitations inutiles ! » C'est à la fois exagéré et assez bien vu. Larbaud est un « perpétuel évadé de tous les milieux ». Il est le poète cosmopolite des palaces, des jeunes filles, des grands express intercontinentaux, d'un Portugal mélancolique où le cœur bat pour rien. Larbaud, c'est « le monde vu à travers le hublot d'un yacht » un peu désemparé. Triste ? Oui, peut-être. Dans *Amants, heureux amants* et, en vérité, dans toute l'œuvre de Larbaud, toujours tenté par la rupture et le retour à la solitude, l'amour est nécessaire, mais il est impossible. Plutôt que de tristesse, on parlerait plutôt d'un désespoir ébloui.

Le plus triste chez Larbaud, c'est qu'il meurt avant de mourir. Il meurt officiellement à Vichy en 1957. Mais vingt-deux ans plus tôt, dans le jardin de son appartement de la rue du Cardinal-Lemoine, il est frappé d'aphasie. Il peut encore voyager entre Paris et Valbois, près de Vichy. Il continue à lire, il comprend ce que lui disent ses amis. Mais aucune parole ne sort plus de sa bouche. Les derniers mots de cet homme qui avait tant aimé les petites villes de Toscane, les étangs bleus d'Allemagne, les jeunes femmes dans les rues de Londres, les ports d'Espagne et d'ailleurs et les trains pour s'y rendre furent très simples et assez beaux : « Bonsoir les choses d'ici-bas. »

Par un cruel paradoxe, le passeur passionné était privé à jamais de cette raison de vivre qui se confondait avec lui : les moyens de communication.

ROMAINS

(1885-1972)

Canular et communion

Personne ne sait avec certitude pourquoi Louis Farigoule, né d'un instituteur à Saint-Julien-Chapteuil, dans les monts du Velay, a choisi en littérature le nom de Jules Romains. Lise Jules-Romains, sa seconde femme, avançait l'hypothèse d'un passage de Hugo qui l'aurait frappé : il commençait par le mot « Jules » et finissait par le mot « Romains ». Entré à Normale lettres, le futur Jules Romains s'intéresse aux sciences et à la biologie autant qu'au roman et à la poésie. Il attachera de l'importance à ses travaux sur la vision extrarétinienne qu'on aurait tort de prendre pour une plaisanterie. Mais l'essentiel de son œuvre, d'une grande cohérence, relève de la littérature. Et naît, dès l'adolescence, d'une expérience sociale, métaphysique et poétique.

Un beau soir d'automne à Paris, sortant du lycée Condorcet où il prépare le concours de la rue d'Ulm et où enseignaient un Léon Brunschvicg, l'auteur des *Étapes de la philosophie mathématique* et des *Progrès de la conscience dans la philosophie occidentale*, un Charles Salo-

mon qui répétait volontiers : « Messieurs, je vous habi-
tuerai à une extrême précision », un Hippolyte Parigot
dont la formule favorite était : « Croyez-moi, messieurs, c'est une chose très difficile que d'écrire en français », le jeune Louis Farigoule, âgé de dix-sept ans,
descend la rue d'Amsterdam. Soudain l'envahit un
sentiment étrange. Piéton de Paris comme Fargue,
paysan de Paris comme Aragon, la foule de la grande
ville l'emporte dans son tourbillon. Dans l'agitation
qui l'entoure, il lui semble faire partie d'un ensemble
plus vaste que sa propre personne. Composé des passants, des voitures, des boutiques, de la rue elle-même,
de toutes les passions et de toutes les idées des autres
autour de lui, un être collectif dont il n'est qu'un
rouage s'impose à lui avec évidence. Sa conscience
individuelle n'est plus qu'un élément d'une force mystérieuse qui le dépasse de très loin. Il n'est qu'un des
fragments d'une grande âme collective qui embrasse et
dirige les réactions de chacun. L'« unanimisme » est
né.

Il se développera dans des conversations avec
Georges Chennevière, l'ami alors le plus proche ; il
sera mis en forme dans un recueil de poèmes : *La Vie
unanime* ; il s'enrichira à Créteil, dans le cadre de
l'Abbaye, un mouvement littéraire où Jules Romains
retrouvera, entre autres, un Duhamel, futur auteur de
Civilisation, de *La Possession du monde*, de *Vie et aventures de
Salavin*, de la *Chronique des Pasquier* ou un Charles Vil-
drac, qui donnera plus tard une pièce célèbre au
théâtre du Vieux-Colombier : *Le Paquebot Tenacity*. Au
thème général et théorique de la vie unanime s'unit
déjà le thème quotidien de l'amitié entre les hommes.

Le double thème de l'amitié et de l'âme collective se retrouve dans un phalanstère, dans un temple du savoir, dans un couvent laïque : l'École normale de la rue d'Ulm. Il s'y retrouve avec une nuance comique qui tiendra une grande place dans l'œuvre de Jules Romains et dont il faut dire quelques mots.

Une des spécialités régionales de la rue d'Ulm, un des ingrédients de sa mythologie collective est le canular – ou khanular. Qu'est-ce que le canular ? C'est une mystification transcendantale. C'est une farce, une plaisanterie, un piège à gogos, une trappe où faire tomber les marionnettes de la comédie sociale. Relèvent du canular la constitution d'un faux jury de concours qui pose des questions obscènes aux candidats éperdus ; l'invention d'un élève fantôme du nom de Khornajou qui n'a jamais existé mais qui est inscrit sur les listes et qui remet des copies ; le défilé d'un faux Lindbergh dans les rues de Paris sous les acclamations de la foule ; la célébration de la grande figure d'Hégésippe Simon, penseur politique, défenseur des Poldèves, peuple courageux et persécuté, auteur d'une maxime célèbre : « Les ténèbres s'évanouissent lorsque le jour se lève. » Hégésippe Simon était né à Poil, dans la Nièvre, et, un beau matin, tous les mandarins de Paris reçurent un carton les invitant à se rendre à Poil pour honorer sa mémoire. Les réponses affluèrent : « Je ne pourrai pas venir à Poil, mais je tiens à vous dire combien le souvenir d'Hégésippe Simon... »

Au confluent du canular et de l'unanimisme s'inscrivent, au théâtre ou dans le roman, quelques-unes des œuvres les plus réussies de Jules Romains. D'abord *Les Copains*, chef-d'œuvre populaire, rigolard et savant

qui chante l'amitié des Sept devant Ambert et Issoire et
où Bénin, Broudier, Huchon, Lamendin et les autres
se promènent à bicyclette de bistrot en bistrot et ébran-
lent les fondements du Puy-de-Dôme et de la société.
Quelques-unes de leurs aventures ont enchanté notre
jeunesse. Quand Bénin, par exemple, transfiguré en
conseiller du tsar à la cour de Russie, est accueilli
solennellement sur les quais de la gare de Nevers :

> « Merdam ! Merdam ! » *hurla Bénin exaspéré.*
> « *Salut ! Salut !* » *cria le traducteur.*
> « Utinam aves super caput tuum cacent ! »
> « *Que les oiseaux du ciel répandent leur bénédiction sur
> votre tête !* »
> *Bénin se tut. Broudier fit un signe. Et la fanfare attaqua
> l'hymne russe qui se défendit bien.*

Ou encore la scène impérissable où, pour mesu-
rer la capacité d'un pichet de grès, Bénin propose d'en
verser successivement le contenu dans un verre de
lampe à gaz, modèle 8, de la marque des Trois Mar-
teaux, puis dans son propre estomac dont la capacité,
avant toute sensation très distincte de réplétion, est de
deux litres exactement. Ou le fameux dialogue autour
de la façade en rond de la mairie d'Ambert :

> *A peine eut-il marché quelques pas qu'il tomba sur deux
> hommes dont l'un disait :*
> « *L'emploi de ces vastes motifs circulaires trahit une
> influence byzantine* »
> *et dont l'autre répondait :*
> « *Je crois que nous serions arrivés plus vite en tournant
> par la droite.* »

Et puis *Monsieur Le Trouhadec saisi par la débauche*; *Donogoo Tonka*, où une escroquerie se transforme en triomphe et où – illustrant une formule du *Manuel de déification* : « Si tu doutes de l'unanime, crée-le » – une ville aussi imaginaire que l'élève Khornajou ou qu'Hégésippe Simon, le penseur du monde moderne, finit par exister bel et bien; et surtout *Knock ou le Triomphe de la médecine,* succès prodigieux et mérité, où, s'inspirant de la sage maxime que tout être bien portant est un malade qui s'ignore, un charlatan de génie, symbole emblématique des pouvoirs magiques de l'intellectuel, parvient à mettre au lit avec un thermomètre dans les fesses toute une population apeurée et volontairement asservie. *Knock* n'est pourtant que par accident une charge contre la médecine : c'est bien plutôt une réflexion poétique et farceuse sur le rôle de l'imposture et sur la condition de l'humanité. Le docteur Knock a longtemps hésité entre le commerce des cacahuètes, le sacerdoce, la politique, les finances et la médecine. Poussez-le un peu et vous obtenez tous les tyrans de notre monde moderne.

Ce qui fait la force et la drôlerie de *Knock,* ce sont évidemment les mots, les situations, la conduite de l'intrigue, menée de main de maître – mais aussi la place de la pièce au carrefour de la comédie, de la médecine, de la publicité et des moyens modernes de communication de masse, au carrefour du canular et de l'unanimisme. Dans notre société d'aujourd'hui, Knock est à la médecine ce que le mot foudroyant de Karl Kraus est à la psychanalyse : « C'est une maladie qui se prend pour son remède. »

Au-delà du comique, mais toujours dans la ligne

de l'intuition fondamentale de l'âme collective, la grande affaire de Jules Romains est d'essayer de se hisser à la hauteur d'un Balzac ou d'un Zola et de donner au public « une fiction en prose qui exprimerait dans le mouvement et la multiplicité, dans le détail et dans le devenir cette vision du monde moderne dont *La Vie unanime* chantait d'emblée l'émoi initial ». Ce sera l'immense fresque des *Hommes de bonne volonté*.

Préparé par la trilogie de *Psyché – Lucienne, Le Dieu des corps, Quand le navire...* –, où l'érotisme commençait à passer le bout de son nez comme ressort majeur de l'activité humaine, le cycle des *Hommes de bonne volonté* comporte vingt-sept volumes qui s'échelonnent entre 1932 et 1947. Interrompue par la guerre, leur parution était réglée selon un rite immuable et soutenu : deux volumes à chaque automne, plus précisément en octobre. Selon Lise Jules-Romains – modèle elle-même de Françoise, un des personnages du roman –, le premier de ces volumes annuels était écrit chaque année dans les six premiers mois et il arrivait au second de n'être pas encore commencé au début de l'été. Travail gigantesque, mené à bien sans faiblir.

Roman-fleuve s'il en est, *Les Hommes de bonne volonté* ne se limitent pas à une famille comme *Les Rougon-Macquart* de Zola, *Les Thibault* de Martin du Gard ou *Les Pasquier* de Duhamel. Ils s'étendent, sinon au monde entier, du moins à la société française contemporaine, à la façon de *La Comédie humaine* de Balzac. L'ouvrage s'ouvre sur le 6 octobre 1908 et se referme sur le 7 octobre 1933, le passage du 6 au 7 octobre traduisant symboliquement le lent progrès de l'histoire des hommes à travers leurs erreurs et leurs folies. Dans l'intervalle, se seront écoulées vingt-cinq années de fiction collective et quinze ans de création littéraire, dont quatre ans de guerre passés en Amérique par Jules Romains et sa femme.

Quelque six cents personnages apparaissent dans cette polyphonie dont l'ambition est de faire vivre « un vaste ensemble humain, avec une diversité de destinées individuelles qui cheminent chacune pour leur propre compte en s'ignorant la plupart du temps ». Une quarantaine d'individus – Quignette, le libraire assassin, Haverkamp, le brasseur d'affaires, l'abbé Mionnet, Laulerque ou Clanricard, reflets du père instituteur, Strigelius ou Ortegal où se devinent plus d'un trait de Valéry et de Picasso, le petit Louis Bastide et sa mère, les Saint-Papoul et leur chien Macaire... – tiennent les premiers rôles. Toute la marche de l'histoire s'organise autour des figures de deux normaliens engagés l'un dans la littérature et l'autre dans la politique : Jallez et Jerphanion. Autour d'eux, la masse énorme des politiciens et des universitaires, des milieux d'Église et d'affaires, des déments et des amoureux, des promeneurs des banlieues et des beaux quartiers et du million de combattants jeté par les dieux et par l'état-major dans la fournaise de Verdun, que Jules Romains, réformé, n'a pas connue lui-même et qu'il reconstitue par les témoignages et par l'imagination.

L'œuvre, dans son immensité, est nécessairement inégale. Comme sur toute théorie, l'arbitraire et la convention règnent sur l'entreprise. Comme le naturalisme, le symbolisme, l'existentialisme, la psychanalyse ou l'absurde, comme le classicisme aussi, et le romantisme, l'unanimisme n'offre qu'un cadre, assez vite bousculé et souvent démenti par la réalité. Dieu, comme toujours, est dans les détails. Des pages superbes et célèbres – « Présentation de Paris à cinq heures du soir », *Verdun, Retour à Verdun,* la paire de souliers qui fait tant envie au petit Louis Bastide et qu'il n'ose pas acheter parce que sa mère est pauvre... – font le prix d'une fresque sociale aux dimensions gigantesques, menacée, comme toute œuvre humaine, par le temps qui passe et fait bouger les choses, et dont l'ambition est de chanter la communion mystique de ce que Jallez appelle en allemand le *Zusammenerlebt* – les aventures vécues ensemble.

Poète – *Traité de versification, Europe* –, théoricien de l'unanimisme – *Manuel de déification* –, homme de théâtre, auteur comique, romancier de l'espace où les destins s'entrecroisent plutôt que du temps où ils se défont, Jules Romains a aussi été journaliste et observateur politique. De pacifiste de gauche, il est devenu peu à peu, notamment à *L'Aurore,* un des théoriciens du radicalisme bourgeois : *Examen de conscience des Français, Pour raison garder, Lettre ouverte contre une vaste conspiration.*

Plus, à coup sûr, que ces commentaires sur un monde en train de changer et qu'il refuse avec obstination en s'écriant contre Hegel : « Il ne suffira pas qu'un jour l'avenir devienne réel pour qu'il ait raison », plus sans doute que la théorie de l'unanimisme qui doit beaucoup aux travaux de Durkheim, de Tarde, de Lévy-Bruhl sur les groupes et la foule, plus peut-être même que l'énorme édifice des *Hommes de bonne volonté* qui tient une place honorable et même importante dans la famille des romans-cycles, ce qui reste le plus vivant dans l'œuvre de Jules Romains, c'est *Les Copains* et c'est *Knock*. Les jeunes gens d'aujourd'hui peuvent encore se reconnaître dans les défis lancés à une société solennelle et figée par un petit groupe d'amis adonnés à la gaieté et à la dérision. Et le champ inépuisable de la crédulité et de la sottise humaines est labouré avec allégresse par le docteur Knock, auquel Louis Jouvet a conféré son visage d'éternité. « On peut vivre de trois choses, disait Bernard Shaw : des produits de la terre, des produits de la mer et de la sottise des hommes. » Insouciants de toute théorie, et même de l'unanimisme, *Les Copains* s'amusent de la sottise des hommes, et le docteur Knock l'exploite.

Jules Romains a dû attendre le dernier jour de sa vie pour connaître un grand malheur : il est mort un 14 août. C'était une date désastreuse : le 15 août, en plein été, tout le monde déjà sur les routes, la disparition de l'auteur des *Copains*, de *Knock*, des *Hommes de bonne volonté* est passée inaperçue. La vie du grand écrivain est d'une dureté infinie : il doit veiller à tout, à ses écrits, à ses paroles, à la moindre de ses opinions, à son image quotidienne – et aussi à sa mort.

« Si quelqu'un meurt de ceux que vous aimez, écrivait Jules Romains dans son *Manuel de déification*, ne dites pas : "Je le retrouverai un jour, il est impossible que tout finisse ainsi et que nous soyons séparés à jamais. " Mais travaillez à ce qu'il survive. [...] Ramenez votre mort et abreuvez-le. »

MAURIAC

(1885-1970)

Angoisses et délices du péché

Mauriac est poète, dramaturge, romancier, critique, journaliste et mémorialiste. Il est aussi bordelais, angoissé et fiévreux. Il sera gaulliste. Il est surtout catholique.

Fils d'un propriétaire de vignes à Malagar – selon la règle si souvent vérifiée, il n'a pas deux ans à la mort de son père –, François Mauriac s'est d'abord cru poète. Il publie *Les Mains jointes* sous les acclamations de Barrès et les quolibets de Brasillach qui se moque de vers tels que celui-ci :

> *Rêver à ses péchés dans la chapelle douce*

et, trente plus tard, *Le Sang d'Atys* :

> *Il rit d'un rire fou qui blesse le silence.*

Au théâtre, il donne *Asmodée, Les Mal-Aimés, Le Feu sur la terre*. Au cours d'un entracte où il a déjà compris que le succès sera mitigé, il rencontre Henri Bernstein, auteur alors illustre, aujourd'hui très oublié. Les deux hommes de théâtre ne se portent pas dans leur cœur. « Alors, Mauriac, dit Bernstein avec un sourire carnassier, vous êtes content ? – Moins que vous », répond Mauriac. Toute sa vie, Mauriac, polémiste redoutable, maniera la formule avec férocité. Tout le monde connaît son mot à Mme Daniel-Rops, femme de l'auteur d'une célèbre *Vie de Jésus*, enveloppée dans une fourrure qu'il caresse de sa main de cardinal espagnol : « Doux Jésus ! » Dans le hall du *Figaro* où j'échange quelques phrases avec lui nous voyons s'avancer en boitant un éminent confrère qui s'est cassé le pied. Mi-pouffant, mi-murmurant, la main devant la bouche, François Mauriac me glisse : « Ça va le gêner pour écrire. » A Jean-Jacques Gautier, critique théâtral du *Figaro*, il offre, dans son bureau du rond-point des Champs-Élysées, un de ses romans dédicacé. En tendant le livre, il s'écorche à une de ces horloges anciennes au décor rococo et une goutte de son sang tombe sur la page ouverte. « Tenez ! dit-il, voici mon sang... » Il se reprend aussitôt, cache son visage dans ses longues mains et s'écrie avec un désespoir où se mêle une ombre d'ironie : « Ah ! je blasphème... »

Plus que ses poèmes et son théâtre, ce sont ses romans qui font la gloire de Mauriac. *Le Baiser au lépreux*, *Le Désert de l'amour*, où le docteur Courrèges, amoureux de Maria Cross, fatigué de ne lui adresser « que des encouragements au bien et que des conseils édifiants », rêve de l'aimer comme une femme et de la conquérir « avec violence », *Genitrix*, avec son portrait de mère abusive, *Thérèse Desqueyroux*, l'histoire d'une empoisonneuse, *Le Nœud de vipères* suffisent à rendre célèbre le nom de leur auteur. Dans l'odeur des pins, dans le sable des Landes, dans les passions bordelaises, dans l'âpreté de l'argent et des préséances provinciales, le thème qui court à travers toute l'œuvre de Mauriac, élevé par sa mère et par les marianistes dans une foi catholique à connotation janséniste qu'il ne reniera jamais, c'est celui de la grâce et du péché. « Rien ne pourra faire que le péché ne soit l'élément de l'homme de lettres et les passions du cœur le pain et le vin dont chaque jour il se délecte : puisse au moins la Grâce demeurer présente dans notre œuvre ; même méprisée et en apparence refoulée, que le lecteur sente partout cette nappe immense, cette circulation souterraine de l'amour. »

C'est ce va-et-vient entre la grâce et le péché, entre le crime et l'amour qui est la marque de fabrique des romans de Mauriac. L'atmosphère est pesante. Le mal rôde à travers les pins et la bonne bourgeoisie. Le potage du repas familial sent un peu l'arsenic. Mais la grâce est là et elle descend sur le pécheur. Surtout sur le pécheur. Il ne faudrait pas pousser très loin l'auteur des *Chemins de la mer* pour lui faire avouer que le mal est le terrain privilégié de la grâce divine. « La vie de la plupart des hommes est un chemin mort et ne mène à rien. Mais d'autres savent, dès l'enfance, qu'ils vont vers une mer inconnue. Déjà l'amertume du vent les étonne ; déjà le goût du sel est sur leurs lèvres, jusqu'à ce que, la dernière dune franchie, cette passion infinie les soufflette de sable et d'écume. Il reste de s'y abîmer ou de revenir sur ses pas. » Mauriac est un homme déchiré. Et cette déchirure l'enchante et le crucifie. Le monde et ses prestiges charnels le fascinent et lui font horreur. Il parle de « l'horrible passion d'envier ce qu'on méprise ».

Quand François Mauriac écrit sur les écrivains, c'est sur le confluent de la religion et de la littérature qu'il porte ses regards. *La Vie de Jean Racine* – ce qu'il aime, chez Racine, c'est une pureté mêlée de crimes – ou *Blaise Pascal et sa sœur Jacqueline* ou encore *Le Romancier et ses personnages* sont l'œuvre d'un homme qui connaît la littérature de l'intérieur – mais surtout d'un chrétien. Ce n'est pas assez dire que Mauriac est un écrivain catholique : c'est un catholique qui écrit des romans. Dans *Souffrance et bonheur du chrétien* ou dans sa *Vie de Jésus*, sa foi parle sans contrainte. Il soutient que « le romancier est, de tous les hommes, celui qui ressemble le plus à Dieu : il est le singe de Dieu ».

Dans un article célèbre, et assez injuste, de la N.R.F., et qui le blessa cruellement, Jean-Paul Sartre a reproché à Mauriac d'avoir pris le parti de Dieu dans la littérature. « Il a choisi la toute-connaissance et la toute-puissance divines. Mais un roman est écrit par un homme pour des hommes. Au regard de Dieu, qui perce les apparences sans s'y arrêter, il n'est point de roman. Il n'est point d'art puisque l'art vit d'apparences. Dieu n'est pas un artiste. M. Mauriac non plus. »

Poète, homme de théâtre, romancier, Mauriac a été au *Figaro* ou à *L'Express* un très grand journaliste, fidèle à des convictions qu'il défend avec une puissance et une ironie souvent féroces, et emporté par la passion. Proche, dans sa jeunesse, du *Sillon* de Marc Sangnier, Mauriac n'a cessé de défendre, contre les totalitarismes soviétique et fasciste, la cause de l'humanisme chrétien. Comme Bernanos, il soutient, avant la guerre, les républicains espagnols contre Franco qui se réclame de l'Église catholique. Pendant la guerre, il se range du côté de la Résistance et publie *Le Cahier noir* dans la clandestinité. A la Libération, les joutes de trois journalistes passionnés tiennent les Français en haleine : Camus dans *Combat*, Pierre Hervé dans *Clarté*, François Mauriac dans *Le Figaro*. Contre ses adversaires qui réclament d'abord la justice, il défend les droits de la charité : « Ce qu'il y a de plus horrible au monde, c'est la justice séparée de la charité. » Adversaire des nazis, Mauriac est hostile aux excès de l'épuration et, en chrétien qui pardonne, il sera au premier rang de ceux qui demanderont au général de Gaulle la grâce de Brasillach qui l'avait naguère attaqué avec tant de violence. Comme Massignon, avec qui il va prier sur le pavé de Paris, il prend position contre la déposition du sultan du Maroc. Il fait campagne contre la guerre d'Indochine et, comme Raymond Aron, contre la guerre d'Algérie. Il heurte les sentiments des abonnés conservateurs du *Figaro* et, devant l'avalanche des lettres hostiles des fidèles lecteurs, Pierre Brisson, directeur du *Figaro*, et François Mauriac, illustre collaborateur du journal, prennent en commun la décision de se séparer. On raconte que dans un dialogue célèbre qui n'est pas sans rappeler la scène où Titus, *invitus invitam*, malgré lui, malgré elle, répudie Bérénice, Brisson se serait écrié : « Mais, François, que va devenir *Le Figaro* sans vous ! » Et Mauriac, déjà sur le pas de la porte du fameux bureau rond, se serait retourné et aurait lancé : « *L'Aurore* ! »

A *L'Express*, où il est accueilli par Jean-Jacques

Servan-Schreiber et par Françoise Giroud, puis de nouveau au *Figaro littéraire* – et les va-et-vient de Mauriac sont à chaque fois un événement parisien –, le *Bloc-notes* de François Mauriac, où la politique se pare de tous les charmes de la littérature et des souvenirs personnels – « C'est à quoi je songe, vieux lièvre tapi entre deux règes de ma vigne, au soir d'un automne brûlant... » –, scande les grandes heures de la fin de la IVe République et des débuts de la Ve.

Chrétien, François Mauriac est aussi gaulliste. Il soutient avec ardeur la politique du Général. Attaqué par Jean-Paul Sartre, de Gaulle, qui a le culte de la littérature et de ses grandes figures, est flanqué de deux écrivains : l'un, Malraux, l'ami génial venu du communisme, est assis à sa droite au conseil des ministres ; l'autre, Mauriac, la conscience humaniste et chrétienne, prix Nobel en 1952 – « J'ignorais, murmure un adversaire, que l'on donnât le Nobel à un écrivain régionaliste » –, défend son action dans la presse. Il la défend avec une force de conviction et une ironie mordante qui le hissent au tout premier rang de nos polémistes politiques. Au tout premier rang aussi de nos mémorialistes. Synthèse des préoccupations du chrétien, de l'écrivain et du politique engagé dans son temps, les *Mémoires intérieurs* constituent un des sommets de l'art de Mauriac. On ne sait jamais ce qu'on écrit. Poète, homme de théâtre, romancier, il n'est pas exclu que Mauriac survive surtout par ses *Mémoires intérieurs* et par son *Bloc-notes*.

La voix de François Mauriac avait été brisée par un cancer de la gorge. Il jouait de sa voix rauque et d'une respiration haletante avec un talent incomparable. Lorsqu'il lançait une de ses flèches, il mettait souvent, en un murmure cassé, sa main devant sa bouche. Multiple et pourtant unique, irritant, attachant, d'une drôlerie merveilleuse, fidèle à ses convictions avec un grand courage, Mauriac était, dans la presse, dans les dîners parisiens, aux premières de théâtre, dans les manifestations officielles, un personnage de la comédie parisienne. Il était bien plus que cela. Il était un chrétien qui ne transigeait pas avec sa foi et un écrivain aux dons éclatants, salué par ses pairs, longtemps suivi par la jeunesse, qui avait donné au journalisme un éclat exceptionnel et qui avait construit ses romans, dans une odeur de pins, sous un ciel d'orage étouffant, sur la trouble dualité et l'unité profonde de la grâce et du péché.

SAINT-JOHN PERSE

(1887-1975)

Inventaire et célébration du monde

Diplomate comme Chateaubriand, comme Claudel, comme Giraudoux, comme Gary, à l'extrême opposé de tout ce qui peut faire penser à un poète maudit, au centre de beaucoup d'événements et soucieux pourtant de se protéger des confidences, des effusions et, d'une certaine façon, de ce commerce des hommes qu'il pratique mieux que personne, l'auteur d'*Éloges*, d'*Anabase*, d'*Exil*, d'*Amers* est une énigme à trois noms : selon ses humeurs, sa notoriété ou sa gloire, et surtout ses fonctions, il s'appelle Alexis Saint-Léger Léger ou, un peu plus haut, Alexis Léger ou, plus haut encore et très haut, Saint-John Perse.

Alexis Saint-Léger Léger naît à la Guadeloupe. Il passe toute son enfance sur cette île exotique où la mer est partout présente et sur un îlot tout proche, qui appartient à sa famille : Saint-Léger-les-Feuilles. Il poursuit des études à Pau, puis à Bordeaux, s'intéresse à l'alpinisme, à l'escrime, à l'équitation, aux plantes, se lie avec Jacques Rivière, avec André Gide, avec Paul Claudel, publie à la N.R.F. en 1911, sous le titre d'*Éloges*, un recueil de poèmes pleins d'exubérance tropicale et se présente avec succès, l'année même de la guerre, au concours des Affaires étrangères.

Comme Claudel une vingtaine d'années plus tôt, comme Segalen à peu près à la même époque, il passe cinq années en Chine, à Pékin, où il rencontre des sinologues éminents tels Granet ou Bacot, dont le savoir et les rêves ont sur lui autant d'influence que la sombre et lumineuse magie de ses Antilles natales. A son retour en France, il fait paraître, toujours à la N.R.F. et, pour la première fois, sous la signature de Saint-John Perse – « Le nom choisi, écrit-il, s'imposa mystérieusement à l'esprit du poète, pour des raisons inconnues de lui-même » –, un grand poème épique et mythique où un conquérant de légende se livre à la célébration d'un monde qu'il soumet à ses rites : *Anabase*.

La même année, en 1924, il devient directeur du cabinet d'Aristide Briand, qui mène une politique de rapprochement avec l'Allemagne de Stresemann et soutient dès 1930, dans le fameux « mémorandum Briand », un projet d'union fédérale européenne. Briand meurt en 1932. En 1933, Alexis Léger obtient la dignité d'ambassadeur de France et est nommé secrétaire général du Quai d'Orsay en remplacement de Philippe Berthelot, autre grande figure du mouvement politique et littéraire de ce temps, auteur d'un sonnet fameux – et introuvable – aux rimes en *-omphe*, en *-eus* et en *-ac* :

SAINT-JOHN PERSE

ALEXANDRE A PERSÉPOLIS

Au-delà de l'Araxe où bourdonne le gromphe,
Il regardait sans voir, l'orgueilleux Basileus,
Au pied du granit rose où poudroyait le leuss,
La blanche floraison des étoiles du romphe.

Accoudé sur l'Homère au coffret chrysogonphe,
Revois-tu ta patrie, ô jeune fils de Zeus,
La plaine ensoleillée où roule l'Énipeus
Et le marbre doré des murailles de Gomphe?

Non! Le roi qu'a troublé l'ivresse de l'arak,
Sur la terrasse où croît un grêle azedarac,
Vers le ciel, ébloui du vol vibrant du gomphe,

Levant ses yeux rougis par l'orgie et le vin,
Sentait monter en lui comme un amer levain
L'invincible dégoût de l'éternel triomphe.

Autant que les affaires – publiques et privées –, le Quai d'Orsay, en ces temps-là, cultivait la poésie.

Alexis Léger occupera son poste jusqu'à l'écroulement de 1940, ne publiera rien pendant dix-sept ans, sera un partisan de la guerre préventive contre Hitler, se réfugiera après la défaite aux États-Unis, qui deviendront sa seconde patrie et où il exercera des fonctions à la librairie du Congrès. Une solide inimitié mutuelle l'opposera au général de Gaulle qui lui barrera l'entrée à l'Académie française. Il recevra en 1960 le prix Nobel de littérature. Il mourra dans sa propriété de Giens, près d'Hyères, dans les bras de Dorothy Russell, une Américaine qu'il avait épousée à l'époque de son retour en France après une absence, à nouveau, de dix-sept ans.

Pleine de personnages hiératiques, et mystérieux, dont nous ne saurons jamais rien, de rituels millénaires, de pratiques disparues et étranges, l'œuvre de Saint-John Perse constitue une sorte de nomenclature et de célébration de l'univers d'où la grandeur n'est jamais absente et où l'anecdote se hisse à la dignité du mythe :

> *Et c'est la Mer qui vient à nous sur les degrés de pierre du drame :*
> *Avec ses Princes, ses Régents, ses Messagers vêtus d'emphase et de métal, ses grands Acteurs aux yeux crevés et ses Prophètes à la chaîne, ses Magiciennes trépignant sur leurs socques de bois, la bouche pleine de caillots noirs, et ses tributs de Vierges cheminant dans les labours de l'hymne...*

Ou même, sur un mode mineur, quotidien, presque comique :

> *Les tatoueurs de Reines en exil et les berceurs de singes moribonds dans les bas-fonds de grands hôtels.*

Passent devant nous comme des songes, comme des mythes immémoriaux le Roi, l'Étranger, le Navigateur, les Cavaliers, l'Arpenteur,

> *Les grands Usurpateurs de trônes et Fondateurs de colonies lointaines, les Prébendiers et les Marchands, les grands Concessionnaires des provinces d'étain et les grands Sages voyageurs à dos de buffles de rizières...*

Ils parcourent en silence « les grandes lignes calmes » de la terre, les bords « des fleuves morts, comme des pans de siècles en voyage » et

> *Les mers catholiques couleur de casques, de rapières et de vieilles châsses à reliques.*

La voix de Saint-John Perse, c'est la voix de Claudel qui se serait soumise à la rigueur de Valéry. D'innombrables études – Roger Caillois, par exemple, dans sa *Poétique de Saint-John Perse,* Jean Paulhan dans ses *Énigmes de Perse* ou encore le numéro d'hommage de la N.R.F. : *Honneur à Saint-John Perse* – soulignent à quel point cette poésie oraculaire, ce rituel de célébration sont nourris de réalité, de souvenirs et d'histoire. « De surprenants rapprochements sensuels, mais toujours fondés dans la sensation même, écrit Roger Caillois ; des descriptions allusives, faites d'un assemblage de détails énigmatiques à force d'être concrets, mais toujours attestés par l'expérience ou la tradition ; enfin de vastes catalogues où l'hétéroclite paraît à son comble et qui ne supposent rien de moins qu'une sorte de science encyclopédique. »

> *Poésie pour accompagner la marche d'une récitation en l'honneur de la mer,*
> *Poésie pour assister le chant d'une marche au pourtour de la mer,*

ce que souligne la liturgie épique et athée de Saint-John Perse, c'est une appartenance totale de l'homme à la terre. Tout est sacré dans la poésie de Saint-John

Perse – et rien n'est moins religieux. Il est le héraut exigeant d'un sacré sans transcendance. « Dieu, constate Claudel, est un mot que Saint-John Perse évite religieusement. »

Terre arable du songe !

Saint-John Perse laboure les mythes et le monde réel qu'il transfigure et traduit dans une langue plus secrète. Il semble illustrer les vers de Pindare traduits par Valéry : « Ô mon âme, n'aspire pas à la vie immortelle, mais épuise le champ du possible ! »

Hautain, secret, mystérieux, entre rites et souvenirs, dans la solennité hermétique du discours oraculaire et des cortèges hiératiques, Saint-John Perse recrée l'univers et le célèbre avec magnificence. Il allie, comme Chateaubriand, une existence politique et publique à une expérience poétique. Mais il les sépare avec rigueur. Il chante, comme Claudel, une « adhésion totale à ce qui est ». Sa voix pourtant est unique dans une littérature où, comme Mallarmé ou Rimbaud, mais par des procédés radicalement différents, il introduit le profane en le frappant de stupeur, d'admiration et de terreur sacrée.

GIONO

(1895-1970)

*De Virgile à Stendhal,
le voyageur immobile*

Piémontais de Provence, « voyageur immobile »,
aventurier par imagination, guerrier contre la guerre,
Giono laisse dans notre littérature l'exemple d'un
homme qui, au milieu du chemin de la vie, a changé de
style comme on change de cheval. Et qui, dans un
genre comme dans l'autre, a écrit des chefs d'œuvre.

Né à Manosque, mort à Manosque, Giono était
fils unique. On voit bien avec lui comment se tricote
une vie mêlée sans le vouloir aux fureurs de l'histoire.
Cordonnier, anarchiste, grand lecteur de la Bible, son
père était fils d'un Piémontais venu en France vers les
débuts de la révolution de Juillet pour s'engager dans
la Légion étrangère. Fille d'un clairon qui avait épousé
une Picarde, sa mère était provençale, repasseuse et
catholique. Il mène, sans bouger de Manosque, l'existence la plus simple, la moins peuplée d'événements : il
passe près de vingt ans à gravir marche après marche
tous les échelons de l'agence locale du Comptoir national d'escompte où il est entré, à seize ans, comme gar-

çon de courses, sans achever ses études, pour aider sa famille. C'est une vie sans histoires. Les histoires sont dans la tête et dans le cœur du jeune homme.

Élève plutôt médiocre, Jean Giono, comme son père, est un grand lecteur. Honneur aux livres ! Autant que son père, Jean Giono est fils d'Homère. Très vite, en dépit de sa mère qui y est si attachée, il perd la foi catholique. Il est un païen des anciens temps. Dans les collines de Provence, il sera notre Homère et il sera notre Virgile.

Virgile a dix-neuf ans et il n'a pas bougé de Manosque quand une foudre venue d'ailleurs tombe sur ses rêves sans aventures. Pour des raisons lointaines et obscures – le nationalisme serbe, l'assassinat d'un archiduc, les ambitions d'un empereur, la ligne bleue des Vosges –, la guerre éclate en 1914. Giono est mobilisé. On l'arrache à Manosque, on l'envoie à Verdun et au Chemin des Dames. C'est une horreur sans nom. Après son ami le plus intime, beaucoup de ses camarades sont tués autour de lui. Son grand-père maternel était clairon de la garde impériale, son grand-père paternel avait quitté le Piémont pour entrer dans l'armée française : l'hérédité aurait pu le pousser dans la voie de l'héroïsme. Le deuxième classe Giono bascule dans un mépris et une haine pour la guerre qui ne cesseront jamais de l'habiter et qui commanderont tout un pan de sa vie et de son œuvre. Dès les débuts dans l'existence il y a Manosque, la Provence, les troupeaux et les bergers, le souvenir des grands Anciens, les soirs sur la montagne – et l'horreur de la guerre.

La paix revenue, le père mort, Jean Giono construit sa vie. Il épouse Élise Maurin, de Manosque comme lui, qui lui donne deux filles : Aline et Sylvie. Et il écrit des poèmes – *Accompagnés de la flûte* – et surtout des romans. La première chose qui frappe, c'est la splendeur de leurs titres : *Le Grand Troupeau, Le Chant du monde, Que ma joie demeure...* *Le Chant du monde* est un des plus beaux titres de notre littérature. Tout écrivain voudrait l'avoir trouvé.

Les choses pourtant ne vont pas d'elles-mêmes pour Giono qu'à ses débuts au moins aucun prix littéraire de premier plan – ni le Goncourt, ni l'Académie française, ni le Renaudot, ni l'Interallié, ni le Fémina : quelle chance pour lui ! – ne viendra couronner. Son premier ouvrage en prose, *Naissance de l'Odyssée,* est d'abord refusé par les éditeurs. Avec *Colline,* avec *Un de Baumugnes,* avec *Regain,* il devient le romancier d'une Provence rude et austère, plus imaginaire que réelle, très éloignée de son image coutumière, touristique et riante. *Le Grand Troupeau* et *Le Chant du monde* font passer le souffle de la nature et des nuits étoilées sur notre littérature. Plus peut-être qu'en France même, sa réputation commence à s'étendre à l'Angleterre et à l'Amérique. Bientôt, Malraux pourra affirmer : « Pour moi, les trois meilleurs écrivains de cette génération sont Montherlant, Bernanos et Giono. »

Quinze ans après la fin de la Grande Guerre, qui devait être la dernière, Giono sent monter au loin la menace de nouveaux périls. Quels périls ? Le règne de la technique et de l'industrie, la fin de la campagne, des paysans et de la nature, et surtout, de nouveau, le spectre de la guerre. Giono, avant la lettre, est un écologiste, et c'est un pacifiste. Il se rapproche des communistes. Pour les quitter presque aussitôt. Ils ne lui pardonneront jamais ce qu'ils considèrent comme une trahison. *Que ma joie demeure* et *Batailles dans la montagne* sont encore des romans du grand air, balayés par le vent d'une épopée immémoriale, et déjà des œuvres engagées, sinon contre la violence, du moins contre la guerre : engagées contre l'engagement. Au Contadour, en Haute-Provence, se réunissent autour de lui des pacifistes, des antimilitaristes, des écologistes, des révoltés qui veulent revenir aux valeurs traditionnelles menacées par la marche de l'histoire et par le progrès technique. Deux séries d'événements indépendants les uns des autres vont se produire simultanément et bouleverser en même temps son existence et son œuvre.

La première révolution est intérieure, et elle relève de la littérature. Pour dire les choses un peu vite, il s'éloigne de Virgile et se rapproche de Stendhal. Il s'éloigne de l'épopée, du lyrisme, des grands espaces. Il découvre la litote, la brièveté, la vitesse. Il échange le goût de la description contre un rythme plus rapide. Et les paysages contre les sensations. Il resserre son style. Il le modifie du tout au tout. Un second Giono succède au premier et, par une sorte de miracle peut-être unique dans nos lettres, les deux Giono successifs seront, avec un même succès, très différents l'un de l'autre.

La deuxième catastrophe, au sens classique du mot, qui signifie crise ou révolution, comme au sens courant, c'est la guerre, prévue et annoncée et dénoncée par Giono. Pour la seconde fois, il quitte Manosque. Deux ans avant la guerre, après un essai intitulé : *Les Vraies Richesses*, il avait écrit un texte au titre assez explicite : *Refus d'obéissance*. Il est arrêté et incarcéré à Marseille.

Libéré sur l'insistance de Gide qui intervient auprès de Daladier, il achève un beau roman : *Deux cavaliers de l'orage*. Le roman est publié en feuilleton dans un journal franchement collaborateur : *La Gerbe*. Quand la Libération arrive, il est arrêté une seconde fois, à l'instigation des communistes dont la rancune ne désarme pas. Libéré à nouveau, il figure sur la liste noire du C.N.E. – le Comité national des écrivains. Et il est interdit de publication pour trois années.

C'est un autre Giono qui reparaît au terme d'un long silence. Et comme forgé au feu de l'histoire et de l'adversité. Le Giono stendhalien d'*Angelo*, du *Hussard sur le toit* – porté à l'écran par Rappeneau, avec Juliette Binoche –, du *Bonheur fou*. Le Giono sombre et psychologue d'*Un roi sans divertissement*, des *Ames fortes*, des *Grands Chemins*, du *Moulin de Pologne*. Le romancier épique des montagnes de Provence s'est renouvelé et a changé. Il ne peint plus des paysages de montagnes ni les grands troupeaux en train de descendre vers la plaine : il peint des âmes, des caractères, les passions obscures des hommes. Le monde est plus dur que jamais. Le Midi lui-même est très noir.

Le succès revient très vite, avec éclat, et la gloire. Le reclus du *Paraïs*, dans les collines de Manosque, se met à voyager – au moins autour de la Provence : en Italie, en Écosse, en Espagne. Le Giono nouveau ouvre des pistes inédites et s'intéresse à la fois au monde autour de lui, à la chronique judiciaire et à l'histoire du passé : *Voyage en Italie, Notes sur l'affaire Dominici, Le Désastre de Pavie*. Il est élu au Goncourt.

Il monte régulièrement de Manosque à Paris pour les délibérations du jury. On raconte qu'avant de se rendre chez Drouant il passe rue Sébastien-Bottin où Gaston Gallimard lui brosse un tableau succinct de la situation et lui indique avec simplicité pour qui il convient de voter. Ce sont des choses qu'on ne verrait plus aujourd'hui : le Goncourt est passé sous le contrôle de Grasset.

D'*Ennemonde* à *L'Iris de Suse*, encore quelques romans pour montrer que le fils du cordonnier anarchiste, l'ermite de Manosque, l'objecteur de conscience, le défenseur des déserteurs n'a pas perdu la main. Et pour convaincre le siècle, auquel il ne s'est mêlé que pour le combattre, qu'on peut écrire des chefs-d'œuvre de plusieurs façons différentes, mais toujours sans Paris, sans surréalisme et sans existentialisme, sans marxisme ni psychanalyse, sans chapelles ni intrigues, avec, pour seules armes, de la simplicité, du courage, le commerce des classiques, des convictions sans faille et un immense talent. Le tout fait de Giono un paradoxe, un apax, une exception dans notre cortège, un homme qui a deux visages, deux manières, deux styles et qui colle pourtant à lui-même avec une puissante cohérence, un révolté attaché aux traditions du passé et un des très grands écrivains d'un temps qu'il n'a cessé de dénoncer.

MONTHERLANT

(1896-1972)

Roulez, torrents de l'inutilité !

Montherlant n'a pas bonne presse. On l'accuse
d'esbroufe, de clinquant, de duplicité, de noblesse de
carton-pâte. Les femmes ne l'aiment pas : elles sentent
ses réticences et elles les lui rendent avec usure. On
raconte qu'une bagarre, un soir, à Paris, au *Harry's Bar*,
révéla la triste vérité : Hemingway, pour faire viril,
portait une perruque de poitrine. Montherlant, pour
faire grand, cacherait une petite mine et une stature
plutôt malingre sous une armure d'hidalgo, sous un
masque romain. Tâchons de mener notre enquête et
de voir ce qui se dissimule sous le masque et sous
l'armure.

D'une famille de petite noblesse, mais qui ne
manque pas d'orgueil, Henry de Montherlant est fils
unique. Première surprise, dès la jeunesse : à l'inverse
de tant d'écrivains rebelles et révoltés, plus encore que
ses études il aime beaucoup son collège, installé dans
les beaux quartiers et qui s'appelle Sainte-Croix-de-
Neuilly. Il aime aussi beaucoup ses condisciples, et surtout l'un d'entre eux dont il dira plus tard : « Cet être

est le seul que j'aie aimé de ma vie entière. » Plus que les femmes dont il se méfie, il aime les garçons et les collèges de garçons. Et tout un pan de son œuvre – *La Ville dont le prince est un enfant*, *Les Garçons*, *La Relève du matin*, qu'il publie à compte d'auteur après plusieurs refus d'éditeurs – est chargé de les célébrer. Le sport est inséparable de cette adolescence déjà raide et un peu cambrée. Montherlant a le culte des sportifs – *Les Onze devant la porte dorée*, *Le Paradis à l'ombre des épées* – et de la corrida : *Les Bestiaires*.

Quand la guerre éclate, il a dix-huit ans. Le père vient de mourir et la mère est mourante. Elle le supplie de ne pas l'abandonner. Dès qu'elle meurt, il s'engage. Une polémique s'est instaurée sur l'attitude de Montherlant pendant la guerre. La statue du héros a été écornée par les révélations d'une correspondance, rendue publique notamment par Pierre Sipriot, entre Henry et sa grand-mère. Il semble que Montherlant n'ait pas hésité à faire jouer des relations à la fois pour se protéger et pour obtenir des distinctions. Qu'il ait servi la patrie ou qu'il s'en soit servi, la guerre inspire son *Chant funèbre pour les morts de Verdun*. Quand la grand-mère, qui n'avait pas une haute estime pour la littérature et que celle de son petit-fils inquiétait, meurt à son tour, Montherlant part pour plusieurs années. Il se rend, sans grande conviction, en « voyageur traqué », dans les pays riverains de la Méditerranée. *Aux fontaines du désir*, *La Petite Infante de Castille*, *Un voyageur solitaire est un diable* sortiront de cette expérience.

A son retour en France, Montherlant se souvient de sa propre famille à Neuilly et notamment d'un oncle et d'un grand-oncle qui lui inspirent son premier grand

succès : *Les Célibataires*. Suivie d'un recueil de poèmes :
Encore un instant de bonheur, cette chronique de trois
« fantoches aristocrates » sortis d'un passé évanoui,
Octave et Élie de Coëtquidam et Léon de Coantré,
leur neveu, « un original un peu simple d'esprit », le
rend célèbre d'un seul coup. Il devient la coqueluche
de Paris. Il refuse la direction du *Figaro* et caresse le
rêve de devenir à son tour ce qu'ont été successivement
un Barrès et un Gide : une idole de la jeunesse et son
maître.

En Afrique du Nord, Montherlant est confronté à
deux réalités d'importance inégale : le colonialisme et
l'homosexualité. Sur chacun de ces deux sujets, il
hésite à s'exprimer. Les femmes ne l'attirent pas mais il
est catholique de formation et de sensibilité, et elles
jouent un grand rôle dans sa vie, ou dans l'idée qu'il
s'en fait. Deux fois, à dix ans de distance, il se fiance –
et il rompt. Jacques Brenner souligne à juste titre une
remarque un peu comique et involontairement révéla-
trice de cet ennemi des femmes : « Il s'agissait de fiançailles très sérieuses, avec prise de contact des
notaires. » Le moins qu'on puisse dire est qu'il ne s'agit
pas d'une explosion d'amour fou. De cette répulsion
qui se cache derrière une fiction d'attirance naîtront
Les Jeunes Filles, *Pitié pour les femmes*, *Le Démon du bien*, *Les
Lépreuses*.

En un mot comme en mille, Costals, le héros, se
conduit avec les femmes avec une insigne muflerie. Ce
jeu de la muflerie est assez subtil : les femmes le
détestent, naturellement, et, en un sens, il les attire. Et
l'auteur, non content de soutenir avec beaucoup de
mollesse qu'il ne se confond pas avec son personnage,

se réfugie dans une ironie bourrue qui met les rieurs de son côté – et même parfois les pleureuses, telle Andrée Hacquebaut. Il est l'homme qui méprise les femmes et que les femmes détestent – et qu'elles adorent détester.

Ce jeu de l'ambivalence ironique entre le mufle et ses victimes n'est pas le seul, en ce temps-là, à occuper Montherlant. Il est un des premiers à exprimer un sentiment qui deviendra un des ponts aux ânes de plusieurs générations successives : il a mal à la France. Ce mal prend des allures qui vont un peu plus loin que l'attitude classique des réactionnaires professionnels. Ce qu'il a vu en Afrique du Nord l'a rejeté du côté des colonisés plutôt que des colonisateurs, dont il condamne l'attitude. Il parle – et il est un des rares à l'époque – d'élever une statue aux vaincus. Et il écrit : « Les colonies sont faites pour être perdues. Elles naissent avec la croix de mort au front. »

La France elle-même, la France de l'entre-deux-guerres, lui déplaît souverainement. Il éprouve pour les Français les mêmes sentiments que pour les femmes : sous une apparente attirance, une exaspération qui va jusqu'au mépris. Ce qui les mène – et à coup sûr vers la catastrophe –, c'est une « morale de midinette ». Il écrit *Service inutile* : « L'âme dit *service* et l'intelligence dit *inutile*. » Il trouve des formules qui paraîtront superbes aux uns et boursouflées aux autres : « Nous sommes les chevaliers du néant... Je n'ai que l'idée que je me fais de moi pour me soutenir sur les mers du néant. »

En 1938, il est violemment hostile aux accords de Munich et, un an avant le pacte germano-soviétique, *L'Équinoxe de septembre* lui attire les éloges d'Aragon – « On n'est pas plus français que lui » – et le fait taxer de bellicisme. Moins de trois ans plus tard, dans *Le Solstice de juin*, le belliciste d'hier prêche « l'acceptation » du sort fait à la France et qu'elle a mérité par ses fautes. Montherlant illustre, et il n'est pas le seul, le retournement si caractéristique de l'époque : une certaine droite antiallemande, qui ne rêvait que plaies et bosses, se résigne à l'ordre nouveau et à l'inévitable ; une certaine gauche, qui a sa part de responsabilité dans la faiblesse de la France en face d'Hitler, se réveille – un peu tard – et mène un combat désespéré. Il y a, à droite, une exception éclatante : le général de Gaulle ; et, à gauche, sans même parler de Doriot ou de Déat, la Chambre qui vote les pleins pouvoirs à Pétain est la Chambre du Front populaire.

Montherlant, en tout cas, ne mène pas le combat qui aurait pu le changer en héraut de cette Résistance qui était faite pour lui. Il n'est pas à la hauteur de ses propres exigences. Il ne serait pas équitable de dire qu'il se rallie à Vichy, dont le moralisme bêtifiant n'est pas sa tasse de thé. Mais, après la catastrophe, ce résistant d'avant la catastrophe laisse aux gaullistes et aux communistes le soin de se battre pour l'honneur et pour leurs convictions. La clé de l'attitude de Montherlant, peut-être faut-il la chercher, plus de vingt ans plus tard, dans sa dernière pièce : *La Guerre civile*. Pompée y déclare : « Demain, les deux partis seront confondus chez les morts, après-demain, confondus dans l'oubli. » Vingt ans après l'heure du choix, c'est trop facile et c'est trop tard.

A Paris, sous l'occupation allemande, comme tant d'autres et comme Sartre, il fait jouer deux pièces : *La Reine morte*, qui est un immense succès, et *Fils de personne*.

Un même thème court à travers les deux pièces : le refus de la médiocrité. Dans *Fils de personne* un père s'éloigne de son fils parce qu'il le juge médiocre. Et dans *La Reine morte* s'élève le cri qui est comme l'emblème de Montherlant : « En prison !... en prison pour médiocrité ! »

Avec l'alternance, chargée d'épuiser toutes les richesses du monde, la grandeur, le sacrifice, la soumission au devoir et à l'idéal, le refus de toute bassesse sont les thèmes constants de Montherlant. Mais toutes les actions des hommes, en même temps, sont frappées d'insignifiance et d'inutilité. Le secret de Montherlant réside peut-être dans ce paradoxe : le culte du héros, le sens de la grandeur, l'élan vers autre chose pour quoi vivre et mourir sont chantés par un sceptique. Ouvrez-vous, portes de la nuit ! Et derrière, il n'y a rien. Roulez, torrents de l'inutilité !

À la Libération, comme Giono, comme Anouilh, avec la même injustice dénoncée superbement par Paulhan, Montherlant fut en butte aux assauts du Conseil national des écrivains. Il en éprouva de l'amertume et « la soif d'un immense retirement ». La grandeur dans le retirement, qui découle directement et de *Service inutile*, et de l'occasion manquée de la résistance à l'ennemi, et de l'iniquité des attaques de la Libération, est à la source de trois grandes pièces aux confins de la politique et de la religion : *Le Maître de Santiago*, *Port-Royal*, *Le Cardinal d'Espagne*.

L'art de Montherlant est alors à son sommet. Il est en son temps – comment le nier ? – l'incarnation même du grand écrivain. À contre-courant de son temps, et en rupture avec lui : « Il faut n'être de rien,

n'être à rien, n'être rien. » Le style, dans le théâtre surtout, est peut-être un peu trop tenu, un peu guindé.
Mais il est à l'unisson de la hauteur lassée de l'homme
et de ses héros. Au milieu de l'agitation générale qui
précipite les meilleurs vers les rêves et les honneurs et
l'or du Nouveau Monde, le Maître de Santiago
s'enferme dans une solitude et un silence qui peuvent
paraître dédaigneux mais qui relèvent d'une espèce de
mystique du néant : « Tant de choses ne valent pas la
peine d'être dites ; et tant de gens ne valent pas que les
autres choses leur soient dites. Cela fait beaucoup de
silence. » Le Maître de Santiago ne veut ni s'enrichir,
ni combattre les Indiens, ni obtenir des titres et des
places qu'il méprise autant que l'argent. A quoi, mais à
quoi donc peut-il bien s'intéresser ? se demandent
autour de lui des amis et des pairs pleins de bonnes
intentions. « Mais à l'âme, monsieur. Ne le savez-vous
pas ? » répond Mariana, sa fille, qui est seule à le
comprendre et qu'il aime entre tous. L'âme, bien sûr.
La grandeur. Et toutes les vertus cardinales. Mais, en
fin de compte, sans Dieu. La grandeur, inex-
tricablement, est liée au désespoir. Il y a du Cioran
chez l'auteur de *Service inutile* et du *Maître de Santiago*.
Montherlant est un sceptique fou d'espérance et de foi.

Entré à l'Académie française – « Roulez, torrents
de l'inutilité ! » – sans lettre de candidature ni discours
sous la Coupole, mais avec une élection de maréchal,
Montherlant donne encore deux romans dont on peut
se passer – *Le Chaos et la Nuit, Un assassin est mon maître* –
et surtout ses incomparables *Carnets*, suivis de *Va jouer
avec cette poussière*, de *La Marée du soir* et de *Tous feux
éteints*. Je me rappelle la lecture de quelques-unes de ces

pages dans une île grecque presque déserte. A chaque instant une hauteur, souvent tempérée par l'humour, trouve des bonheurs d'expression. Malraux peut parler à juste titre de « l'union fort rare de l'ironie avec une écriture royale ».

Le mépris de tout ce qui fait courir les hommes, depuis l'argent jusqu'aux honneurs, éclate dans ces écrits comme dans les grandes pièces politiques et religieuses. Un fil continu court de *Service inutile* au *Maître de Santiago* et aussi à *Va jouer avec cette poussière*. La seule activité qui trouve grâce aux yeux de Montherlant, c'est l'amour – ou peut-être plutôt la « chasse ». Montherlant faisait déjà dire à un de ses héros, Don Juan : « De tout côté, autour de moi, je ne trouve que la nuit noire ; mes heures de chasse et d'amour sont les seules étoiles de cette nuit ; elles en sont l'unique clarté. »

Ce qu'il y a de plus fort chez Montherlant, c'est le style. Ce style est au service de deux convictions apparemment contradictoires. La première est d'un pessimisme noir : la vie n'a pas de sens, tout est également inutile et il n'y a d'espérance ni ici-bas ni ailleurs ; la deuxième prend sa source dans une éducation catholique assez vite abandonnée, mais dont il reste pourtant quelque chose, et dans le culte des grands hommes de l'antiquité païenne : il faut se conduire dans cette nuit noire et dans ce chaos sans espoir avec grandeur, avec noblesse, avec élévation et tâcher, malgré tout, et pour rien, d'aller toujours plus loin et plus haut. Car « tout ce qui est atteint est détruit ».

On peut comprendre André Gide qui s'écrie : « Il y a là de la caracole, de la piaffe, cela sent son cheval de race et l'étalon cabré, mais également un peu le cirque, les tréteaux et le regard étonné du public auquel sans cesse il fait appel. »

C'est pour répondre à Gide, et à Sartre, et à Simone de Beauvoir, et à tous ceux qui dénoncent son affectation de hauteur et sa grandeur de carton-pâte – et pour se répondre aussi à lui-même dont la santé décline et qui est en train de perdre la vue – que Montherlant, le soir de l'équinoxe de septembre, choisissant définitivement le stoïcisme antique contre l'acceptation chrétienne, donne rendez-vous chez lui, quai Voltaire, à une heure très précise, à un être qui lui est cher. Quand l'heure approche, il absorbe une dose mortelle de poison. Quelques instants avant le rendez-vous, il se tire une balle de pistolet dans la bouche. Quand l'ami arrive, à l'heure dite, il trouve le corps sans vie de l'auteur de *Service inutile*, du *Maître de Santiago* et de *Va jouer avec cette poussière*. « Je ne crois que les histoires, disait Pascal, dont les témoins se feraient égorger. »

YOURCENAR

(1903-1987)

L'élévation

Le lecteur, ou la lectrice, aura peut-être remarqué – et m'aura peut-être reproché – mon goût pour l'anecdote. Je ne partage pas, en effet, le mépris des pédants pour cette fleur du destin. L'anecdote ne se contente pas d'éclairer une histoire le plus souvent sinistre. Il lui arrive aussi de l'expliquer et de la rendre plus cohérente et plus compréhensible. Encore faut-il que l'anecdote soit significative et qu'elle soit capable de jeter un peu de lumière sur son héros ou sur son héroïne.

Née à Bruxelles d'un père français qui s'appelait Crayencour (quasi-anagramme de Yourcenar) et d'une mère belge qui meurt en lui donnant le jour, Marguerite Yourcenar est la première femme à être élue à l'Académie française où, depuis plus de trois cent cinquante ans, aucune femme n'avait jamais siégé. Elle remplace Roger Caillois et, pour la première fois, sans que s'écroule la Coupole, est prononcé un mot incongru en ces lieux misogynes : « Madame ». L'anecdote marque une date dans l'histoire de l'Académie. Elle ne nous apprend rien, ou pas grand-chose, sur Marguerite Yourcenar.

Qu'est-ce qui est au cœur de Marguerite Yource-nar ? Je dirais deux choses surtout. Commençons par la moins importante : le savoir, l'érudition, une connaissance approfondie de l'histoire de la culture. Après deux courts romans, l'un dans la ligne de Gide : *Alexis ou le Traité du vain combat*, l'autre : *Le Coup de grâce*, un beau récit d'amours malheureuses dans les pays baltes en lutte contre le communisme, après aussi un roman d'histoire contemporaine dans l'Italie de Mus-solini : *Le Denier du rêve*, ce sont, à dix-sept ans de dis-tance l'un de l'autre, deux chefs-d'œuvre romanesques sur l'histoire de la culture : les *Mémoires d'Hadrien* et *L'Œuvre au noir*.

Le premier dessein des *Mémoires d'Hadrien* remonte loin dans l'adolescence. Marguerite Yource-nar avait pensé d'abord à la figure d'Omar Khayyam, le poète persan des plaisirs et de l'angoisse. Elle comprit très vite que son ignorance de la langue et du milieu lui interdisait toute profondeur historique et psychologique. Elle avait fait, grâce à son père si léger mais bon éducateur, des études sérieuses de latin et de grec. Elle se rejeta sur Hadrien, le plus grec des empe-reurs romains.

Pourquoi Hadrien ? Peut-être à cause d'une belle phrase tirée de l'inépuisable correspondance de Flau-bert et citée dans les notes qui accompagnent les *Mémoires d'Hadrien* : « Les dieux n'étant plus, et le Christ n'étant pas encore, il y a eu, de Cicéron à Marc Aurèle, un moment unique où l'homme seul a été. » « Un pied dans l'érudition, l'autre dans [...] cette magie sympathique qui consiste à se transporter en pensée à l'intérieur de quelqu'un », poussant le plus loin possible l'assimilation à son héros, collaborant « avec les âges, avec la vie grecque elle-même », travaillant dans les trains et dans les tempêtes de neige de cette Amérique où elle s'est réfugiée, Marguerite Yourcenar ressuscite sous nos yeux l'empereur gréco-romain.

La Grèce n'est pas le seul décor des romans historiques et culturels de Marguerite Yourcenar. Les *Mémoires d'Hadrien* nous transportent à la jointure du paganisme et du christianisme ; à l'ombre des Vinci, des Érasme, des Copernic ou des Galilée, des Ambroise Paré ou des Giordano Bruno, *L'Œuvre au noir* nous fait assister, autour de Bruges, dans les Flandres, dans le monde germanique, au formidable affrontement de la Renaissance et du Moyen Age. Au centre de ce bouillonnement, le personnage central de Zénon, bâtard de cardinal, alchimiste et médecin, magicien aimé des femmes, voyageur, philosophe plus ou moins hérétique, aventurier de l'âme. Comme le personnage d'Hadrien, Marguerite Yourcenar a longtemps porté en elle la figure de Zénon. Les héros de Yourcenar ressemblent à ce Lao-tseu de légende, resté à méditer dans le sein de sa mère pendant quatre-vingts ans avant de dicter le *Tao-tö king* au gardien de la passe de l'Ouest.

Ce flot de l'histoire qui nourrit ses romans, nous le retrouvons encore dans son autobiographie en trois volumes – *Souvenirs pieux*, *Archives du Nord*, *Quoi ? L'Éternité* – qui porte un titre d'ensemble assez éloquent : *Le Labyrinthe du monde*. Après les longs portraits de Michel, le père, joueur, militaire, déserteur, non conformiste, homme de plaisir, vaguement sorcier, et de Fernande, la mère trop tôt disparue, après l'étonnante description des Flandres sous Jules César, avant la conquête romaine et dans la préhistoire, Marguerite elle-même, avec une exquise discrétion, ne naît qu'aux dernières lignes du deuxième volume. L'autobiographie de Marguerite Yourcenar est d'abord collective et s'intéresse aux ancêtres avant de s'intéresser à elle-même : « Tout être qui a vécu l'aventure humaine est moi. » Et le fil qui relie Marguerite Yourcenar à toute l'humanité court jusqu'aux animaux.

L'essentiel de Yourcenar est pourtant encore ailleurs. Il est dans une exigence qui va à contre-courant des tendances de l'époque. Pour dire les choses d'un mot, elle se méfie du bonheur. Elle méprise le bonheur et elle lui oppose le service, qui est peut-être le mot clé de sa personne et de son œuvre.

« Il m'arrive de me dire, écrit Marguerite Yourcenar, que, tardivement et à ma manière, je suis entrée en religion. » En religion ? En littérature, bien sûr, et la littérature est une espèce de religion. Mais aussi en religion par horreur de la bassesse – et peut-être de cette idée médiocre qu'on se fait du bonheur. « La vue des gens heureux donne la nausée du bonheur », s'écrie Alexis. Et, plus clairement encore, Marie-Madeleine, dans *Feux*, se réjouit en ces termes étonnants d'avoir trouvé son salut dans l'amour de Dieu : « Je ne regrette pas d'avoir été refaite par les mains du Seigneur. Il ne m'a sauvée ni de la mort, ni des maux, ni du crime, car c'est par eux qu'on se sauve. Il m'a sauvée du bonheur. » Et, dans le même ouvrage, mais cette fois en

296

son propre nom, Marguerite Yourcenar insiste : « Je ne supporte pas bien le bonheur. » Et encore, encore : « Qu'il eût été fade d'être heureux ! »

La conclusion sort de la bouche de Yourcenar elle-même, mais elle aurait pu, tout aussi bien, être exprimée par Hadrien, par Zénon, par n'importe lequel de ses héros ou de ses héroïnes : « La seule horreur, c'est de ne pas servir. » Toute l'œuvre de Marguerite Yourcenar est imprégnée d'un bout à l'autre, d'*Alexis ou le Traité du vain combat* jusqu'à *En pèlerin et en étranger* et au *Tour de la prison*, en passant par *Feux* et par *Sous bénéfice d'inventaire*, d'une exigence morale qui tourne le dos aux facilités et au laisser-aller. Tous ses personnages savent « se tenir », comme on disait jadis, et ne s'abandonnent jamais. Marguerite Yourcenar ou la hauteur. Marguerite Yourcenar ou l'élévation.

Le style de Marguerite Yourcenar est ferme, ample, plein de beautés, très « tenu », lui aussi – peut-être, par un joli paradoxe ou par une heureuse rencontre, un peu académique. Écoutons Hadrien en train de rêver sur la misère des hommes : « Quand on aura allégé le plus possible les servitudes inutiles, évité les malheurs non nécessaires, il restera toujours, pour tenir en haleine les vertus héroïques de l'homme, la longue série des maux véritables, la mort, la vieillesse, les maladies non guérissables, l'amour non partagé, l'amitié rejetée ou trahie, la médiocrité d'une vie moins vaste que nos projets et plus terne que nos songes : tous les malheurs causés par la divine nature des choses. »

Ou encore cette page où, à bord d'un vaisseau

sur la mer Ionienne, un ancien esclave grec fait la lecture à Hadrien : «Au crépuscule, couché à l'arrière, je l'écoutais me lire des poètes de son pays, jusqu'à ce que la nuit effaçât également les lignes qui décrivent l'incertitude tragique de la vie humaine et celles qui parlent de colombes, de couronnes de roses et de bouches baisées. Une haleine humide s'exhalait de la mer ; les étoiles montaient une à une à leur place assignée ; le navire penché par le vent filait vers l'Occident où s'éraillait encore une dernière bande rouge ; un sillage phosphorescent s'étirait derrière nous, bientôt recouvert par la masse noire des vagues. Je me disais que seules deux affaires importantes m'attendaient à Rome : l'une était le choix de mon successeur, qui intéressait tout l'empire ; l'autre était ma mort, et ne concernait que moi. » Dans la lignée de Chateaubriand, entre le goût de la beauté et l'exigence de servir, nous restons, peut-être presque un peu trop haut, sur les cimes de l'histoire et de l'art.

Marguerite Yourcenar a publié de belles traductions du poète grec Cavafy, de *Negro Spirituals* et de textes helléniques. Voici, tirée de *La Couronne et la Lyre*, anthologie de poètes grecs, la traduction par Marguerite Yourcenar d'une tablette de Petolia, en Eubée :

L'EAU DU LAC DE MÉMOIRE

Sur le seuil de la porte noire
A gauche du pied d'un peuplier

Coule l'eau qui fait oublier.
Ame pure, abstiens-toi d'en boire.

Cherche l'eau du lac de mémoire,
Des gardiens sont sur le bord.
Tu leur diras : « Je crains la mort,
Je suis fils de la terre noire

Mais aussi du ciel étoilé.
Je meurs de soif. Laissez-moi boire
Sur le rivage non foulé. »
Ils t'offriront l'eau de mémoire.

Du flot glacé tu goûteras
Et parmi les héros tu vivras.

Ce n'est pas assez dire que l'art, aux yeux de Yourcenar, est une catégorie fondamentale de la réalité. C'est plutôt la réalité qui est une catégorie subalterne de l'art. C'est le sens, j'imagine, qu'il faut donner à la première de ses merveilleuses *Nouvelles orientales*. Le vieux peintre Wang-fo est condamné à mort par l'empereur de Chine. L'empereur hait Wang-fo parce que le peintre, à ses yeux jaloux, n'a cessé de mentir et qu'il a su se faire aimer en créant un univers plus beau que le monde réel. Le disciple Ling, qui avait tout quitté pour suivre le vieux peintre, est décapité sous les yeux de son maître. Au fond de sa prison, Wang-fo, lui, avant d'être exécuté, est contraint par l'empereur, qui se veut amateur d'art, à peindre un dernier tableau. Il y a la mer sur ce tableau, et tous les vents de la mer, et un grand navire qui se promène sur les flots. Et tout cela est si beau et si vrai, et tout cela sonne si juste qu'on dirait que la mer envahit la prison. Alors, Wang-fo tend la main au jeune Ling décapité, ils montent à bord du navire et ils disparaissent à jamais, tous les deux, le vieux maître et le disciple, sur cette mer de jade inventée par Wang-fo.

SARTRE

(1905-1980)

Le dernier des Mohicans

Sartre a tous les dons et une facilité prodigieuse. Il est philosophe et romancier ; il écrit des nouvelles et des pièces de théâtre ; il est biographe à sa manière et, d'une certaine façon, journaliste ; il est critique littéraire et critique d'art ; il s'occupe de politique ; qu'il le veuille ou non, il a écrit des mémoires et une autobiographie : c'est un polygraphe de génie et, selon la formule de Bourdieu, un « intellectuel total ». Témoin et conscience de son temps à la façon d'un Voltaire ou d'un Victor Hugo, il est l'héritier des « grands hommes » de notre histoire. Plus encore qu'André Gide, il est, pour plusieurs générations enivrées d'engagement et d'existentialisme, le contemporain capital. Quand il meurt à l'hôpital Broussais, c'est un événement national et international et cinquante mille personnes suivent son enterrement. Il est le dernier des Mohicans.

Il l'est malgré lui, à son corps défendant. Sans doute, dès l'enfance – il le raconte dans *Les Mots*, le meilleur peut-être, le plus charmant, le plus gai de ses

301

livres –, il rêve de gloire littéraire. Mais l'idée même de « grand homme », version laïque et républicaine de la figure du saint, l'intellectuel en marche vers l'universel qu'il deviendra plus tard la récuse radicalement. Il y voit comme une « illusion rétrospective » dont il s'agit de se dégager. Il n'y a pas plus de grand homme, il n'y a pas plus de grand écrivain qu'il n'y a de sauveur ni de salut : « Si je range l'impossible Salut au magasin des accessoires, que reste-t-il ? Tout un homme, fait de tous les hommes et qui les vaut tous et que vaut n'importe qui. » Sartre est devenu ce grand homme qu'il espérait devenir dans sa petite enfance et dont il contestait, dans son âge mûr, l'existence légitime et presque la possibilité théorique : c'est la première de ses contradictions.

Jean-Paul Sartre appartient à cette configuration littéraire qui nous est la plus familière : il perd son père à quinze mois et il reste seul jusqu'à dix ans « entre un vieillard et deux femmes » – sa mère et ses grands-parents maternels. Le grand-père, Charles Schweitzer, Alsacien, universitaire, humaniste, est l'oncle d'Albert Schweitzer. Protestantisme et catholicisme se partagent la famille.

Jean-Paul, le petit « Poulou », fait ses études à Henri-IV, puis à La Rochelle où sa mère chérie s'est remariée avec un polytechnicien qui est son général Aupick, et, de nouveau à Paris, en khâgne, à Louis-le-Grand. Comme Jaurès et Blum, comme Péguy, comme Giraudoux, comme Jules Romains, il entre à l'École normale. L'École connaît alors une de ses périodes les plus brillantes. Il y a Paul Nizan, le futur auteur d'*Aden Arabie*, des *Chiens de garde*, de *La Conspira-*

tion. Il y a Merleau-Ponty et Canguilhem, qui seront des philosophes de premier plan et qui marqueront plusieurs générations d'étudiants. Il y a surtout Raymond Aron.

Le mythe de Sartre se construira en opposition à deux figures majeures de l'époque. La première est de Gaulle, flanqué de Malraux et de Mauriac. En face, en marge du parti communiste : Jean-Paul Sartre. Patron des *Temps modernes*, à l'origine de plusieurs publications – *Tout!*, *La Cause du peuple*, *Révolution*, et surtout *Libération* –, Sartre ne cesse de combattre de Gaulle dont il dénonce la dictature, plus évidente et plus funeste à ses yeux que celle de Staline. Il signe le « Manifeste des 121 », participe aux grandes manifestations de 1961-1962, se déclare solidaire du F.L.N. algérien. Entre de Gaulle et lui, c'est une lutte de puissance à puissance. A un de ses ministres qui lui proposait d'inculper Jean-Paul Sartre pour appel à l'insoumission, de Gaulle aurait répondu : « On n'inculpe pas Voltaire. »

L'autre pendant de Sartre est Aron. Jusqu'à leur intervention commune à l'Élysée en faveur des *boat people*, les deux camarades de Normale, les deux « petits amis », se regardent en chiens de faïence. Sartre, qui collabore aux *Lettres françaises* clandestines et adhère, à la Libération, au Comité national des écrivains, mais qui fait représenter *Les Mouches* et *Huis clos* sous l'occupation et n'est pas un résistant très actif, se brouille assez vite avec Raymond Aron, juif et Français libre, qui a lutté contre le national-socialisme et qui est presque seul à sauver l'honneur des intellectuels en condamnant le stalinisme à une époque où tous ceux qui le rejetteront plus tard, après la chute du mur de Berlin, s'aplatissent devant lui : il faut lire, témoignage de bassesse et d'aveuglement, le télégramme des normaliens au parti communiste d'U.R.S.S. en 1953, à la mort de Staline. Mais Sartre est brillant, il amuse, il déroute, il fascine les médias, et il a plus de talents qu'Aron. Un mot célèbre court Paris et fait couler des flots d'encre : « Mieux vaut avoir tort avec Sartre que raison avec Aron. »

Il y a encore, du côté de l'École normale et de l'agrégation de philosophie – où, après avoir été refusé une première fois, il est reçu premier avec un sujet fait pour lui : « Liberté et contingence » –, une autre figure qui jouera un rôle éminent dans la vie de Jean-Paul Sartre : Simone de Beauvoir – reçue deuxième. Un pacte sentimental d'attachement et de liberté unira pour toujours Jean-Paul Sartre et Simone de Beauvoir, « le Castor », championne du féminisme, que la correspondance avec Nelson Algren montrera bien des années plus tard comme une femme soumise – mais à un autre –, emportée par l'amour, aspirant à laver les chemises et à ravauder les chaussettes.

L'ambition de Sartre, « tâcheron énorme, d'après Audiberti, veilleur de nuit présent sur tous les fronts de l'intelligence », n'est pas mince : il aspire à être « à la fois Spinoza et Stendhal ». Jusqu'à près de vingt ans, jusqu'à sa découverte de Bergson, il veut devenir romancier : « Je ne voulais pas être philosophe, j'estimais que c'était perdre son temps. » Un des problèmes de Sartre, son atout majeur et son risque, est ce fil qui court en lui entre littérature et philosophie. *La Nausée*, en 1938, est un conte philosophique, avec accents naturalistes, sur l'existence qui se dévoile et sur la contingence. On a beaucoup dit, en sens inverse, que les analyses concrètes – la caresse, le désir, le regard, le visqueux, la description du garçon de café qui joue au garçon de café – constituaient les meilleures pages de *L'Être et le Néant*, gros pavé philosophique qui doit beaucoup aux trois H germaniques – Hegel, Husserl, Heidegger – et dont le succès, d'après Queneau, était dû d'abord à un accident fortuit : en pleine occupation allemande, au temps de la récupération des métaux, il pesait exactement un kilo. On ajoutait, chez Gallimard, qu'un mastic avait rendu incompréhensibles les vingt ou trente premières pages et qu'il avait été décidé de fournir une édition corrigée à tout lecteur qui en ferait la demande. Mais personne ne se présenta.

Ce n'est pas à coups de bons mots que se jouera le destin de Sartre. Il est philosophe et romancier. La question est celle-ci : est-il un grand philosophe et un bon romancier ou, à l'image de Maupertuis, mathématicien pour les philosophes, philosophe pour les mathématiciens d'après cette peste de Voltaire, un philosophe pour les romanciers, un romancier pour les philosophes ?

Il est douteux que Sartre soit l'égal de Husserl, de Jaspers, de Heidegger. *L'Être et le Néant* est un ouvrage très brillant qui se situe en marge de la voie royale de la philosophie. En dépit d'une philosophie de la liberté qui est loin d'être négligeable, Sartre, qui n'est à l'origine ni de l'existentialisme ni de la phénoménologie, ne peut pas entrer en compétition, comme philosophe, avec un Husserl ni avec un Heidegger.

La force de Sartre – et sa faiblesse – est qu'il a rendu populaire la philosophie universitaire. On pourrait dire la même chose de Bergson, qui a été la coqueluche de Paris. Mais Bergson, en philosophie, est un révolutionnaire qui a ouvert des voies ; Sartre est un disciple étincelant qui a ramassé des courants. Bergson est un début et Sartre est un reflet. Le plus brillant, le plus lumineux des reflets. Mais un reflet.

S'il n'est pas un grand philosophe, est-il un grand romancier ? Nourri de culture classique et de romans d'aventures, excellent connaisseur du roman américain, sa vocation primitive est romanesque. Et, au confluent de la philosophie, des courants culturels de l'époque et de la littérature, *La Nausée*, son premier roman, et les nouvelles du *Mur*, qui présentent cinq petites déroutes devant l'existence, témoignent d'un talent rare et d'une intelligence aiguë. La grande machine romanesque des *Chemins de la liberté* – *L'Age de raison, Le Sursis, La Mort dans l'âme* –, en revanche, est lourde et décevante. Elle marque d'ailleurs le terme de la carrière romanesque de son auteur. Je ne demande pas à être cru sur parole : il suffit d'ouvrir l'un ou l'autre des volumes des *Chemins de la liberté* pour constater qu'ils sont devenus infréquentables.

Philosophe et romancier, Sartre, comblé de dons, est aussi homme de théâtre. *Huis clos, Les Mains sales, Le Diable et le Bon Dieu, Les Séquestrés d'Altona* ont été de grands succès. Le théâtre de Sartre est un théâtre d'idées. C'est un théâtre à thèses. Il met en mouvement les débats, notamment politiques, qui agitaient son époque. Comme son œuvre romanesque, le théâtre de Sartre est lié étroitement à son temps. Sans aller jusqu'à établir, à la façon de Jacques Laurent, un parallèle entre Jean-Paul Sartre et Paul Bourget, je ne suis pas sûr que Sartre soit encore lu par les jeunes gens du début du IIIe millénaire − qui ne liront peut-être plus grand-chose. Mais il ne pourra pas être ignoré par ceux qui voudront comprendre notre époque pour laquelle il a écrit et avec laquelle il risque de disparaître.

Voilà où se situe la vraie grandeur de Sartre : il est le meilleur interprète de son époque. Il n'est pas − et il ne veut pas être − un sage, un mage, un découvreur, un aventurier. Il n'est pas un voyant, il n'est pas un prophète : il s'est beaucoup trompé. Lisez-le : si c'est un voyant, c'est un voyant aveugle ; si c'est un prophète, c'est un prophète démenti. Il n'est même pas − et il ne veut pas être − un styliste. Il est, par excellence − comme Malraux, mais dans l'autre camp −, un grand témoin de son époque.

Il l'est par son intelligence. Par une puissance de travail stupéfiante. Par sa générosité. Par les liens qu'il a établis entre les plus déshérités et lui en train de régner sur le monde des idées. Il a fait descendre sur le pavé une philosophie qu'il s'agissait moins de comprendre que de vivre. Polémiste redoutable, il a fait de la littérature un instrument de combat. La psychologie qui encombrait les romans du passé, il l'a jetée aux orties et il l'a remplacée par la lutte, accessible à chacun, des situations concrètes. Il a été à la fois le plus populaire des professeurs et le plus savant des meneurs d'hommes. Aucun intellectuel de notre siècle, ni Barrès, ni Maurras, ni Malraux, n'a entraîné derrière lui autant de jeunes gens que Sartre. Jusque dans le refus des honneurs et du Nobel, il avait le génie de la communication de son époque.

Après *L'Être et le Néant* – que peu de gens avaient lu, et moins encore compris –, après *Huis clos*, après *L'existentialisme est un humanisme*, une popularité formidable s'abat sur le philosophe. Il la nourrit de petites phrases bien closes, efficaces et mystérieuses qu'adversaires et partisans agitent comme des drapeaux : « L'enfer, c'est les autres » ou « L'homme est une passion inutile. » Qu'est-ce que ça veut dire ? Pas grand-chose peut-être. Je crois bien que lui-même se méfiait de ces slogans que les dévots répétaient, tels des moulins à prières. Ils ont contribué à sa gloire.

Peu à peu, Sartre donne le pas à l'action, à la critique sociale, à la politique sur la littérature. En France et à l'étranger, il occupe une place de plus en plus importante, il finit par exercer « une espèce de magistère moral dans le monde entier » et, malgré lui peut-être, il apparaît comme un maître détenteur de la vérité et très capable de la défendre avec force, et parfois avec violence, contre ses adversaires.

Il s'est brouillé avec Camus comme il s'était brouillé avec Aron. Traité de « hyène stylographe » par l'Union des écrivains soviétiques, mais voyant dans le marxisme « l'horizon philosophique indépassable de notre temps », allant jusqu'à affirmer que

« tout anticommuniste est un chien » et persuadé de la victoire finale de l'Union soviétique sur les États-Unis, il se rapproche, dans l'ambiguïté, du parti communiste. Il finit par s'en éloigner pour devenir le totem pensant d'une fraction au moins du gauchisme. Au lendemain de 68, à une réunion de masse avec Michel Foucault, il est rabroué et contesté par une jeunesse dont il est le maître et la proie : « Sartre, sois bref ! »

La montée de Foucault constitue la première menace sérieuse contre son hégémonie : *Les Mots et les Choses* tient la place mythique que *L'Être et le Néant* avait occupée près d'un quart de siècle plus tôt. A la fin de sa vie, quand il est presque aveugle, à peu près à l'époque où Simone de Beauvoir se déclare « flouée », les entretiens avec Benny Lévy, alias Pierre Victor, soulèvent des controverses : Sartre reviendrait-il sur son athéisme déclaré et s'éloignerait-il de ses positions fondamentales ? La question reste ouverte et elle déborde les modestes limites d'une histoire de la littérature.

C'était un des hommes les plus intelligents de sa génération, un polygraphe éblouissant, le meilleur témoin de son temps et, en dépit de lui-même, le dernier, à coup sûr, de nos maîtres à penser. Avec *Saint Genet, comédien et martyr*, avec *L'Idiot de la famille*, fresque inachevée sur Flaubert, il a renouvelé la critique littéraire. Avec ses travaux sur Carpaccio et sur le Tintoret, il a empiété sur la critique d'art. Avec *Les Temps modernes* et avec *Situations*, illustrations d'une littérature engagée et d'une pensée de gauche, il a dominé la vie intellectuelle. Il a joué un rôle considérable sur la scène politique et sociale. Il a marqué l'époque − ou il l'a reflétée − en faisant communiquer littérature et philosophie. Son œuvre, riche et immense, relève du commentaire et de l'interprétation beaucoup plus que du plaisir. En un temps où la glose, le palimpseste, le débat l'emportent de très loin sur le plaisir du texte, elle lui a valu la gloire. Bien plus que tous nos hommes politiques et que les autres écrivains, il est, avec la gloire au comptant et les risques à crédit d'une telle situation, un héros de notre temps et je lui en veux d'avoir pissé, pour mieux montrer sans doute son mépris des grands hommes, sur la tombe de Chateaubriand, au Grand Bé, à Saint-Malo.

GENET

(1910-1986)

L'envers du monde

Né de père inconnu, abandonné par sa mère, confié à l'Assistance publique, envoyé en maison de redressement, déserteur de la Légion étrangère, admiré et aidé par Jouvet, par Sartre, par Cocteau, par Malraux, Jean Genet est le poète du vol, du crime, de la prostitution et de l'homosexualité. « Un temps je vécus du vol, mais la prostitution plaisait davantage à ma nonchalance. J'avais vingt ans. »

Placé à huit ans par l'Assistance publique chez des paysans du Morvan, il est accusé de vol deux ans plus tard. A tort ? A raison ? L'enfant se précipite en tout cas sur le « mot vertigineux » qu'on lui jette à la face et sur l'accusation portée contre lui. Il l'assume, il la revendique : « Je sentais le besoin de devenir ce qu'on m'avait accusé d'être. » Il est envoyé à Mettray, dans une maison de correction. Il s'évade. C'est le début d'une existence de délinquance et de transgression qu'il mènera jusqu'à sa mort.

Il vagabonde de port en port sur les rivages de la Méditerranée, en Espagne et en France, se prostituant pour vivre aux marins et aux touristes. Un cambriolage finit par le mener en prison. C'est à Fresnes, en 1942, qu'il écrit son premier poème : *Le Condamné à mort*.

Quelques années plus tôt et déjà en prison, Genet s'était lié avec un prisonnier d'un grand charme et d'une grande beauté, qui portait le même nom qu'un secrétaire assez célèbre de Chateaubriand : Maurice Pilorge. Maurice Pilorge fut guillotiné le 17 mars 1939, le jour même ou le lendemain de l'entrée des troupes allemandes à Prague. Écrit dans une langue classique admirable et traditionnelle, avec une ombre de préciosité, *Le Condamné à mort*, dont beaucoup de passages relèvent d'une franche obscénité, sort du souvenir de Pilorge.

Pardonnez-moi mon Dieu parce que j'ai péché !
Les larmes de ma voix, ma fièvre, ma souffrance,
Le mal de m'envoler du beau pays de France,
N'est-ce assez mon Seigneur pour aller me coucher
    Trébuchant d'espérance

Dans vos bras embaumés, dans vos châteaux de neige !
Seigneur des lieux obscurs, je sais encor prier.
C'est moi mon père, un jour, qui me suis écrié :
Gloire au plus haut du ciel au dieu qui me protège,
    Hermès au tendre pied !

Je demande à la mort la paix, les longs sommeils,
Le chant des séraphins, leurs parfums, leurs guirlandes,
Les angelots de laine en chaudes houppelandes,
Et j'espère des nuits sans lunes ni soleils
    Sur d'immobiles landes...

Grâce à l'intervention de plusieurs écrivains, Genet échappe à la relégation et s'engage dans une œuvre romanesque et théâtrale qui chante le « monde délicat de la réprobation » et exalte les « fastes de l'abjection ». Quatre romans : *Notre-Dame-des-Fleurs, Miracle de la rose, Pompes funèbres, Querelle de Brest*; et, plus importantes encore, cinq pièces qui, à chaque fois, réussissent à déchaîner le scandale : *Haute Surveillance, Les Bonnes, Le Balcon, Les Nègres, Les Paravents*. Comme sa poésie, comme ses romans, le théâtre de Genet est un théâtre de la révolte et du paroxysme. Depuis sa plus petite enfance, Genet était « l'ennemi déclaré » de la société et de la patrie. L'enfant illégitime rejeté par la société, le voleur, le déserteur s'était réjoui en mai 1940 de l'écroulement de la nation. Il était une sorte de traître professionnel, l'ennemi public n° 1 de toute tradition et de toute institution. « Il est bien trop tard, disait-il à Cocteau, pour que je me civilise. » Il était « irréconciliable ». Il refusait de saluer André Gide parce qu'il trouvait « son immoralité bien suspecte ». La sienne allait plus loin. Et très loin.

J'ai eu l'honneur d'appartenir à un régiment de parachutistes. On peut comprendre qu'élevés dans le respect de la discipline et dans le culte d'une nation qui n'était même pas toujours la leur, légionnaires et parachutistes aient été indignés par une pièce comme *Les Paravents* dont André Malraux, ministre du Général, prit avec courage la défense. Il avait raison. Genet est un grand écrivain. Et un grand écrivain peut écrire ce qu'il veut.

Attaqué par les uns avec une extrême violence – il

est pour François Mauriac un écrivain « excrémentiel » –, admiré et défendu par les autres, Genet fut chanté et exalté jusqu'à la sanctification par Jean-Paul Sartre, qui le considère comme un « moraliste » dans *Saint Genet, comédien et martyr*. Il ne devait s'agir d'abord que d'une simple préface : elle finit par prendre les proportions d'un volume. On voit bien pourquoi Sartre s'intéressait à Genet : le choix délibéré d'un homme qui se veut voleur parce qu'on l'a traité de voleur semble sortir tout droit d'une de ces analyses concrètes de *L'Être et le Néant* où le garçon de café joue le rôle du garçon de café. Et toute l'œuvre de Genet est une illustration de ce qu'il y a de plus fort dans la philosophie de Sartre, qui privilégie les *situations* au détriment de la *psychologie* : « Le génie n'est pas un don mais l'issue qu'on invente dans les cas désespérés. »

On imagine l'épreuve que constitue pour un écrivain un cadeau empoisonné comme celui de Sartre. Le gros volume de Sartre fit l'effet d'un pavé de l'ours sur la tête de Genet qui n'avait pas tellement envie d'être canonisé. L'auteur de *Pompes funèbres* et de *Querelle de Brest* en resta silencieux pendant plusieurs années « de grisaille et d'imbécillité » : « J'ai mis un certain temps à me remettre. J'ai été presque incapable de continuer à écrire. »

Une autre épreuve, plus cruelle, attendait Jean Genet : le suicide d'un ami qui lui était très proche et qui s'appelait Abdallah. « Il tenait beaucoup à Abdallah, qui s'est tué plus ou moins à cause de lui, dit Sartre à Simone de Beauvoir, et Genet à ce moment-là a décidé de ne plus écrire. » A partir du début ou du milieu des années soixante, il ne sortira plus, en effet, de son silence que pour donner quelques textes politiques et pour prendre le parti des exclus et des réprouvés, des travailleurs immigrés aux *Black Panthers* américains et des Palestiniens à la bande à Baader. Il se rendra à Sabra et à Chatila où des centaines de Palestiniens avaient été assassinés et il rédigera une préface aux *Textes des prisonniers* de *Fraction armée rouge*. Le dernier de ses livres, *Un captif amoureux*, sera un ouvrage de combat.

Jean Genet était-il un révolutionnaire ? La question est moins naïve qu'il n'y paraît. Il a déclaré lui-même qu'il n'avait aucune espérance révolutionnaire. Il était contre la société, c'est tout. Il était du côté de l'envers sulfureux du monde, du côté des prisons, des bordels et des échafauds. Mais peut-être souhaitait-il que « le monde ne change pas » afin de pouvoir continuer à le dénoncer et à le combattre.

Il l'a combattu avec une magnificence qui, à son regret sans aucun doute, lui confère une place de choix dans l'histoire de notre littérature. A son regret ?... Trop vite dit, peut-être. « Les deux seules choses, disait-il, qui font que j'appartiens à la nation française sont la langue et la nourriture. » Et encore : « Ma victoire est verbale. » Pour combattre la société, il avait noué un pacte avec la langue. Et il avait une alliée dans ce combat : c'était la mort. « Le mal a des rapports intimes avec la mort et c'est avec l'espoir de pénétrer les secrets de la mort que je me penche avec tant de ferveur sur les secrets du mal. »

Dès son premier poème, *Le Condamné à mort*, Genet s'était mis au service de la mort à qui il s'adresse en ces termes :

Et fort de cette force ô reine je serai
Le ministre secret de ton théâtre d'ombres.

La mort et ses séides, le désir, la violence, la transgression et le crime ne cessent jamais d'être à l'œuvre dans le théâtre de Genet. Ce théâtre n'est rien d'autre qu'un rituel funèbre qui se réclame de trois sources : un cérémonial à la façon du théâtre d'Extrême-Orient ; un sacrifice dans le genre de la messe, mais où le pain et le vin auraient été remplacés par « ces humeurs bouleversantes, le sang, le sperme et les larmes » ; un jeu, très sérieux et très grave comme les jeux des enfants. Alchimiste de l'inversion, artiste de la profanation, Genet transmue en « vertus théologales » les « vices » de la société répressive et il célèbre de l'intérieur cet envers du monde où règnent les voleurs, les traîtres, les travestis, les réprouvés, les prostitués et les assassins. « Sans doute, écrit-il, l'une des fonctions de l'art est-elle de substituer à la foi religieuse l'efficace de la beauté. Au moins cette beauté doit-elle avoir la puissance d'un poème, c'est-à-dire d'un crime. » Dans ses *Lettres à Roger Blin sur « Les Paravents »*, Genet définit avec clarté ce cérémonial rigoureux du désir, du crime, de la transgression et de la mort qu'est pour lui le théâtre : « Si nous opposons la vie à la scène, c'est que nous pressentons que la scène est un lieu voisin de la mort, où toutes les libertés sont possibles. »

Depuis ce qu'il appelait, d'un mot très éloquent, le *Tavernacle*, « où de beaux garçons louches se métamorphosent quelquefois en princesses à traîne », jusqu'à la scène où il fait évoluer ses assassins et ses prostituées, l'œuvre de Genet tout entière, prose, romans, poésie, théâtre, est un immense jeu de rôles servi par un style d'une magnificence précieuse et triviale. Pour reprendre le titre de son film, qui est un hymne à l'homosexualité, c'est un chant d'amour – et et de mort.

«Jean Genet, écrit François Bott, est enterré à Larache, non loin de Tanger. C'est sa nouvelle adresse. Auparavant, il n'en avait aucune, sauf les éditions Gallimard. Le petit cimetière où réside maintenant cet homme qui n'avait pas de domicile fixe voisine avec la prison municipale et une maison de rendez-vous. » La littérature de langue française appartient aux marginaux, aux prostituées, aux voleurs, aux assassins, comme elle appartient aussi aux ducs et pairs, aux cardinaux, aux ambassadeurs, aux propriétaires fonciers, aux fils de notaires et de pharmaciens.

CIORAN

Toute l'allégresse du désespoir

Nous devons beaucoup aux Roumains. Ils ne
nous ont pas seulement fourni avec générosité en
actrices ou en sculpteurs : un Brâncusi, une Elvire
Popesco, à l'accent inoubliable dans les chefs-d'œuvre
de Robert de Flers et d'Arman de Caillavet qu'appré-
ciait tellement Jankélévitch – *L'Habit vert* ou *Le Roi*. Ils
nous ont donné aussi quelques-uns des meilleurs artisans de notre langue qu'ils connaissaient mieux que
nous et qu'ils aimaient autant que nous : Mme de
Noailles, née Brancovan ; tous les Bibesco, si chers à
Marcel Proust ; dans un genre assez différent, Tristan Tzara, le fondateur de Dada ; Panaït Istrati, un
romancier de l'aventure, auteur de *Kyra Kyralina* ; et
surtout les trois amis qu'on voit ensemble sur des pho-
tographies et qui illustrent avec éclat la littérature
française d'après la Deuxième Guerre mondiale :
Mircea Eliade, romancier, mythologue, historien des
religions ; Eugène Ionesco, être lunaire et exquis qui
bouleverse, avec Beckett, le théâtre contemporain et
dont *La Cantatrice chauve* ou *Les Chaises* n'ont jamais

cessé d'être à l'affiche quelque part pendant un quart de siècle ; et puis Cioran, qui s'appelait Cioranescu et dont le prénom, Émile, s'est perdu en cours de route, comme celui d'Ionesco.

Cioran détestait les discours, les éloges, l'enthousiasme et les bons sentiments. Il ne comprenait pas comment « le risque d'avoir un biographe n'a jamais dissuadé personne d'avoir une vie ». Mais quoi ! Après Breton, après Foucault, nous savons tous désormais que la fin de toute révolte est la célébration. « Nous sommes tous des farceurs : nous survivons à nos problèmes. » Sur ce mystique inversé, sur cet apôtre du néant, « désillusionniste, maître du dégoût, professeur de suicide, chevalier du taste-rien » pour Yann Queffélec, « styliste zen, dandy du vide » selon Jean-Paul Enthoven, jetons donc nos lauriers inutiles et très vains.

Né à Rasinari, en Transylvanie, Émile Cioranescu était le fils d'un pope. Il jouait au football dans le cimetière avec les crânes des morts et lisait Dostoïevski. Le chagrin de vivre, qui ne le lâchera plus, ne met pas très longtemps à passer sa gueule de requin ; à vingt-deux ans, il publie en Roumanie et en roumain, sous la réprobation de son père, un livre au titre très éloquent : *Sur les cimes du désespoir*.

Il s'installe à Paris en 1937 et, au lendemain de la guerre, il écrit, dans un français d'étranger, « dans un style de métèque qui veut mieux faire que les autochtones », c'est-à-dire dans le français le plus pur et le plus ferme, son *Précis de décomposition*. « Le français m'a apaisé comme la camisole de force apaise le fou. » Cioran parle encore notre langue avec un fort accent, mais le seul accent, dans son livre, est celui du désespoir. Il ne s'en débarrassera jamais et il ne cessera de chanter, ouvrage après ouvrage, la litanie du regret d'être entré dans la vie : *La Tentation d'exister, La Chute dans le temps, De l'inconvénient d'être né, Aveux et Anathèmes.*

Le désenchantement ne réclame pas de longues tartines. Ce que le chagrin fait de mieux, c'est de se murer dans son silence. Cioran coupe en deux la poire du désespoir. Il ne se répand pas, à la façon de Rolla ou de Childe Harold, en lamentations lyriques, il ne se tait pas non plus tout à fait : il procède par coups de semonce, par éclats mesurés, par proverbes plus noirs que ceux de Blake ou de Pierce qui se réclamait pourtant du diable, par aphorismes et apophtegmes. Dans l'illustre lignée qui va de Job sur son fumier à Beckett dans ses poubelles, en passant par Alceste et par Schopenhauer, par Kafka et par Chestov, il se situe quelque part entre l'Écclésiaste et Vauvenargues. Quand il se laisse aller à l'abondance – les Roumains sont des Latins –, le bavardage menace et il faut bien avouer que toute longueur est un risque. Quand il resserre sa fureur dans les bornes établies par les moralistes français, de La Bruyère à Chamfort ou à Rivarol, l'effet est foudroyant : « Chacun s'accroche comme il peut à sa mauvaise étoile » ou : « J'ai connu toutes les formes de déchéance, y compris le succès » ou : « Seule l'idée du suicide pourrait nous aider à supporter la vie » ou : « Depuis deux mille ans, Jésus se venge sur nous de n'être pas mort sur un canapé. »

Le moins qu'on puisse dire est que le fils du pope avait perdu la foi : « Sans Dieu, tout est néant ; et Dieu ? néant suprême. » Il poursuivait les dieux, tous les dieux, d'une vindicte inlassable : « Tant qu'il restera un seul dieu debout, la tâche de l'homme ne sera pas finie. » Le monde est invivable parce qu'il a été conçu par des incapables : « La Création fut le premier acte de sabotage. » Une entreprise aussi mal partie ne pouvait mener qu'à un enchaînement de catastrophes dont Cioran est le comptable minutieux et ironique : « Ces enfants dont je n'ai pas voulu, s'ils savaient le bonheur qu'ils me doivent ! » Sa tâche ici-bas est de couper à la racine toute espérance dans ce monde et dans l'autre. L'ennemi de l'existence et de l'humanisme a une belle définition de la vie qui est le « kitsch de la matière ». Il pourrait, malgré leur naïveté, nourrir un faible apitoyé pour les mystiques, pour les saints, peut-être surtout pour les sages bouddhistes. Il trouve aussitôt la parade : « Ils sont heureux, je leur reproche de l'être. » Désespéré incurable, amateur de désastre, Cioran est notre préposé à l'abîme, à l'échec et au néant.

Le noir prophète transylvain, le misanthrope des Carpates était, dans le privé, l'enjouement même, et la gaieté. Il était un compagnon délicieux. « Je suis, disait-il de lui-même, un Sahara rongé de voluptés, un sarcophage de roses. » Il riait beaucoup, et d'abord de lui-même. Le sarcophage de roses s'amusait comme un fou de cette maudite existence. Quand son nom a commencé à voler sur toutes les lèvres des dîners parisiens, je lui ai dit : « C'est ennuyeux pour vous : comment vous arranger de cette gloire et de cette fortune en train de tomber sur vous ? – Ah ! me répondit-il, oui, c'est bien fâcheux. Heureusement, j'ai un ulcère. »

Cioran, malheureusement, avait autre chose

qu'un ulcère. La maladie d'Alzheimer s'est emparée de lui et lui a ôté les moyens de se plaindre de la vie au moment même où, enfin, il avait le droit de s'en plaindre. François Nourissier m'a raconté une visite qu'il avait rendue au désespéré vers l'extrême fin de sa vie et où Cioran, ne sachant plus quoi faire d'un bouquet de violettes qu'on lui avait offert, s'était mis à le manger.

On pourrait avancer trois interprétations différentes du désespoir de Cioran.

La première est littéraire : le refus de cette vie que nous n'avons pas réclamée et qui reste à jamais une énigme est le plus classique des exercices de style. Prenons les choses à la légère – et peut-être un peu trop à la légère : la gaieté, en littérature, ne mène pas très loin. Labiche, Courteline, Feydeau, Flers et Caillavet, déjà nommés, Achard, et même Pagnol, qui sont si amusants et qui ont tant de talent, ont du mal à décrocher leur diplôme d'écrivain et leur licence d'entrée dans les histoires officielles de la littérature. Le chagrin se porte mieux. Le désenchantement fait mouche. Le désespoir vous classe un homme. Il faut cultiver son dégoût. Il y a un filon qui court d'Empédocle – qui se jette dans l'Etna pour devenir immortel – à Kafka en passant par Pascal et par Dostoïevski et où se ramassent à la pelle les pépites du génie. Le rire, c'est très bien : on applaudit ; les larmes, c'est encore mieux : on se tait.

Avec le rire ou le sourire, on fabrique les mots enchanteurs de Tristan Bernard ou de Sacha Guitry. Ce n'est pas de rire, mais de larmes, qu'est faite la formule sublime de Thérèse d'Avila qui ouvre sur bien d'autres horizons : « Que de larmes seront versées sur des prières exaucées ! » Cioran était certainement d'un tempérament mélancolique. Le monde lui était une douleur. Il en a rajouté en lisant les classiques et surtout les moralistes de la fin du XVIIIe. Cioran est un Pascal sans Dieu qui a de l'esprit comme les quatre : La Bruyère, Vauvenargues, Rivarol et Chamfort.

La deuxième interprétation est médicale : Cioran souffrait d'insomnie. La lutte contre l'insomnie est pire que la lutte contre l'ange et elle déchaîne des humeurs noires. A trois heures du matin, la nuit est plutôt sombre pour ceux qui ne dorment pas, et le monde est hanté des spectres de l'échec, de la faillite, de l'abandon, de la déréliction. A trois heures du matin, la nuit de l'insomniaque sort de *L'Enfer* de Dante et les sorcières de *Macbeth* tiennent leur sabbat dans votre tête. Tous les anathèmes de Cioran peuvent apparaître comme des fragments, des copeaux, des échardes d'une épopée de l'insomnie.

La troisième interprétation relève de la politique. Cioran, dans sa jeunesse, a été assez proche du nihilisme d'extrême droite. Dans les années de la montée du fascisme en Europe, la garde de fer du *Conducator* Corneliu Codreanu en a été l'image roumaine. L'effondrement de l'idéal funeste de ses années d'adolescence et sa désillusion ont pu accentuer chez Cioran le sentiment, évidemment inné, d'une universelle vanité, de la faillite de la Providence et de la chute inéluctable de toute construction historique : « L'Histoire ? chance offerte aux hommes pour se discréditer à tour de rôle. » De quoi se nourrirait « le fanatisme du pire » sinon d'échecs et de honte ?

Rien de plus roboratif que la lecture de ce manuel des désespérés qu'est l'œuvre de Cioran. Il devrait être remboursé par la Sécurité sociale. Revers de fortune ? Chagrin d'amour ? Malaise existentiel ? Quelques pages de Cioran sur la tristesse d'être né, sur l'inutilité de l'existence, sur l'échec sans appel de toute vie, et hop ! vous vous sentez déjà mieux. Et il n'est pas impossible qu'à dose homéopathique quelques lignes de cette passion de l'indifférence, quelques gouttes de ce compendium de désastre suffisent à vous remettre d'aplomb. C'est le miracle du style.

Peut-être mieux que tout autre, Cioran apporte la preuve que la littérature consiste à soumettre ce qu'on dit à la manière de le dire. Les auteurs ne manquent pas qui vous racontent des choses drôles, ou qui voudraient être drôles, de façon si pitoyable que les larmes vous viennent aux yeux. Non pas des larmes de rire, mais des larmes de pitié. Cioran, lui, vous invite à vous passer une corde au cou ou à aller vous jeter dans la rivière la plus proche, et vous sautez de bonheur. C'est que ses mots sont mis dans un ordre si simple, et pourtant si savant que toutes les étoiles du ciel s'en réjouissent avec vous. C'est ce qu'on appelle le style, et pour des raisons mystérieuses qui nous échappent à jamais, le fils du pope n'en manque pas. Mort, il fait danser des mots que, de sa bouche de vivant, il prononçait avec peine. Il y a de quoi baiser les pieds de cette divine Providence à laquelle il ne croyait pas.

CAILLOIS

(1913-1978)

Diagonales et cohérences
sur l'échiquier de l'univers

Presque chaque jour, pendant près d'un quart de siècle, j'ai travaillé avec Caillois. Il avait été, paraît-il, et il restait dans le souvenir de beaucoup – de Jacqueline de Romilly, par exemple, qui avait fait avec lui, dans leur commune adolescence, une croisière inoubliable en Grèce, ou de Victoria Ocampo, une Argentine que sa beauté et son intelligence avaient hissée jusqu'à la légende – un jeune normalien mince, ascétique, séduisant et très sombre. Je ne l'ai jamais connu que sous les espèces d'une sorte de Bouddha qui aimait le bon vin et le foie gras. Il avait fondé une revue qui s'appelait *Diogène*, et il m'avait pris pour assistant. Il était bienveillant, ironique, déroutant, d'une intelligence aiguë, et plutôt mystérieux. Je le voyais tous les jours et je ne savais pas grand-chose d'un passé consacré aux mythes et au sacré et qui me paraissait relever lui-même du sacré et du mythe.

Il avait subi l'influence de personnages brumeux qui s'appelaient René Daumal ou Roger Gilbert-

Lecomte et qui avaient été, avec Roger Vailland, à l'origine d'un mouvement dont j'ignorais presque tout et qui me fascinait : *Le Grand Jeu*. Il avait fondé avec Georges Bataille et Michel Leiris le fameux et obscur Collège de sociologie à l'ombre duquel rôdait, selon les murmures des initiés, le spectre de sacrifices humains. Il avait été familier du surréalisme et il m'a raconté lui-même la célèbre querelle qui l'avait opposé à André Breton au café Cyrano. Un membre du groupe avait rapporté du Mexique des haricots sauteurs et les surréalistes contemplaient avec émerveillement ces acrobates d'une nature mystérieuse. Le mystère fascinait Caillois, mais il le voulait en pleine lumière. Quand il murmura, à l'horreur de tous les spectateurs : « Si on les ouvrait pour voir ce qu'il y a dedans ? », il était clair que la rupture était déjà consommée entre Caillois et Breton.

Il avait écrit des ouvrages que les jeunes gens d'hier dévoraient : *Le Mythe et l'Homme*, *L'Homme et le Sacré*. Ceux d'aujourd'hui connaissent à peine son nom. C'est que cet auteur d'un *Ponce Pilate* qui imagine une histoire du monde où la crucifixion du Christ aurait été évitée n'était ni romancier, ni philosophe, ni poète, ni dramaturge. Aucun film n'a été tiré de ses œuvres. Il était un grammairien attiré par la Chine, un minéralogiste penché sur les papillons et les masques. Il est impossible de le ranger sous quelque étiquette que ce soit. C'est un écrivain éclaté.

Rien n'éclaire mieux sa pensée si diverse et si difficile à saisir que l'hommage qui lui a été rendu à l'Unesco en 1991 par Octavio Paz, disparu il y a quelques mois, et qui a été publié par *Le Monde* : « Prodigieuse est la variété des disciplines et des thèmes qu'il a explorés : le mythe et le roman, le sacré et le profane, la guerre et le jeu, le mimétisme et le sacrifice, la minéralogie et l'acoustique, le classicisme français et le conte fantastique, le marxisme et les rêves [...] mais aussi l'histoire et ses ruptures, le oui et le non, le côté droit et le côté gauche de l'univers. Explorations de civilisations et d'univers différents : les primitifs et les Chinois de la dynastie Han, les guerres fratricides entre les fourmis et entre les clans du Japon médiéval, l'archéologie des songes et l'impalpable peuple de reflets qui va par les galeries d'un morceau de quartz. [...] Toutes ces constructions, ces spéculations et ces démonstrations ne font que rechercher les relations secrètes qui unissent les phénomènes étudiés à d'autres très éloignés, et qui, presque toujours, appartiennent à d'autres sphères. [...] Dans l'extrême diversité des sujets, Caillois se propose de découvrir l'unité du monde. »

La citation est un peu longue. Elle rend hommage à deux hommes que j'ai admirés et aimés : celui qui fait l'éloge et celui à qui il est adressé. La démarche de Caillois n'était pas linéaire. Elle s'organisait plutôt sur les cases d'un échiquier. Elle fonctionnait à coups d'échos, de résonances, de diagonales, de savoirs pris en écharpe, de ce qu'il appelait lui-même des « cohérences aventureuses ». Sous l'apparent éparpillement, il y avait une grande rigueur de la pensée de Caillois. Selon une belle formule de Jacqueline de Romilly, « il avait lié partie avec l'exception pour lui arracher de nouvelles règles ». Expression théorique de ses recherches éparses, *Diogène* était une revue des sciences diagonales. L'idéal, pour elle, était un psychanalyste qui parlerait d'économie politique ou l'article d'un linguiste sur une découverte récente en archéologie classique. Dans un monde unique et fini, après tant de travaux menés chacun dans son coin, le temps d'un savoir réconcilié avec lui-même dans la diversité et la correspondance était enfin venu.

Fasciné par l'obscur et par le secret, l'ancien surréaliste était passé avec armes et bagages du côté de la raison. Il jetait de la lumière sur les apparences du mystère. «J'ai caché ma maîtrise, disait-il de lui-même. Je n'ai pas simulé l'enthousiasme, la démence, la possession par les esprits supérieurs ou inférieurs. [...] Mais, travaillant dans l'obscur, j'ai cherché la clarté.» On peut comprendre qu'il ait eu un faible pour la poésie de Saint-John Perse et pour le roman policier. Il menait une enquête sur l'univers, il éclairait ses coins d'ombre et il le jalonnait. Il le concevait comme un vaste et rigoureux système de reflets et d'échos qu'il s'agissait d'ordonner, un peu à la façon de Mendeleïev qui avait établi une classification périodique des éléments chimiques. Débusquant les similitudes et les analogies, traquant les homologies, imposant les grilles de la nomenclature et les exigences du classement exhaustif à toutes les catégories du flou, du fantastique et du mystérieux – Georges Dumézil, qui avait été son maître, reconnaissait n'avoir pu prendre en défaut sa classification des jeux, établie à la manière d'un tableau des éléments ou des formes grammaticales –, contrôleur et des mots et de l'indicible, ordonnateur des règnes, Caillois jetait pêle-mêle sur le monde qu'il explorait et balisait, sur l'absence de raison aussi bien que sur la raison, son filet implacable de récurrences dérobées, de sciences diagonales et de secrètes liaisons. Qu'il s'agît des rêves ou des fulgores porte-lanterne, de la symétrie ou du mimétisme, de la mante religieuse ou de la dissymétrie, de la ville ou des jeux, des lois apparaissaient sur l'échiquier du monde. Elles étaient immuables et elles commandaient un monde en perpétuel changement. Caillois citait souvent un vers de Ronsard :

La matière demeure et la forme se perd.

Il pensait que Ronsard avait tort : c'est la matière qui s'évapore et le modèle qui persiste. Ce qui permettait, à mi-chemin de la syntaxe et de l'esthétique, l'instauration d'une sorte de combinatoire généralisée, d'une classification universelle fondée sur un réseau d'analogies et capable de s'appliquer aussi bien aux phénomènes matériels qu'aux œuvres de l'imagination.

Inspiré par Montesquieu et par la littérature fantastique, familier de la zoologie et des contes populaires, Caillois était un esprit universel qui avait tout lu et tout compris. Il n'avait pas seulement écrit des livres d'une diversité et d'une unité étonnantes, il n'avait pas seulement fondé la revue *Diogène*, il avait aussi dirigé, chez Gallimard, la collection « La Croix du Sud » qui fit connaître en France un grand nombre d'écrivains de l'Amérique latine – et au premier rang d'entre eux Jorge Luis Borges.

A la fin de sa vie, une dernière mutation était intervenue. Le surréaliste était devenu rationaliste : le rationaliste se changea en un mystique athée. Il abandonna le tourbillon des idées qui l'avait tant attiré pour la sagesse muette des pierres. Comme Jorge Luis Borges, il avait toujours préféré l'univers minéral aux exubérances des miroirs, des enfants, des romans et de la végétation. Son pessimisme ironique le rejeta vers les pierres où il lisait les reflets et les signes de quelque chose d'apaisé et de plus durable que les œuvres passagères et condamnées des hommes.

De René Julliard, l'éditeur, à Raymond Aron, de Kléber Haedens à Emmanuel Berl, l'auteur de *Sylvia* et de *Mort de la pensée bourgeoise*, il y a un petit nombre d'hommes et de femmes à qui je dois beaucoup. Caillois se range parmi eux. Il m'a appris à la fois la distance et la rigueur. Ou il a essayé de me les apprendre. Je crois qu'il pensait que la vie était assez inutile et que les pierres suffisaient. Mais puisque nous étions engagés dans l'aventure de la vie, il s'agissait de dominer le réseau de formes récurrentes qui la constitue. C'était la tâche du style. Caillois est un des stylistes les plus accomplis de ce siècle qui s'achève. Plus peut-être que par son système des cohérences aventureuses, plus peut-être que par le silence imposé par les pierres, c'est par le style qu'il survit dans le souvenir de quelques-uns.

PEREC

(1936-1982)

Le jeu du plein et du vide

L'ordre alphabétique nous installait souvent aux côtés l'un de l'autre. Avec une barbe qui n'en était pas une et des cheveux d'inventeur dans un film fantastique, il avait une drôle d'allure. Son nom vient de *peretz*, qui en hébreu signifie « trou ». Il y a du vide, chez Perec, de la disparition, de l'absence. Et une présence impressionnante.

Il appartenait à une famille de Juifs polonais qui avait choisi la France. Il a quatre ans quand son père se fait tuer à la guerre. Il en a sept quand sa mère est déportée en Allemagne, d'où elle ne reviendra pas. La première expérience de Georges Perec est l'extermination.

Peut-être pour lutter, en haussant les épaules, contre cette invasion du vide, le premier ouvrage publié de Georges Perec est un roman du trop-plein : *Les Choses*. Trois ans avant Mai 68, *Les Choses*, qui connaît aussitôt un succès considérable, est, sur un ton détaché, le chant ironique d'une société de consommation qu'il est le premier à dénoncer. On dirait que

Perec, qui a poursuivi, comme tout le monde à l'époque, des études un peu vacillantes de psychologie et de sociologie, s'efforce de combler sous une avalanche dérisoire de produits d'entretien et d'ustensiles ménagers plus désirables et plus inutiles les uns que les autres le vide qui s'est fait autour de lui.

Le vide ne va pas tarder à revenir en force. Après *Quel petit vélo au guidon chromé au fond de la cour ?* au titre insolite et enchanteur, *Un homme qui dort* marque déjà un retour au détachement du monde. Mais, en contrepoint aux *Choses* qui était le roman de la présence étouffante, c'est *La Disparition* qui sera, par excellence, le roman de l'absence.

Un événement décisif s'est produit dans la vie de Perec qui alliera toujours à une originalité radicale un sens aigu des grands mouvements intellectuels de l'époque : il a noué des liens avec cet OULIPO que nous connaissons déjà – l'ouvroir de littérature potentielle de Queneau, de Jacques Roubaud, de Jean Lescure, de François Le Lionnais [1]. Dans la ligne du *synthoulipisme*, c'est-à-dire de l'oulipisme synthétique ou mis en mouvement – par opposition à l'*anoulipisme*, ou oulipisme analytique, qui se contente d'analyser les œuvres de notre littérature –, c'est-à-dire encore dans l'esprit d'un formalisme qui joue avec les combinaisons du langage et qui essaie d'inventer de nouvelles structures littéraires, *La Disparition* est un roman lipogrammatique. Que signifie le mot *lipogrammatique* ? Il indique que toutes les voyelles de notre alphabet n'ont pas été utilisées et que l'une ou plusieurs d'entre elles

---

1. Voir *Une autre histoire de la littérature française*, tome I, pp. 300-302.

ont été laissées de côté. Dans le cas de *La Disparition*, c'est la lettre *e*, la plus courante en français, qui est interdite de séjour. Le lecteur qui ouvre *La Disparition* est d'abord décontenancé. Il a du mal à suivre la succession des aventures qui s'enchaînent. La solution du mystère ne peut pas être donnée par l'intrigue ni par le caractère des personnages : la clé de l'énigme est dans la pure forme de la structure littéraire et dans le jeu avec les éléments du langage.

Les Choses était enraciné dans notre époque par cette sociologie de la profusion qui est si caractéristique de notre temps. *La Disparition* traduit une autre des exigences contemporaines : le formalisme des structures. D'un côté, la société et ses rêves ; de l'autre, le mouvement intellectuel et ses impératifs. Et du côté de la société, c'était l'abondance du désir : le plein ; du côté de l'établissement intellectuel, c'était la sécheresse et le dépouillement des mécanismes : le vide. Perec tenait déjà les deux bouts de la chaîne.

Les deux côtés de l'enquête sociologique et de l'enquête formaliste, le côté du foisonnement social et de la rigueur oulipienne, Perec va les concilier dans une grande œuvre narrative au titre magnifique et qui reste son chef-d'œuvre : *La Vie mode d'emploi*.

La Vie mode d'emploi porte en sous-titre : *Romans*. C'est, dans le monde moderne et dans l'immobilier, une sorte de *Mille et Une Nuits* qui, au lieu de découler l'une de l'autre dans le temps, coexisteraient, dans l'espace, sous la forme d'un échiquier ou, mieux encore, d'un puzzle. C'est l'histoire d'une maison et des destins de ses habitants et des innombrables aventures liées à ces destins.

Arrêtons-nous un instant sur un des personnages, parmi beaucoup d'autres, qui porte le nom de Bartlebooth. Ce nom est bien intéressant parce que c'est un nom-valise fait de la fusion de deux noms de personnages littéraires : Bartleby, le héros de Melville ; Barnabooth, le héros de Larbaud.

Célébré par Giono dans un livre plein de mouvement : *Pour saluer Melville,* auteur du fameux *Moby Dick,* histoire de la baleine blanche poursuivie par le capitaine Achab, Herman Melville avait inventé un personnage qui incarnait l'absence au monde et le refus d'agir : Bartleby. Chaque fois que ses supérieurs ou ses amis ou la pression des événements l'invitaient à une initiative, Bartleby répondait : « Je préférerais ne pas le faire. » Longtemps, moi-même, j'ai souhaité ne rien faire et Bartleby était l'un de mes héros favoris.

Barnabooth, en un sens, est l'inverse de Bartleby. Nous le connaissons déjà : c'est la possession du monde en face de son refus. Il est riche, il court la planète, il écrit des poèmes et des récits de voyages. Il est permis de le dire : c'est le plein contre le vide, c'est la présence contre l'absence.

Autour de Bartlebooth qui combine en lui les pulsions de Bartleby et de Barnabooth, *La Vie mode d'emploi* est le puzzle de la présence et de l'absence. On dirait la version zen d'un roman de Balzac. C'est *La Comédie humaine* revue par l'OULIPO.

L'invention du nouveau et la mémoire du passé sont les deux pôles de Perec. Il cultive sa mémoire personnelle en la liant dans *Je me souviens* à la « communauté du souvenir ». Et *W ou le Souvenir d'enfance* combine mémoire et invention en alternant les chapitres de fiction et d'autobiographie. Perec est à cheval sur son époque, à laquelle, pour conjurer peut-être la disparition des siens, il ne cesse de se rattacher par le souvenir ou par la culture, et sur l'invention d'un avenir auquel il collabore, dans le sérieux, avec une originalité et une drôlerie exceptionnelles.

Par le jeu, par le formalisme, par sa recherche des structures, par sa participation aux mouvements intellectuels de son temps, il est le modernisme même. Par le souvenir, par la culture, par le sens de l'intimité, il se rattache à tout le passé de notre littérature. L'emblème de Caillois était l'échiquier, l'emblème de Perec est le puzzle : il faut mettre ensemble des pièces qui sont données en vrac. Et il y en a toujours une qui fait défaut : le père, la mère, les déportés de la Shoah, la lettre *e*, les origines, les souvenirs évanouis, le passé, le monde lui-même, toujours ailleurs, emporté par le temps – et, en fin de compte, la vie. A force d'être présente, elle finit par être absente. Georges Perec meurt à quarante-six ans. Le vide l'emporte sur le plein. Un autre puzzle commence dont toutes les pièces nous manquent.

TABLE DES MATIÈRES

TABLE DES MATIÈRES

L'amour est un plaisir
Julliard, 1956

La Gloire de l'Empire
Gallimard, 1971
« Folio », n° 889
et réed. « Folio », n° 2618

Au plaisir de Dieu
Gallimard, 1974
et « Folio », n° 1243

Un amour pour rien
Gallimard, 1975
et « Folio », n° 1034

Au revoir et merci
Gallimard, 1976

Du côté de chez Jean
Gallimard, 1977
et « Folio », n° 1065

Le Vagabond qui passe sous son ombrelle trouée
Gallimard, 1978

Dieu, sa vie, son œuvre
Gallimard, 1980
et « Folio », n° 1735

Mon dernier rêve sera pour vous
Lattès, 1982, réed. 1998
« Le Livre de poche », n° 5872

Jean qui grogne et Jean qui rit
Lattès, 1984

Le Vent du soir
Lattès, 1985
« Le Livre de poche », n° 6467

Tous les hommes en sont fous
Lattès, 1986
« Le Livre de poche », n° 6600

Le Bonheur à San Miniato
Lattès, 1987
« Le Livre de poche », n° 6752

Garçon, de quoi écrire
Gallimard, 1989
et « Folio », n° 2304

Histoire du Juif errant
Gallimard, 1990
et « Folio », n° 2436

Tant que vous penserez à moi
Entretiens avec Emmanuel Berl
Grasset, 1992

La Douane de mer
Gallimard, 1994
et « Folio », n° 2801

Presque rien sur presque tout
Gallimard, 1996
et « Folio », n° 3030

Casimir mène la grande vie
Gallimard, 1997
et « Folio », n° 3156

Une autre histoire de la littérature française, t. I
Nil éditions, 1997
« Points », n°P 662

SOCIÉTÉ NOUVELLE FIRMIN-DIDOT AU MESNIL-SUR-L'ESTRÉE
DÉPÔT LÉGAL : SEPTEMBRE 1999 - N° 36242 (47663)

Collection Points